Dr. Dieter Pust
FLENSBURG – Eine Stadt und ihre Geschichte

Dr. Dieter Pust

FLENSBURG

Eine Stadt und ihre Geschichte

Besonderer Dank für vielfältige Unterstützung gilt dem Stadtarchiv Flensburg, der Sanierungsstelle des Technischen Rathauses, der Stadtbildstelle, der Dänischen Zentralbibliothek, dem Städtischen Museum, dem Schifffahrtsmuseum Flensburg und der Landeszentralbibliothek in Flensburg. Die Fotografen Dietrich Weldt und Georg Fiedler haben mich fachgerecht unterstützt.

Bildnachweis:	Dänische Zentralbibliothek, Kopenhagen: S. 52, 98–100, 141 – Schifffahrtsmuseum, Flensburg: S. 62, 65, 75, 85, 87, 88, 103 – Jan Kirschner: S. 186
Einband-Vorderseite:	Flensburger Hafen heute
Vorsatz:	Taschenberger Prospekt von Flensburg 1800 (Ausschnitt)
Frontispiz:	Epitaph Georg Beyer, 1591 – Ausschnitt (im Hintergrund die älteste Ansicht der Stadt Flensburg)
Nachsatz:	Flensburg von der Ostseite, 1844
Einband-Rückseite:	Ansicht Flensburg von 1580

Widmung: **Für M***

Sonderausgabe für den Verlag der Buchhandlung Gustav Weiland Nachf. GmbH, Lübeck.

© 2002 by I.P. Verlagsgesellschaft,
International Publishing GmbH, Germering/München
Lektorat: Dr. Lothar Altmann, Germering
Satz, Umbruch und Layout: Vollnhals Fotosatz, Mühlhausen/Ndb.
Gesamtherstellung: I. P. Verlag

ISBN 3-87890-093-7

Inhalt

1. Kapitel

Flensburg im Mittelalter. Erste Blüte (1284 bis 1485) 11

    Am Anfang steht die Sage: Ritter Fleno 11

        Der Name 11

        Flensburg. Die Bedeutung der Anfangsbuchstaben 11

    Die Stadtgründung: Vier Siedlungskerne 11

        Norden und Süden: Ein Grundzug städtischer Verfassung 13

        Das Stadtrecht: Bestätigt am 29. Dezember 1284 16

    Der Krieg um Flensburg 1408 bis 1431 18

    Die Stadtmauer und das königliche Schloss 19

        Die elf Tore (porten) 20

        Die Duburg 1411 bis 1719 21

    Der Brand von 1485 23

    Die Bevölkerung Flensburgs im Mittelalter 23

    De gröne Keel – eine Prophezeihung 26

2. Kapitel

Reformation und Frühkapitalismus. Die zweite Blüte (1526 bis 1620) 29

    Gerhard Sleward, der erste lutherische Prediger 29

        Die Aufhebung des Franziskanerklosters: Ein Mahl 31

        Bugenhagen: Die Flensburger Disputation am 8. April 1529 31

    Lütke Namens: Ein Mönch als Gründer der Lateinschule 32

    Flensburger Großkaufleute in Königsnähe 34

        Ein sagenumwobener Bürgermeister 37

    Dietrich Nacke: Großkaufmann und Bürgermeister 38

        Das Handelshaus Nacke 40

        Die Familie Nacke 40

    Die Sage vom Flensburger Landtag 42

3. Kapitel
Das Jahrhundert der großen Kriege (1618 bis 1721) 47
- König Christian IV. (1577–1648) 47
- Flensburg im 30-jährigen Krieg 47
  - Wallensteins Truppen in der Stadt und die Folgen 48
  - Schwedische Besetzung unter General Torstenson 48
- Schwieriger Wiederaufbau nach 1660 50
- Die Kupfermühle 51
- Der Nordische Krieg 1700 bis 1721 53
  - Franz Böckmann, der Meisterspion 53
- Die Flensburger Rangordnung von 1718: 30 Stufen 54
- Kirchliche Kunst der Barockzeit: Die Epitaphien in St. Marien 57
  - Unbekannte Epitaphien in St. Marien 58
  - Weitere Epitaphien aus dem 16./17. Jahrhundert 59

4. Kapitel
Die dritte Blüte von 1775 bis 1805 63
- Der dänische Gesamtstaat und die Symbole des dänischen Reichswappens . . 63
- Zentralismus und Merkantilismus 64
- Neue Initiativen schaffen die dritte Blütezeit für Flensburg 65
  - Das Monopol der Kaufleute 66
  - Ein Flensburger Grönlandfahrer: Rörd Knuten bzw. Riever Claasen 68
- Pietismus und Aufklärung 70
  - Dr. med. Wilhelm Gottlieb Lilie (1751–1804) 70
- Flensburger Kulturgrößen 71
  - Die Boies 71
  - Johann Hinrich Voss (1751–1826) 71
- Ein „Nationaltheater" in Flensburg ab 1799 72

5. Kapitel
Krisenjahre und liberale Strömungen (1806 bis 1848) 79
- Der Stadtpoet A. P. Andresen 79
- Napoleon und die Folgen 80
  - Zum Tode verurteilt und dann Bürgermeister 82
  - Januar 1814: Die Kosaken 82

"Produktive Armenfürsorge": Armengärten 84
    1823: 146 Armengärten in Flensburg 85
Wiederaufnahme des Westindienhandels 87
    Ebenfalls wieder aktiv: Die Grönlandfahrer 89
Mit Dampf in die neue Zeit 90
Das „Normativ" von 1833 – eine neue Stadtverfassung 91
Theaterfreuden 92

6. Kapitel
Die nationalen Auseinandersetzungen (1848 bis 1864) 95
Flensburg und die schleswig-holsteinische Erhebung 1848–1851 95
    Die Schlachten bei Bau und Idstedt 1848/1850 96
    An den Pranger gestellt: 159 „Charaktere" 98
Flensburg als Hauptstadt des Herzogtums Schleswig 101
Die Wirtschaft nach 1850 105
Spaltung in Deutsch und Dänisch 106

7. Kapitel
Flensburg in der Kaiserzeit: Die vierte Blüte von 1864 bis 1918 111
Überblick: Wirtschaft – Kultur – Kirchen – Alltag 111
„Heil, Kaiser Dir" 112
    Die preußische Nationalhymne 113
    Das Kaiser-Wilhelm-Denkmal 114
    Feierlicher Empfang der Regiments 86 am 23. Juli 1871 auf
    dem Südermarkt 114
    Flensburg und die Kaiserin Auguste Viktoria (1858–1921) 114
Die Marineschule Mürwik 116
Wirtschaftsaufschwung in drei Phasen 118
Oberbürgermeister Toosbüy 118
    Peter Christian Hansen 121
Geselliges Leben, Petuhtanten 121
Die Flensburger Guttempler 122
Aus alten Zeitungen und Schriften 124

8. Kapitel

Weimarer Republik: Die Jahre von 1919 bis 1933 ... 129

- Der Erste Weltkrieg ... 129
- Die Novemberrevolution 1918 ... 129
  - Notgeld ... 132
- Julius Gregersen: „Spazeertur" (August 1919) ... 132
- „Plebiscite Slesvic": Ein eigener Staat zur Abstimmung ... 134
  - Die Abstimmung vom 14. März 1920 ... 136
  - Die Dänische Minderheit ... 137
- Flensburg in den Jahren der Weimarer Republik (1919–1933) ... 139
- Die Gründung der WOBAU 1922 ... 142
- Flugplatz Schäferhaus ... 143
  - Dr. Hugo Eckener ... 144
- Kulturelles Leben ... 144
  - Flensburg als Stadt der Kirchenmusik ... 145
  - Heinrich Schütz ... 146
- Dr. Hermann Todsen, der „Roland des Nordens" ... 147
- Architektur der zwanziger Jahre zwischen Heimatschutz und Moderne ... 147
- Sören Sörensen: Original und Liebling der Flensburger ... 150

9. Kapitel

Die Diktatur des Nationalsozialismus (1933 bis 1945) ... 153

- Die Gleichschaltung ... 153
  - Die dänische Minderheit ... 154
  - Die Verfolgung der Juden ... 155
- Aufrüstung zum Krieg ... 155
- Der 1. Mai als „Feiertag der nationalen Arbeit" ... 156
- Der „Dienst" als Routine ... 158
- Das Kulturwesen ... 158
  - Der Film als Erziehungsinstrument des Volkes ... 158
  - Exodus des deutschen Geistes ... 159
  - Musik ... 160
- Auswirkungen des Zweiten Weltkriegs ... 161

    Himmler in Flensburg 161

    Die Verhaftung von Rudolf Höss 164

    Befreite KZ-Häftlinge in Flensburg 1945 166

    Kommunalpolitiker Wilhelm Clausen: Abrechnung mit dem
Nationalsozialismus 168

10. Kapitel
Flensburg seit 1945 173

    Vertriebene und Flüchtlinge 173

    Die britische Besatzung 174

    Evangelische Wochen 175

    Neudänische Bewegung und Sozialdemokratische Partei Flensburg (SPF) . . . 175

        Die Lösung der Minderheitsfrage 176

    Das „Wirtschaftswunder" in wirtschaftlicher Randlage 178

    Innenstadtsanierung 180

    Kulturelles Doppel 181

        Grenzüberschreitende „Flensburger Tage" 181

    Die Partnerstädte Carlisle, Slupsk und Neubrandenburg 183

    700 Jahre Stadt Flensburg 1984 183

    Flensburger Sportler – weltweite Resonanz 184

        One-Tone-Cup: Weltmeister aus Flensburg 184

        Sportschütze Rudi Bortz: Weltrekord 1959 184

        Handball-Hochburg: Europameister SG Flensburg-Handewitt 184

        DSB-Präsident Hans Hansen 186

    „Geistige Getränke": Pharisäer und Grog 186

    Ausblick: Ernst von Salomon über Flensburg 187

Flensburger Betriebe auf Weltausstellungen 190

Literatur- und Quellenverzeichnis 191

Die älteste Kirche: St. Johannis

1. Kapitel
Flensburg im Mittelalter. Erste Blüte 1284 bis 1485

Am Anfang steht die Sage: Ritter Fleno

„Auf einer Insel vor der alten Handelsstadt Schleswig, die in unserer Zeit Möweninsel genannt wird, war einst eine Burg. Darauf saß ein mächtiger Herzog; er hieß Knud Laward. Mit harter Hand schützte er die Bauern seines Landes und die durchreisenden Kaufleute vor äußeren Feinden und den Räubern im Lande. Eines Tages befahl er dem Ritter Fleno, der aus Leck stammte, an die Flensburger Förde zu ziehen und dort eine Burg zu bauen. Die dort wohnenden Fischer sollten ihm gehorchen. Im Schutze dieser Burg siedelten sich bald Kaufleute und Handwerker an, und der neue Ort wurde nach seinem Gründer ‚Flensburg' genannt."

Diese „historische" Sage hat folgenden realen Hintergrund: Knud Laward war der Sohn des dänischen Königs Erik I. und wurde 1115 zum Jarl (militärischen Befehlshaber) und Statthalter im Schleigebiet ernannt. Er sollte damals die Südgrenze des dänischen Reichs gegen die Wenden sichern. Knud Laward war in seiner Jugend am Hofe des deutschen Kaisers Lothar mit den Herrschaftsmethoden vertraut gemacht worden und so ließ er als erstes eine Burg und eine Zollstätte anlegen – ein damals üblicher Beginn für eine städtische Siedlung. Dies erfolgte in St. Johannis oberhalb des Mühlenstroms – die Mitte des 12. Jahrhunderts erbaute St. Johannis-Kirche wurde Mittelpunkt der ersten Siedlung „Flensburg".

Der Name

Im 13. und 14. Jahrhundert erscheint der Ortsname in folgenden Formen: niederdeutsch „Flensborch"; 1251, 1284: Flensaburgh; 1309: in Flensaaburgh; 1364: de Flensburgh. – Und schließlich 1536: bynnen Flenßburg – „Burg an der Flensau".

Flensburg.
Die Bedeutung der Anfangsbuchstaben (Claeden, 1757)

Flehe deinen Gott an täglich und stündlich,
Liebe deinen Nächsten herzlich und mündlich,
Ein großer Lohn dir dafür werden kan;
Nimm dich der Armen und Notleidenden an,
So bleibst du zeitlich und ewig ein glücklicher Mann,
Bey deiner Arbeit denk auch an Gott
Und ruff ihn an in aller Noht
Rede allezeit, daß du kanst bestehen
Gewiß es wird dir wohl und glücklich gehen.

Die Stadtgründung: vier Siedlungskerne

St. Johannis war keine städtische Anlage, sondern hat als „Wik" zu gelten, als

Die erste Siedlung: St. Johannis

Marktort, an dem Bauern und Händler an bestimmten Tagen ihre Tauschgeschäfte vornahmen. Eine ähnliche Siedlung entstand später auf der gegenüberliegenden westlichen Seite mit der St. Gertrudsgemeinde (die Bezeichnung „Ramsharde" hat sich bis heute erhalten und weist auf den 1285 eingemeindeten Stadtteil). Die Kirche St. Gertrud wurde 1571 abgerissen. Auch der Name „Norderfischerstraße" erinnert noch heute an die ursprünglichen Gründer dieser Siedlung.

Unter dem dänischen König Knud VI. wurde die erste regelrechte Marktgründung vorgenommen. St. Marien mit dem Nordermarkt wurde im Stil der deutschen Gründungsstadt angelegt, wie sie seit Heinrich dem Löwen üblich war: mit einem viereckigen Marktplatz, in den die Straßen rechtwinklig einmündeten und der von der Kirche durch „Budenbebauung" abgetrennt war. Die Backsteingotik ist ebenfalls ein Zeichen der Verbindung mit dem deutschen Ostseeraum. Die St. Marienkirche wie auch alle anderen großen Gotteshäuser war ein Zeichen kirchlicher Macht und des Bürgerstolzes im Mittelalter.

Um 1232 bauten Franziskanermönche am Mühlenstrom, der einen Zufluss zur Förde besaß, ein Kloster. Es fügte sich zwischen die vorhandene St. Johannis- und die seit Mitte des 13. Jahrhunderts entstehende St. Nikolaigemeinde ein. Diese neue Stadtanlage zeigt eine Weiterentwicklung der deutschen Gründungsstadt. Auch die Nikolaikirche wurde in Backsteingotik erbaut.

1741 legte F. von Worgewitz mit seiner Stadtansicht historische Notizen vor und benannte wichtige Ereignisse von der Entstehung der Stadt bis in seine Gegenwart. Die Spalten enthalten folgende Eintragungen:

I.
- Flensborg liegt in 54 Grad 48 Min. Lat. und Long. 42 Gr. 55 Min. hat ihren Anfang genommen etwa Anno 1200
- 1232 ist das Minoriten Kloster gebauet
- 1248 hat König der heilige die Stadt gwonnen, geplündert und verbrandt
- 1248 starb Sophia König Woldemar II tochter Markgräfin von Brandenburg im Kindbett, alda und liegt in S. Nicolay Kirche begraben
- 1271 nahm König Ericus VI Glipping die Stadt abermahl ein
- 1565 starben 2500 Menschen an der Pest
- 1621 und 1623 nahmen die Kayserlichen die Stadt ein
- 1713 brandschatzte General Steenbock die Stadt

II.
- 1230 ward S. Marien Kirche gebaut
- 1284 gab König Waldemar IV. das Stadtrecht
- 1284 ist die vorstadt Ramsherd angefangen
- 1358 ward es wieder dänisch und bekam ihre Ländereien
- 1376 bauete Sinne Kule die dänische Kirche zum heilig Geist
- 1404 und 1432 ward die Stadt befestiget
- 1434 nahmen die Holsteiner es wieder
- 1634 ward Ramsherde durch Erdbebe erschüttert
- 1643 und 44, 45 nahm der schwedische Torstenson die Stadt
- 1724 daß Werkarmen und Wayßen Hauß gebauet

III.
- 1411 d. 12. Aug. ward die Stadt wieder durch sie überrumpelt
- 1411 nahmen die Dänen sie wieder ein
- 1412 starb Königin Margarete die große auf dem Schiff im Hafen
- 1420 ward in Flensbourg Friede geschloßen
- 1422 nahm Hertog Henrich die Stadt mit Sturm wieder ein, blieb aber nicht
- 1427 ward Hertzog Henrich in der belagerung von einer Schildwache erstochen
- 1646 d. 18. April ward König Christian V. auf dem Schloss gebohren
- 1730 Der Kirch Thurm an St. Marien Kirche gebauet.

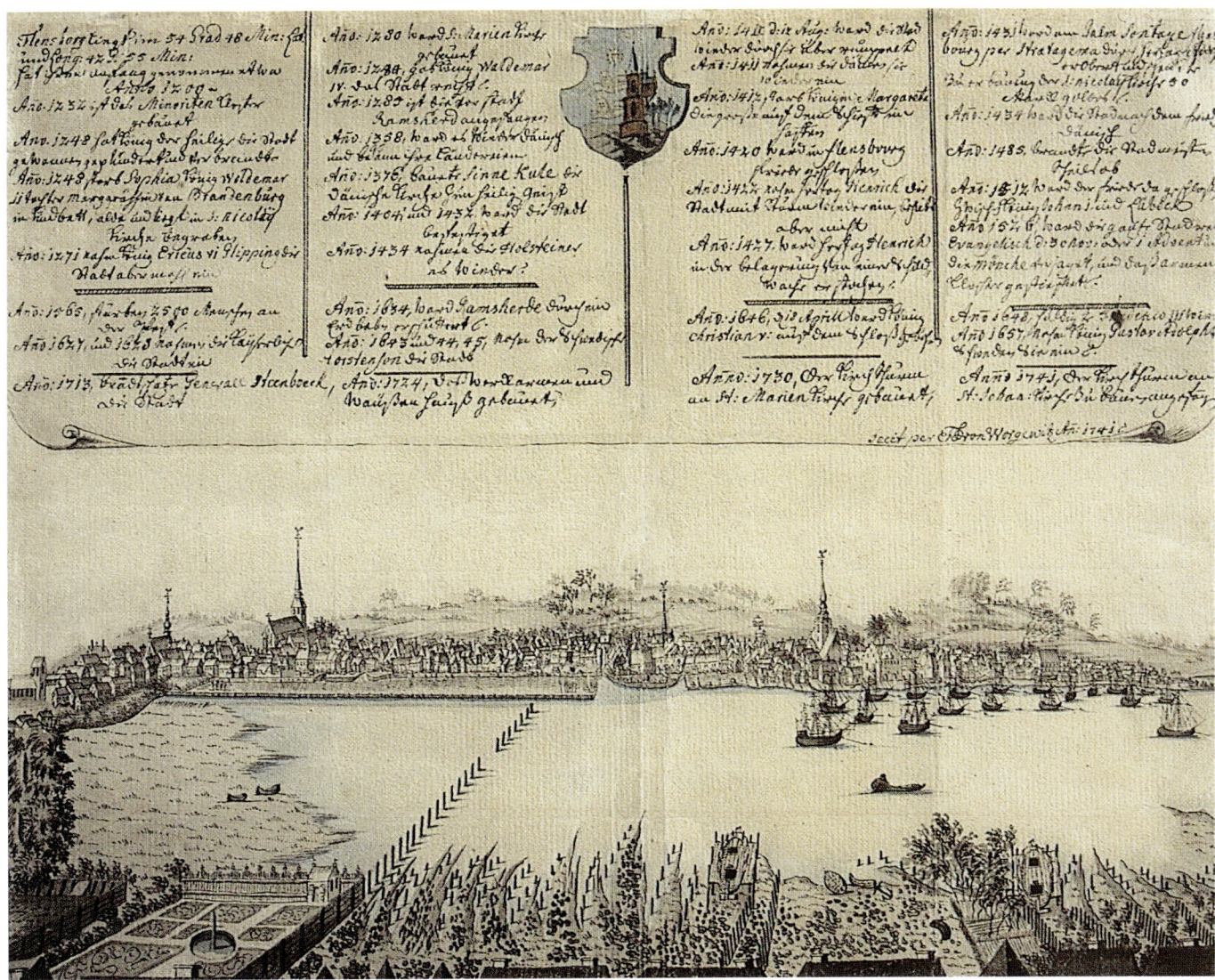

Norden und Süden: Ein Grundzug städtischer Verfassung

Die Stadtkerne an der Flensburger Förde, insbesondere die Kirchspiele St. Marien und St. Nikolai, wuchsen immer mehr zusammen. So entstand ein durchgehender, fast zwei Kilometer langer Straßenzug vom Süder- bis zum Nordermarkt und darüber hinaus. Genau in der Mitte lag das 1445 erbaute Rathaus. Flensburg wies also relativ früh die klassischen Stadtviertel auf: Die beiden Stadthälften Norden und Süden, also die beiden Haupt-Kirchspiele St. Marien und St. Nikolai, hatten je ein Nebenkirchspiel: Ramsharde im Norden und St. Johannis im Süden. Schon zu Beginn des 15. Jahrhunderts ist die gleichberechtigte Vertretung beider Stadthälften im Magistrat und im Bürgerschaftskollegium nachweisbar.

Norden und Süden paritätisch berücksichtigt: Dieser Grundzug von Flensburgs städtischer Verfassung hat bis 1919 gegolten. Einige weitere Beispiele mögen dies veranschaulichen: Im Hospitalsgericht, der ehrenamtlichen Führung des Bereiches „Kloster zum Heiligen Geist", standen sechs Kaufleute an der Spitze – drei aus dem Norden und drei aus dem Süden. Schied einer von ihnen aus, so wurde der Nachfolger aus dem entsprechenden Bereich berufen. Ebenso verhielt es sich beim Waisenhaus: Auch dort regelten sechs Kaufleute als Waisenhausvorsteher ehrenamtlich die Geschäfte. Selbst bei den ersten zehn Waisenkindern, die aufge-

F. v. Worgewitz, 1741: Plan der Stadt, mit historischen Nachrichten

Deckengemälde in der St. Johannis

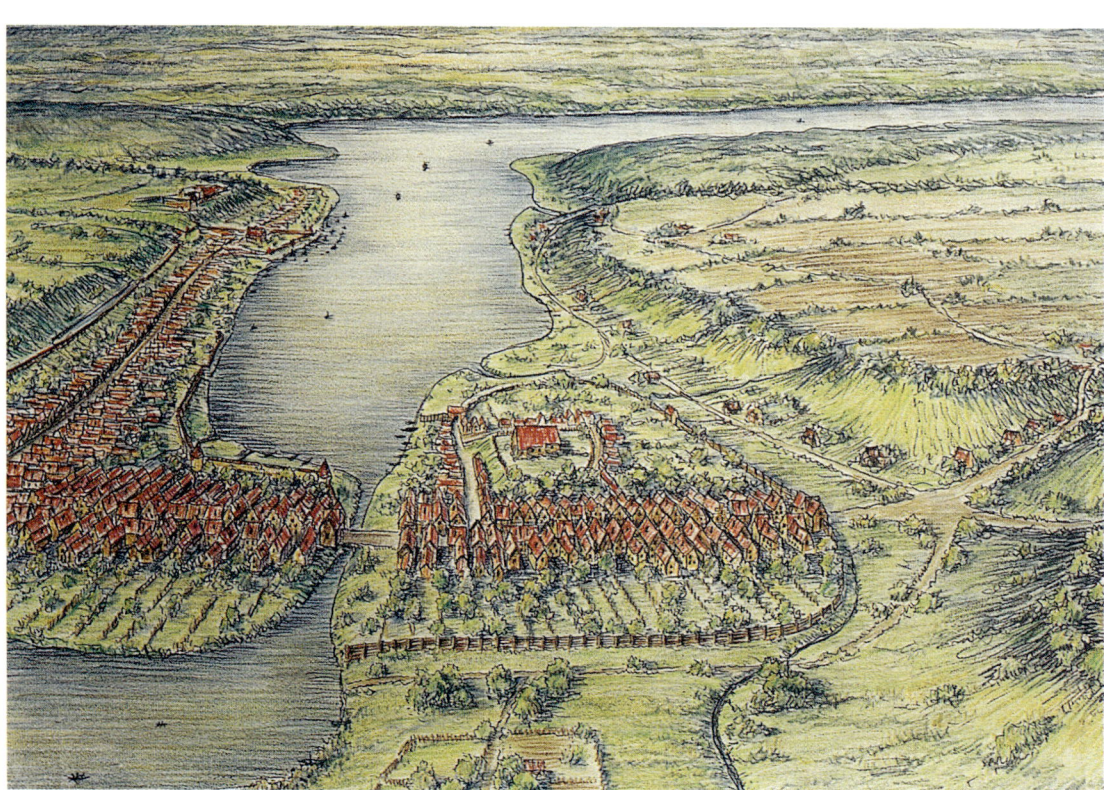

Siedlungskerne: St. Johannis, St. Nikolai, St. Marien

St. Marien mit Stadtmauer, Ausschnitt aus Stadtmodell

St. Marien: Altargemälde, 1598

Die St. Marien-Kirche

nommen wurden, galt die Parität: Fünf Kinder kamen aus dem Norden, fünf aus dem Süden... Außer bei den Feldkommunen, der Aufteilung des Stadtfeldes, finden wir die vier Distrikte der Stadt noch in der jahrhundertealten Einrichtung der Bürgerwehr. Die Organisation der bürgerlichen Wehrverfassung spiegelt die Stadtviertel wider:

1. Kompagnie: St. Marien
2. Kompagnie: Ramsharde
3. Kompagnie: St. Nikolai
4. Kompagnie: St. Johannis

Es verstand sich fast von selbst, dass die Führungsspitze der Bürgerwehr nur aus Kaufleuten bestand – und die „Capitaine" aus Ratsmitgliedern... Dem Wechsel von Krieg und Frieden entsprechend, hatte die Bürgerwehr zwei große Aufgabenbereiche: einerseites die Bürgerparaden, Aufzüge insbesondere bei Anwesenheit „hoher Herrschaften"; andererseits den Einsatz in Pest- und Kriegszeiten. Aus der Schlacht bei Hemmingstedt 1500 kamen von 150 Bürgern nur 29 zurück. Und 1544 schrieb der König an den Magistrat: *„Wir hätten in Wahrheit nicht gemeint, daß ihr Flensburger allein uns solchen Hackmack, das nirgends taugt und zur Wehr nicht dienlich, geschickt,"* und fordert, dass ihm 100 Mann, *„ein Bürger um den andern und nicht Hudelmanns Gesinde",* unverzüglich nach Bramstedt gesandt würden.

Das Stadtrecht: Bestätigt am 29. Dezember 1284

1284 wurde die Satzung der Stadtgenossenschaft, das „byraet" oder „bymen", von Her-

Der Fröslee-Schrein, ein Reisealtar, 11. Jahrhundert

Missale aus St. Nikolai, 15. Jahrhundert

Einige Artikel aus dem Stadtrecht von 1284:

18. Wenn ein Ritter oder Landedelmann in der Stadt wohnen will, so soll er dem Stadtrecht unterstehen und alle Pflichten der Bürger erfüllen.
23. Alle Fischer der Stadt haben das Recht, in der ganzen Förde bis nach Brunsnis mit Netz und Garn zu fischen.
28. Wer seinen Mist auf die Straße legt und ihn nicht innerhalb eines Monats wegfahren lässt, der soll dem Vogt 3 Pf. zahlen.
74. Wenn einer einen andern mit Stock, Hammer, Schwertknauf oder Faust schlägt, so zahle er 6 M. Wenn einer einen andern an den Haaren zieht, schlecht behandelt, zu Boden wirft, seine Kleidung zerreißt oder ihn mit Bier begießt, so soll er 3 M. büßen.
115. Was vom Rat beschlossen wird, soll fest bestehen, wie wenn es auf dem Thing beschlossen ist.
120. Wer seinen Dieb ergreift, der binde ihm die Hände auf dem Rücken zusammen, bringe ihn zum Thing und hänge ihn auf, oder er büße dem Landesherrn 40 M.
131. Die Älterleute der Knudsgilde sollen mit dem Willen und Rat der ältesten Ratleute Ratleute ein- und absetzen, wie es ihnen für das Allgemeinwohl am besten erscheint, und sonst keiner.

Der Krieg um Flensburg 1408 bis 1431

Im 14. Jahrhundert wurde Flensburg von schweren Katastrophen heimgesucht. Zwischen 1348 und 1352 raffte die erste Pestwelle viele Bürger hinweg, weitere Epidemien folgten. 1362 vernichtete die „Manndrenke", eine katastrophale Sturmflut, weite Gebiete Nordfrieslands. Viele in Flensburg ansässige Friesen waren familiär davon betroffen. Auch Flensburgs partnerschaftliche Hafenorte an der Nordsee mussten gewechselt werden: Leck büßte seine Rolle ein, Tondern verband sich mit Apenrade und Flensburg musste mit dem sich

zog Waldemar IV. von Schleswig bestätigt. 1345 wurde den Flensburgern durch Graf Klaus von Schauenburg als Landesherrn erlaubt, die Stadt zu befestigen, und 1413 erhielt Flensburg das Recht, den königlichen Stadtvogt selbst zu ernennen – die Bestätigung allerdings behielt sich der König vor.

Stadtrechtsurkunde auf Pergament

schnell entwickelnden Husum enger zusammenarbeiten.

1404 gelang es Königin Margarethe von Dänemark, große Teile des Herzogtums Schleswig an sich zu bringen. Trotz militärischer Rückschläge, z. B. 1410 in der Schlacht bei Eggebek, konnte sich die Königin in Flensburg durchsetzen. Zur Sicherung und Beherrschung der Stadt wurde der Julsche Hof auf dem so genannten Marienberg gekauft und auf dem Gelände eine Burganlage errichtet, die spätere Duburg. 1411 konnte sich die Königin die Pfandherrschaft von Flensburg und der Burg Niehuus sichern, 1412 sich als Stadtherrin von der Bürgerschaft huldigen lassen. Die Stadt war furchtbar zerstört und zudem heimgesucht von Seuchen, vor allem wohl von der Roten Ruhr. Auch Königin Margarethe erkrankte und starb isoliert und einsam am 28. Oktober 1412 – angeblich auf einem Schiff im Flensburger Hafen.

Im Laufe der Jahrzehnte war Flensburg massiv befestigt worden. 1427 fiel Herzog Heinrich bei dem vergeblichen Versuch, die Duburg zu erstürmen. Erst im März 1431 konnten die Herzöge von Schauenburg Adolf und Gerhard die Stadt im Handstreich nehmen, aber nur, weil Anhänger der herzoglichen Partei während eines Gottesdienstes heimlich das Friesische Tor öffneten. Kurd up der Lucht hatte sich als Bauer verkleidet und im Tor einen Heuwagen umgestürzt, die in der Pferdewassersenke versteckten Ritter und Söldner konnten dann auf ein verabredetes Zeichen die Straßenkämpfe beginnen. Kurd erschlug dabei den Bürgermeister Hinrich Achtrup, wohl noch im Vollzug der Blutrache. Wegen späterer Zerwürfnisse mit dem Herzog Adolf landete Kurd up der Lucht im Kerker in Lübeck, wo er spätestens 1448 verstarb. Sein ansehnliches Vermögen wurde vom Lübecker Rat beschlagnahmt...

Die Stadtmauer und das königliche Schloss

Die Stadtmauer, 1348 erbaut, umschloss die Kirchspiele St. Marien und St. Nikolai, das Rathaus mit dem Dingplatz und die Heilig-Geist-Kirche mit dem Hospital. Sie war nur an bestimmten Stellen durchlässig, bei Krieg und Seuchen bestand so die Möglichkeit der Isolierung von der Außenwelt. Von vier Türmen aus war eine Kontrolle der Umgebung möglich: de vlake torn – der Flecke Turm (an der Schiffbrücke); torn, so westen der nyen porte in der Muren steit; de allerwesterste torn (etwa Burghof); de veerkante torn – der viereckige Turm in der Hafenmauer (Holm). Um das Franziskanerkloster war eine eigene Ringmauer gebaut.

Die elf Tore (porten)

1. de norder port, vor 1595;
2. Nige port = Neue Pforte am Glimbeck;
3. Schipbrügge-Porte;
4. Marienport (Kuhgangspforte);
5. Hillige-Geist-Port;
6. Vresendor = Friesisches Tor;
7. Rudeport;
8. Mölendor;
9. Sunte Johannis port;
10. Fischerport (nördliches Ende Süderfischerstraße);
11. Knakenhauerporte (Privatpforte eines Kaufmanns).

Der gerechte Richter

Kurd up der Lucht

Die Duburg 1411 bis 1719

Der Marienberg ist wahrscheinlich schon im 10. Jahrhundert besiedelt gewesen, nachweislich jedenfalls im 12. Jahrhundert. Um 1284 liegt auf dem Plateau ein befestigter Hof „Flenstoft", der zur Eddeboe in der Marienhölzung gehörte. Beide sind in der ersten Hälfte des 14. Jahrhunderts im Besitz der Familie Juel. Iver Juel verkaufte die Flenstoft an Königin Margarethe.

1411 wurde hier die Feste Marienborgh errichtet (so der offizielle Name, der Name „Duburg" ist abgeleitet von dem Schlosshauptmann Jens Due). In den Folgezeiten wurde die Burg weiter ausgebaut, bis 1719 der Abbruch begann. Solange das Schloss existierte, ist es nie von Feuersnot oder anderer Zerstörung heimgesucht worden. 1923/27 wurden seine Grundmauern teilweise aufgedeckt und vermessen.

Schloss Duburg war im 15., 16. und 17. Jahrhundert häufiger Aufenthaltsort, ja sogar fester Sitz der dänischen Könige. Sie hielten dort Landtage ab, nahmen die Huldigungen an, empfingen Unterhändler und Vertreter fremder Fürsten und Herren, und der lange Tisch im Landtags-Saale, mit rotem Tuch versehen und von Stühlen umstellt, diente oft genug seinem Zweck, wenn der König das Landgericht abhielt. Den größten Teil des Schlosses nahmen die königlichen Gemächer ein. Ferner war darin außer den Räumen für das Schlossgesinde, das Gefolge und was sonst noch zur Hofhaltung gehörte, die Wohnung des Amtmannes eingerichtet.

Im Inventarverzeichnis von 1649 werden genannt: 5 Gemächer, 3 Kabinette, 2 Schlafkammern, 29 Kammern, davon viele heizbar, 4 Stuben, der Gang, der Saal, der Große

Eine Sage von Königin Margarethe

Oft in den blauen, klaren Lenzesnächten
reitet sie langsam über Trift und Rain –
Sie liebt den Sturm mit seinen rauhen Mächten,
doch ruft der Lenz, sie kommt – stolz und allein.

Denn die Gefährten ihrer wilden Ritte
sind nicht vom Lockruf einer Lenznacht wach –
schwellendes Grün dämpft sacht des Rappens Tritte,
ein Käuzlein ruft ihr einmal gellend nach.

Die Unrast zwingt sie, mit dem Tod zu rechten,
der sie bezwang; doch sie durchbricht die Ruh' –
sie neigt ihr Haupt der Last der schwarzen Flechten,
und silbern klirrt der Sporn an ihrem Schuh.

Als Schatten nur kann sie den Bann durchbrechen,
entfliehen den starren Wänden ihrer Gruft -
kalt ward ihr Herz – es kann ihr Mund nicht sprechen,
zuckt weh, als gell der nächt'ge Vogel ruft.
Der Ritt geht langsam, mit verhängten Zügeln,
der Rappe bäumt sich nicht, die weiße Hand wiegt schwer –
zuweilen zerrt der schmale Fuß hart in den Bügeln,
es weht ein kühler Hauch vom nahen Ufer her.

Und von des Windes Schwingen leicht getragen
schwebt eines alten Fischerliedes Melodie –
wie eine Resonanz aus längst versunkenen Tagen
rührt's an ihr Herz mit Zauber und Magie.

Sie richtet sich empor im schwanken Bügel,
zum grünen Grund wallt ihres Schleiers Saum –
hell gleißt der Strand – dunkel das Band der Hügel,
und ihre Augen sind voll Schmerz und Traum.

Es ebbt und schwillt – bald nahe und bald ferne –,
heho! – ein Fischerkahn zieht heim zur Nacht.
Es tropft darauf das Gold der nächt'gen Sterne,
und silbern wiegt des Netzes schwere Fracht.

Der Klang verweht traumhaft vor ihren Ohren
auf leisen Schwingen hallend durch die Nacht –
ihr Herz steht stumm vor den verschloß'nen Toren
des Lebens, nur geweckt vom Ruf der Mitternacht.

Nun ist es still. – Auf ihres Rappens Mähne
neigt sich ihr Haupt, ihr Mund birgt wehen Schrei –
auf ihre weiße Hand fällt eine Träne,
fern regnen Sterne in die dunkle Schlei…

(Schaumann, Der Schlesinger, 1940, Nr. 30, S.4 oder: D. Pust, Flensburger Straßennamen (1990), S. 198f.

Königliche Verpflegung

Im Januar 1526 führte Friedrich I. Verhandlungen mit Vertretern Kaiser Karls V. wegen des gefangenen Christian II. - es „wohlfeile Sachen zum König aufm Schloß eingekauft":

16 Gänse	1 M. 8 Schilling
16 Hühner	8 Sch.
50 Schafe	10 M. 15 Sch.
6 Lämmer	1 M. 8 Sch.
1 Ochse	6 M. 8 Sch.
56 Pfd. Butter	2 M. 12 Sch.
1 geräucherter Elblachs	10 Sch.
1 Tonne Hamburger Bier	4 M.
1 Tonne Brat-Birne	6 Sch.
4 Tonnen Weizen	4 M. 8 Sch.
1 Last Hafer	17 M.
Gesamt:	35 M. 9,5 Sch.

Saal, 3 Küchen, die Bäckerei, die Kammer-Kanzlei, die große Kanzlei, das Osterhaus. Auch „auf dem Karnap" (Dachgiebel) und im „untersten Karnap" waren bewohnte Räume. Die Wände in vielen der Zimmer waren mit Stoff bezogen, in den besseren standen „eiserne Kachel-Ofen." Für wenigstens 60 Menschen waren die 41 Bettstellen vorhanden, die besseren mit Deckel (Himmel). Mit den aufgeführten 59 Räumen, davon 48 Wohnräume, sind aber noch nicht alle erfasst – so gab es z.B. noch die Schlosskapelle usw.

In einer Schilderung aus dem 18. Jahrhundert heißt es: „... *Es ist gewiss jammerschade, dass dieses in alten Zeiten und Geschichte so berühmte Schloss, woselbst auch der gottseh. König Christian V. Anno 1646 gebohren, welches überdies vortrefflich über der Stadt Flensburg situiret und mit sehr angenehmen Prospecten begabt ist, so verwüstet wie eine Brandstätte liegen bleiben soll. Der Stadt Flensburg, wodurch viele Frembde, Hohe Minister, und andere Standes-Persohnen fast beständig nach und von Copenhagen passiren, würde es zu auszunehmender Zierde gereichen, wenn sothanes demoliertes Schloss wo nicht ganz, so doch an der östlichen Seite aus seinen Ruinen Allergnädigst wieder aufgeholfen werden möchte..."*

Der Brand von 1485

Am 3. Mai 1485 brach gegen 14 Uhr in Flensburg ein verheerendes Feuer aus. Es entstand im Kirchspiel St. Johannis, als jemand im Namen des Teufels Feuer bannen ließ, und erfasste bald das ganze Kirchspiel, griff über den Mühlenstrom auf das Kirchspiel St. Nikolai über und äscherte alles fast bis zum Rathaus (heutige Rathausstraße) ein. Auf der Ostseite des Holms wohnte damals unweit vom Rathaus der Kaufmann Tort Jepsen. Als er sah, wie sich der Brand näherte und auch sein Haus schon im Fachwerk angriff, nahm er „Schipp, Tonne, Elle und Besemer", warf sich vor seiner Tür auf der Straße auf die Knie, rief Gott an und bat: Wenn er je irgendeinen Menschen vorsätzlich betrogen und falsches Maß genommen habe, so möge Gott ihn ebenso mit dem Feuer strafen wie seine Nachbarn. Wenn er aber immer ein rechtschaffener Mensch geblieben sei, so möge er vor der Gewalt des Feuers verschont bleiben. Und es geschah, dass die Kraft des Feuers vor seinem Hause erlosch und sein Haus und die beiden Kirchen als einzige Gebäude in den Kirchspielen St. Johannis und St. Nikolai erhalten blieben. Die Häuser der anderen Flensburger Kaufleute aber verbrannten...

Die Bevölkerung Flensburgs im Mittelalter

Wie jede mittelalterliche Stadt, lebte auch Flensburg in erster Linie von Handel und Handwerk. Für alle Bürger galt das gleiche Recht. Es gab aber unterschiedliche soziale Gruppen: Großbürgertum, mittleres Bürgertum, Handwerkerschaft und Kleinbürgertum waren zu unterscheiden, und eine Differenzierung im Einzelnen in 30 Stufen findet sich dann im 18. Jahrhundert, amtlich festgelegt in der Rangordnung von 1718...

Kein Bürgerrecht hatten die Geistlichen. An den fünf Kirchen (außer den beiden Hauptkirchen St. Marien und St. Nikolai existierten St. Johannis, St. Gertrud und die Heiliggeistkirche) wirkten wahrscheinlich mehr als 50 Seelsorger: Kirchherren, Ka-

Königin Margarethe I., Marmorbüste

Ansicht der Duburg

pläne, Vikare. Allein in den beiden Hauptkirchen befanden sich mehr als 30 Nebenaltäre, vor allem von Gilden und Zünften gestiftet, an denen besondere Vikare tätig waren. Der überwiegende Anteil der Geistlichen kam aus dem Groß- und mittleren Bürgertum.

Ein besondere Priestergilde gab es mit dem Kaland. Außer Geistlichen wurde eine begrenzte Anzahl vornehmer Laien samt Ehefrauen aufgenommen. Die Kalandsbrüder und -schwestern wollten wie die Mitglieder der anderen Gilden durch Gebete, Seelenmessen, Prozessionen und Beteiligungen an Begräbnissen für ihr Seelenheil sorgen. Eine Sonderstellung nahm auch das Franziskanerkloster ein. Die Ordensgeistlichen führten ihr eigenes Leben und scheinen nur zu den sozial schwächeren Schichten stärkeren Kontakt gehabt zu haben.

Eine besondere Aufgabe der Kirche war die Armenpflege, unterstützt vom Rat der Stadt. Arme wurden im Heilig-Geist-Hospital, das mit der Heiliggeistkirche verbunden war, gepflegt und erfuhren auch von einigen Gilden Hilfe. Das Hospital war gestiftet worden, um Bürger, „die eine mäßige menschliche Hilfe und Vermögen haben", also unterhaltsbedürftig waren, aufzunehmen: die Ärmsten der Armen. Leprakranke und andere Unheilbare, befanden sich im St.-Jürgen-Hospital vor den Toren der Stadt auf der anderen Hafenseite, dem Kirchspiel St. Marien gegenüber.

In der Handels- und Schifffahrtsstadt Flensburg spielten die Kaufleute und Schiffer von Anfang an die führende Rolle. Im Laufe der Zeit erreichten es die Kaufleute sogar, dass ihre Monopolstellung rechtlich kodifiziert wurde.

Der dänische König Christian I., 1460–1481

Das Lysius-Waisenhaus

sich aus den Zollrollen; darin werden genannt: Korn, Mehl, Honig, Flomen, Butter, Talg, Erbsen, Bohnen, Nüsse, Vieh, Dorsch, Hering, Stockfisch, Salz, Wein, Bier, Hopfen, Laken, Wolltuch, Leinwand, Fell, Häute, Flachs, Pelzwerk, Kramwaren, Teer, Pech, Mühlsteine, Wachs, Tauwerk, Eisen, Kupfer. Um 1500 begann eine neue Entwicklung: Die meisten Kaufleute wollten unabhängig von der Gilde sein.

Im mittleren Bürgertum fanden sich vor allem die Handwerker: Im 15. Jahrhundert sind 120 Gewerbe nachzuweisen. Die Metall verarbeitenden Gewerbe waren besonders differenziert: Gold-, Grob-, Klein-, Kessel-, Kupfer-, Messer-, Sporen- und Feilenschmiede; unter den Waffenschmieden: Schwertfeger, Büchsen- und Harnischmacher, Degen- und Pfeilschmiede. Mit Holz arbeiteten: Tischler, Schnitzer, Böttcher, Bandschneider, Drechsler, Säger, Becher-, Kisten-, Holzschuh-, Kufen- und Stuhlmacher. In Handwerksämtern waren zusammengeschlossen: Schuhmacher, Pelzer, Bäcker, Böttcher, Maler, Glaser, Goldschmiede, Tischler, Schmiede, Barbiere und wohl auch die Knochenhauer und Schneider. Nur wer zum jeweiligen Amt gehörte, durfte sein Handwerk ausüben. Die vom Rat überwachten Handwerksämter hatten bis in die Zeit der Reformation auch soziale und religiöse Aufgaben. Lange Zeit bestand die einzige Möglichkeit, an ein Amt zu kommen, indem zunächst die entsprechende Witwe geheiratet wurde. Später gab es so genannte Freimeister: Mit königlicher Konzession durften sie ihr Handwerk außerhalb des zunftmäßig organisierten Amtes ausüben.

Anfangs waren die Kaufleute in der Knudsgilde als einer Schwurgemeinschaft vereinigt. *„Findet ein Bruder seinen Gildebruder im Schiffbruch, so soll er ihm helfen und in sein Boot aufnehmen und dafür Ladung im Werte von drei Mark auswerfen. Findet ein Bruder seinen Gildebruder in heidnischer Gefangenschaft, so löse er ihn mit seinem eigenen Geld aus."* Um 1400 wurde eine Kaufmannsgilde gegründet, die durch Geistliche und Handwerker erweitert wurde.

Die Kaufleute handelten vor allem mit Rohprodukten. Um welche es ging, ergibt

De gröne Keel – eine Prophezeihung...

Oberhalb des Hafermarktes war in alter Zeit ein steinerner Brunnen, der „de gröne Keel" hieß. Klares und wohlschmeckendes Wasser floss aus vier Hähnen in ein weites Becken; viele Einwohner des Kirchspiels St. Johannis holten dort ihr Wasser. Es hatte aber eine besondere Bewandtnis mit diesem Brunnen, denn eine Weissagung berichtet: Eines Tages am Sonntag morgen, wenn die Leute aus der Kirche kommen, wird ein riesiges schwarzes Schwein wild grunzend durch die Straßen rennen bis an „de gröne Keel". Dort wird es die Steine aufwühlen, und sobald der erste Stein gelöst ist, wird ein Wasserstrahl hervorschießen, der zu einem reißenden Strom wird und ganz Flensburg in seinen Fluten ertränkt.

Die Flensburger achteten daher sehr darauf, dass kein schwarzes Schwein in die Nähe des „gröne Keel" kam. Schließlich bedeckten sie aus Angst vor der Prophezeihung den Brunnen mit einem großen Stein und legten darüber ihr Straßenpflaster, sodass heute keiner mehr weiß, wo der „gröne Keel" liegt.

700 Jahre Stadtgeschichte sind vergangen – die Prophezeihung hat sich nicht erfüllt. So wird es hoffentlich bleiben...

Prominente in Flensburg

Um 1120: Herzog Knud Laward; 3. 11. 1248: Königin Markgräfin Sophie von Brandenburg, gest.; 28. 10. 1412: Königin Margarethe I. auf Schiff im Hafen, gest.; 1424: Kaiserlicher Kommissar Dr. Ludovicus de Cataneis führte Verhandlungen wegen Schleswig.

Der dänische König Hans, 1482–1513

Wichtige Daten

1240: 26. August – erste urkundliche Erwähnung Flensburgs

1240: (ca.) – Einführung der Ratsverfassung

1284: St. Marien – eine Steinkirche wird gebaut

1284: 14. August – Stadtrecht aufgeschrieben

29. Dezember – Herzog Waldemar IV. bestätigt das Stadtrecht

1320: 16. August – Flensburger Kaufleute dürfen Zoll-Handel in Dänemark und Schonen treiben

1337: 30. März – Graf Gerhard III. (der Große) gewährt den Flensburgern Zollfreiheit für Auslandswaren

1359: (ca.) – Einrichtung einer Münze in der Stadt

1386: Heilig-Geist-Kirche erbaut

1390: angeblicher Baubeginn der Steinkirche St. Nikolai

1398: 10. August – Herzog Gerhard VI. bestätigt die Stadtprivilegien und verkauft die „Rude", „utghenomen al unser molen ströme myd al eren anvallen".

St. Marien-kirche, Innenraum

2. Kapitel
Reformation und Frühkapitalismus.
Die zweite Blüte (1526 bis 1620)

Gerhard Sleward, der erste lutherische Prediger

„Sleward war sehr geliebt von seiner Gemeine, und hochgeschätzt von dem Magistrate der Stadt, der ihm, nach Sitte damaliger Zeit, als besondere Ehre das Bürgerrecht ertheilte und ihn bei allen Kirchen- und Schul-Angelegenheiten zu Rathe zog. Sein Andenken ist uns gesegnet und wird es bleiben wie heute zur jedesmaligen hundertjährigen Jubelfeier der Einführung der lutherisch-evangelischen Lehre in unserer Stadt, bis zu den spätesten Geschlechtern."

Mit diesen Sätzen beschloss A. P. Andresen seinen Artikel über Gerhard Sleward zur 300-jährigen Wiederkehr der Reformation in der Fördestadt. Darin finden sich aufschlussreiche Einzelheiten:

Bereits vor 1526 hatte es lutherische Predigten im Lande gegeben, „aber immer erhoben sich die katholischen Mönche dagegen und behaupteten ihr alleiniges Recht, die Kirchen zu gebrauchen. Sleward hielt die erste lutherisch-evangelische Predigt ungestört vor einer zahlreichen Versammlung am ersten Adventssonntage 1526 (damals am 30. November) in der St. Nikolai-Kirche und an den nächstfolgenden Sonntagen in St. Marien und St. Johannis und bahnte dadurch der völligen Einführung der lutherisch-evangelischen Lehre den Weg, wenn auch später noch einige katholische Messen gehalten und nur mit den Jahren die katholischen Mönche, die auch ihre Anhänger und Verwandten hier hatten, ganz verdrängt wurden. Mit großer Besorgniss, aber freimüthig und voll heiligen Eifers, betrat Sleward die Kanzel; denn kurz vorher war Hermann Tast die Kirche St. Marien, worin er predigen wollte, verschlossen worden, und nur von Gewehr und Waffen umgeben, konnte er auf dem Kirchhofe zu den Anhängern Luthers reden, worauf die Katholischgesinnten ihn überschrieen und mit Spott und Schimpfreden verfolgten. Einige Geschichtsschreiber erzählen, dass vor Slewards Predigt die sechs Messpfaffen zu St. Nikolai von dem Magistrat und der Bürgerschaft mit Gewalt aus der Kirche und den Thoren der Stadt gejagt worden wären. Dieses dürfte aber nicht zu beweisen sein, indem die königliche Verordnung zur Einführung der lutherischen Lehre von Friedrich I. gebot: „niemand bei Hals, Leib und Gut, um der Religion, Päpstlicher oder Lutherischer, einem andern an Leib, Ehre und geistlichen Gütern Gefahr und Unheil sollte zufügen, sondern ein jeder sich in seiner Religion also verhalten, wie er's gegen Gott, den Allmächtigen, mit reinem Gewissen gedachte zu verantworten, auch auswendig in allen weltlichen Geschäften Aufruhr und Tumult vermeiden, und

St. Nikolaikirche

Christian III., religiöse Handlungen: Taufe, Abendmahl usw.

sich des heilsamen Friedens und der Einigkeit befleißigen sollte'; daneben aber befahl sie auch, ‚die evangelische Lehre in Seinem Lande dem Volke vorzuhalten, und es zu vermahnen, des Papstes Gräuel und Abgötterei zu verlassen.'

Die katholischen Geistlichen behielten, wenn sie sich still und ruhig verhielten, lebenslänglich die gehabten Revenüen ihrer Altäre, nur durften sie keine Sacra verrichten und mussten alle Vigilien und Seelmessen einstellen. Dies gefiel ihnen nicht; die, welche nicht zum Luthertum übergingen, zogen bald freiwillig aus dem Lande, und die Einnahmen ihrer Altäre fielen dem Kirchen- und Armenwesen zu, so wie sie noch immer in Kirchen-Rechnungen vorkommen und berechnet werden.

Gerhardus Sleward studierte Theologie und wurde nach Endigung seines Studierens Mönch im Pauliner-Kloster der Stadt Magdeburg, bedachte sich aber, nachdem er Luthers und Melanchthons Schriften gelesen, und verließ nicht nur das Kloster, sondern auch das Papsttum, und trat auf mit Kraft und Würde, um das Wort Gottes zu predigen rein und unverfälscht und zu sammeln Bekenner der evangelisch-lutherischen Kirche. Von Magdeburg wurde er im Jahre 1526 durch Christian III., damals Kronprinz und Statthalter zu Schleswig-Holstein, nach unserem Vaterlande berufen, nebst vier andern dazu erwählten Theologen: Dr. Joh. Bugenhagen, Dr. Eberhard Weidensee, Magister Joh. Bandalus und Hermann Tast, um unter Direction der hohen königlichen Minister, Dethlev und Johann Rantzau, die lutherische Reformation zu bewirken und sämtliche Kirchen der Herzogtümer zu bereisen und zuvisitieren.

Nachdem diese Reformation größtenteils glücklich von ihm und seinen Collegen vollführt war, begab er sich am Ende des Jahres 1526 nach unserer Stadt und ward hieselbst, nach Haltung der angeführten ersten evangelischen Predigt, am ersten Adventssonntage zum lutherischen Hauptpastor der Kirche St. Nikolai erwählet. Vier und vierzig Jahr, bis zu seinem Tode, stand er diesem seinem Amte ruhmvoll vor und verwaltete neben demselben noch höhere, von dem Könige ihm anvertraute Ämter mit rastlosem Eifer, ausgezeichneter Tätigkeit und christlicher Berufstreue. Denn erstlich wurde er von dem gottesfürchtigen Monarchen zum Vorsteher (Abte) des benachbarten, und nach seiner Zerstörung in das fürstliche Schloß Glücksburg verwandelten, Ruheklosters, dessen Oberaufsicht er noch Anno 1568 hatte, ernannt. Darnach wurde er auch allen Kirchen der Ämter Flensburg und Tondern als Superintendent und Propst vorgesetzet. Drei Jahre, bis 1543, war er Propst im Amte Tondern, welches Amt alsdann seinen eigenen Propsten erhielt, da beide Ämter von dem einen Propsten nicht bestritten werden konnten. In 30 Jahren aber war er Propst des Amtes und der Stadt Flensburg. Er starb plötzlich und sanft und, wie mehrere Schriftsteller damaliger Zeit berichten, gerade am 30. November 1570, also an dem Tage, wo er vor 44 Jahren zuerst hier gepredigt hatte, und ward begraben im Chor der St. Nikolai Kirche, wo auch königliche Personen und viele Pröpste und Prediger der Gemeine ruhen…"

Die Aufhebung des Franziskanerklosters: Ein Mahl…

König-Herzog Friedrich I. hatte das Flensburger Kloster Anfang des Jahres 1528 seinem Reichshofmeister Mogens Göye geschenkt. Am 7. Juni, als die Mönche gerade beim Morgengebet das Kyrie eleison („Herr erbarme dich") anstimmten, kam der Priester Svend im Auftrag des neuen Besitzers an der Spitze einer größeren Anzahl Flensburger Bürger, um die Mönche zu vertreiben. Die neun Mönche waren erst bereit, das Kloster zu verlassen, als ihnen der Befehl des Königs vorgelegt wurde. Nun vereinigten sich Mönche und Bürger zu einem Mahl, bei dem die letzten Vorräte des Klosters verzehrt wurden. Dann verließen sie ihr altes Heim.

Bugenhagen: Die Flensburger Disputation am 8. April 1529

Ein knappes Jahr nach der Vertreibung der Mönche fand in dem leer stehenden Kloster ein Religionsgespräch statt, durch das die

Der dänische König Christian III. (1533–1559)

Ideen Luthers in den Herzogtümern allgemein bekannt wurden. Anlass war die Auseinandersetzung mit dem Schwaben Melchior Hoffmann, der seit 1527 als lutherischer Geistlicher in Kiel wirkte und sich immer mehr von Luthers Abendmahlslehre entfernte. Die Disputation fand unter Vorsitz von Prinz Christian und von Johann Bugenhagen als Vertreter Luthers statt, 400 Teilnehmer waren versammelt, darunter die wichtigsten Geistlichen des Landes. König Friedrich I. hielt sich während des Streitgesprächs auf Schloss Duburg auf. Als Wortführer standen sich bei der Disputation auf der einen Seite Melchior Hoffmann und auf der anderen Hermann Tast aus Husum und Nicolaus Boie aus Meldorf gegenüber. Die

Hospital und Kloster zum Heiligen Geist

Disputation endete damit, dass Hoffmann von Bugenhagen der Irrlehre und Ketzerei überführt wurde – er wurde des Landes verwiesen.

Lütke Namens: Ein Mönch als Gründer der Lateinschule

Eigentlich hatte Lütke Namens geplant, von der reichen Erbschaft seiner Eltern ein Kolleg zur Ausbildung katholischer Theologen mit dem Schwerpunkt auf dem Unterricht in Hebräisch, Griechisch und Dogmatik zu gründen, doch musste er sich den veränderten kirchlichen Verhältnissen so weit anpassen, dass daraus 1566 eine lutherische Lateinschule wurde: das heutige ‚Alte Gymnasium'. Es stand unter Aufsicht des Magistrats, Namens überließ man nur die Finanzverwaltung. Der Mönch wurde damit sozusagen gegen seine Absicht Gründer der Lateinschule.

Lütke studierte nach dem Schulbesuch in Flensburg Theologie an der Sorbonne in Paris, dem Zentrum des Reformkatholizismus und der späteren Gegenreformation in Frankreich. Als er 1528 nach Flensburg zurückkehrte, war er ein für diese Stadt unverhältnismäßig gut gebildeter Mann. Außer dem plattdeutschen, das damals in der Stadt Schriftsprache war, und der friesischen und dänischen Sprache beherrschte er Latein, Griechisch sowie Hebräisch und war vertraut mit dem theologischen und humanistischen Denken seiner Zeit. Lütke machte von der ihm ausgestellten Aufenthaltsgenehmigung zunächst keinen Gebrauch, sondern ging in die Klöster von Ripen, Nysted und Schwerin. 1544 gestattete ihm der dänische König Christian III. die Rückkehr nach Flensburg, sofern er das Ordensgewand ablege und sich der Verbreitung der katholischen Lehre enthalte.

Lütke Namens war „unser letzter Mönch". Über das Fastenleben des ‚Barfüßers' wird Folgendes geschildert: „In der Fastenwoche ließ er sich so viel Blaffertskringel kaufen,

Das Klosterportal mit den Wappen von König und Stadt

Ablassbrief von 1516 für den Kaufmann Namen Jensen, Vater des Mönches Lütke Namens

daß er auf jeden Tag fünf hatte. Den einen nahm er des Morgens zu der Malvasier kalten Schale, fastete dann von acht bis elf. Da ließ er sich die besten Dorsche und geweichten Fische geben, so in Butter flossen, und er also mit zwei Kringeln genoß; und aß eine gute Portion, wie ihm denn die Kunst nicht unmöglich war; fastete gleichwohl darauf bis die Glocke sechs auf den Abend, da dann noch das rechte Fasten anging. Dann nahm er nicht mehr denn zwei von den Blaffertskringeln, röstete dieselben, weil sie allmählich alt wurden, nahm dazu zu Zeiten ein halb Stübchen von gutem Bier, welches er denn ziemlich kornreich und gut brauen ließ. Dabei saß er von 6 bis 8, fastete darauf die ganze Nacht bis wieder auf den Morgen, da ging es auf's Neue an, wie zuvor gesagt."

Gegen die Reformation zog Lütke Namens auch mit Gedichten zu Felde. So heißt es z. B. in einer Strophe:

Wo gar hefft Lutter dyn Folk värvört,
Bedragen synt de Armen.
Dyn Wordt he en nicht rechte leert,
Den sympeln Lüden den Wech vörkeert
De to der Salicheit leidet.

Flensburger Großkaufleute in Königsnähe

Für die wirtschaftlichen Erfolge Flensburger Kaufleute in der Zeit des Frühkapitalismus sind drei Faktoren zu nennen: das Interesse des Landesherrn an der Stadt Flensburg, das Herausdrängen der hansischen Kaufleute aus dem dänischen Gesamtstaat und die Einwanderung evangelischer Kaufleute aus Westfalen, die wegen der Glaubenskämpfe meistens über Stade in den Norden kamen.

Anfang des 16. Jahrhunderts gab es enge Verbindungen zwischen dem späteren dänischen König Friedrich I. und dem bedeutenden Kaufmann und Stadtvertreter Thomas Lorck. Er gewährte ihm Quartier bei seinen Besuchen in der Stadt, erledigte geschäftliche Dinge für ihn und diente als Bankier und Mittler für Steuereinnahmen. Auch der politische Rivale, Christian II., hatte einen Vertrauensmann in Flensburg, den Großkaufmann Til Petersen, der ein abenteuerliches Leben führte und schließlich von den Isländern geköpft wurde.

Wie sind die Kaufleute zu Reichtum gekommen? Sie haben sich am „Ochsenhandel" beteiligt, der Versorgung vor allem des niederrheinischen Gewerbegebietes mit Schlachtvieh, haben Tuche eingeführt, haben Kaufmannschaft auf den Spuren der Hanse betrieben: Export von Lebensmitteln nach Süden und Südosten, Import von Fertigwaren aus diesen Gebieten.

Dank der Gunst der königlichen Landesherren Friedrich I., Christian III. und Friedrich II. entwickelte sich Flensburg zu einem Drehpunkt im mitteleuropäisch-skandinavischen Handel: „Inland" und damit „Hinterland" für die Flensburger waren alle Bereiche des dänischen Gesamtstaates: Holstein, Schleswig, Dänemark, Norwegen (mit Nebenländern) und Schweden.

1529 begründete Thomas thor Smede, aus Stade kommend, ein Handelshaus in Flensburg auf dem Holm, das in der zweiten Generation internationale Geltung erlangte. Die Verbindung König Friedrichs II. zu dieser Familie war nicht nur geschäftlicher, sondern ebenso persönlicher Natur. Der König war auch bei Familienfesten zu Gast: *„1586, 1. Juli was Johan Timmen Kost mit Reinholt thor Smeden Dochter, dar den de Koning und Hertoch Hans tho Sunderborch.*
tho Koste weren ... allwo sik I. Mayt. sehr lustig gemaket und med de Borgerfruens gedantzet."
Die Beziehungen zu dem Landesherrn waren um 1560 immer noch eher von partnerschaftlicher Natur, da es eine eigene landesherrliche Wirtschafts- und Finanzpolitik noch nicht gab. König Christian IV. hatte dagegen wirtschaftspolitische Ambitionen. Er veranlasste die bedeutenden Flensburger Handelshäuser, sich auf die Hauptstadt Kopenhagen auszurichten. Allerdings erreichte der habsburgische Staatsbankrott von 1557 gegen Ende des Jahrhunderts auch den Norden: 1602 z. B. ging thor Smeden in Konkurs.

Der dänische König Friedrich I., 1523–1533

Der dänische König Friedrich III., 1648–1670

Ein sagenumwobener Bürgermeister

„*Der wachsende Pfahl:* Auf dem Nordermarkt, wo heute der Neptunbrunnen steht, ragte früher ein Pfahl aus dem Boden. Den ließ man in jeder Nacht abhauen. Aber jedesmal wuchs er wieder aus der Erde hervor. Es war nämlich der Pfahl, mit dem einst ein unschuldiges Mädchen auf eine falsche Anklage hin lebendig gepfählt worden war. Richter war der Bürgermeister Peter Pommerening gewesen. Zunächst im Vertrauen des Königs Friedrich II., entzweite er sich mit allen und wurde 1577 abgesetzt. Einsam, arm und verbittert starb er am 13. Februar 1595."

Wie volkstümlich die Legende um ihn blieb, zeigt die Tatsache, dass rund 250 Jahre später der bekannte Berliner Poet August Kopisch folgendes Spottgedicht schuf:

„Der Geist des Bürgermeisters von Flensburg"

Was rufen denn die Knaben
Da drüben an dem Graben?
„Hans Peter Pomerening,
Man schlägt dich noch zu wenig.
Du böser Bürgermeister,
Du schlimmster aller Geister,
Du hast der Waisen Erbe
Gefressen, drum verderbe!
Du Hör – nicht – an, du zäher,
Du arger Rechtsverdreher,
Du schiefer Rips und Rapser,
Monetengrips und Grapser,
Der Schwarze soll dir heizen,
Und dich mit Schwefel beizen,
Daß dir die Haare rauchen.
Die Stadt kann dich nicht brauchen."
Auf einmal kommt ein schwarzer Hund,
Da laufen sie durcheinander bunt:
Das ist der Burgemeister,
Und wen er kriegt, den beißt er!

Epitaph des Kaufmanns Evert Vette, 1601

Bürgermeister Peter Pommerening

Dietrich Nacke: Großkaufmann und Bürgermeister

Flensburg war in der zweiten Hälfte des 16. Jahrhunderts bei weitem die größte Stadt der Herzogtümer Schleswig und Holstein und hatte eine Handelsflotte von etwa 200 Segelschiffen. Einen guten Eindruck vom Flensburg jener Zeit gibt die 1584 angefertigte Stadtansicht für den bekannten Atlas von Braun-Hogenberg.

Ihre wirtschaftliche Bedeutung verdankte die Fördestadt vor allem dem Unternehmensgeist, dem Weitblick und der Kapitalkraft der Kaufleute. Insbesondere wanderten, wie schon gesagt, Kaufmannsfamilien seit etwa 1530 aus dem westfälischen und niedersächsischen Raum ein. An Westfalen sind vor allem zu nennen die Familien Nacke, Lange, von Mehrfeldt und von Oesede. Sie prägten das Stadtleben in jeder Beziehung, denn es herrschte das politische, wirtschaftliche, soziale und kulturelle Monopol der Kaufleute.

„Dietrich Nacke hat sich um die Stadt Flensburg auf so mancherlei Weise verdient gemacht, dass sein gesegnetes Andenken nie verlöschen wird." Dieser Würdigung des Flensburger Gelehrten O. H. Moller aus dem 18. Jahrhundert entsprach auch die Benennung „Dietrich-Nacke-Straße" vom 31. Juli 1937. Der Bürgermeister des Kirchspiels St. Marien von 1587 bis 1595 ist gleich zweimal gewürdigt, denn auch die „Stiftstraße" (benannt am 13. Oktober 1899) bezieht sich auf ihn. Der Name weist nämlich auf die von D. Nacke und Anna Thomsen um 1600 gestifteten Häuser mit fünf Armenwohnungen hin. Bürgermeister Nacke ist darüber hinaus in der St. Marien-Kirche präsent: Sowohl die Kanzel von 1579 als auch ein Armenblock von 1590, der Taufkessel von 1591 (gegossen von Meister Michel Dibler) und vor allem der Altar von 1598 sind seine Geschenke.

Dietrich Nacke, Bürgermeistersohn aus dem damals noch westfälischen Vechta, kam im Jahre 1572 als Kaufgeselle nach Flensburg zum Handelsherrn Jost Nykerke, dessen Witwe er ein Jahr später heiratete. Wiederum ein Jahr später wurde er zum Deputierten Bürger erwählt, und damit begann seine vielfältige Teilnahme am kommunalpolitischen Leben der Stadt. Er hat zahlreiche Ehrenämter innegehabt, bis er schließlich als Krönung seiner Laufbahn zum Bürgermeister erkoren wurde. Nacke war ab 1579 Testamentarius (also Verwalter) des Atzerschen Testaments, einer Stiftung für Bedürftige. 1582 wurde er zum Ältermann der wiedererrichteten Knuds-Gilde, dem alten Pfingst- und Papageien-Gelach, gewählt. 1587 wurde er als Ratsherr in die Mitte des Magistrats aufgenommen. Auch nach seiner Wahl zum Bürgermeister hat er besondere Funktionen für die Stadt ausgeübt. So war er verschiedentlich Stadt-Deputierter auf den Landtagen und 1590 bei der „Herschow" Stadthauptmann, also Befehlshaber der städtischen Bürgerwehr. Sein gesamtes Wirken stellte er unter ein Motto: „A Deo habemus omnis": Alles, was wir haben, ist von Gott.

„Ist in diesem kurzen klaren Bekenntnis nicht die ganze biblische Auffassung von dem Glück auf Erden ausgesprochen? Alles,

Grabplatte von Buchwaldt

Das Handelshaus Nacke

Woher stammte der Reichtum des Stifterehepaares? Über die vielfältigen Aktivitäten des Großhandelshauses Nacke gibt es aus der Familie eine Schilderung. Normalerweise haben sich sieben bis neun Kaufgesellen außerhalb des Landes aufgehalten, denn die Waren wurden nicht aus Hamburg herbeigeschafft, sondern direkt aus den Herstellungsorten abgeholt und dann von Flensburg aus in benachbarte Städte weitergeleitet. Zwei Kaufgesellen waren dauerhaft in Stockholm niedergelassen, zwei in Norwegen, einer in Schonen, einer in Nyköbing (im dortigen Schloss hatte König Friedrichs II. Witwe Sophia ihren Hofstaat), einer in Kopenhagen. Einer tat nichts anderes, als permanent von einer Niederlassung zur anderen zu reisen, um Waren mitzubringen, Schulden einzumahnen, Beschwerden entgegenzunehmen und Ähnliches. Es gab auch eine „große und wertvolle Handlung zu Köln wegen rheinischen Weines". Damit hatte es folgende Bewandtnis: Als Pächter des Flensburger Ratsweinkellers hatte Dietrich Nacke neben Thomas thor Smede das alleinige Recht „des Zapfens rheinischer und heißer (Süd-)Weine, auch aller Biere, wie von Alters gewöhnlich. Dazu denn auch des Weinzapfens im eigenen Hause." Auch am bereits erwähnten einträglichen Ochsenhandel war Nacke in großem Maße beteiligt, hierfür wurden drei bis vier Knechte beschäftigt.

Die Familie Nacke

Das Stifterehepaar blieb kinderlos. Daher ließ der Handelsherr Nacke mehrere Verwandte nach Flensburg nachkommen, die er als Teilhaber in sein Unternehmen aufnahm, so seinen Onkel Laurens Ubbing aus Quakenbrück und seine beiden Neffen Hilmar von Lutten und Dietrich Eckholt aus Vechta. Ursprünglich als Kaufgesellen dienten in Nackes Haus Johann Klöcker aus Osnabrück und Gerhard Möllmann aus Recklinghausen, beide heirateten in Flensburg Nichten von Nacke, die ebenfalls aus Vechta stammten, wodurch sie seine Teilhaber wurden.

Das alte Rathaus (1883 abgebrochen)

was wir Menschen sind und haben, ist nur anvertrautes Gut. Gott bleibt unser großer Lehensherr, wir sind die Haushalter und Verwalter seines Vermögens. Darum stellte Dirk Nacke die Kraft seines starken Geistes in den Dienst seiner Mitbürger. Darum verteilte er sein reiches Hab und Gut so freigebig. Was ich von Gott habe, gebe ich zurück an ihn." (Propst W. Knuth)

Das Ehepaar Nacke gehörte zum städtischen Patriziat. Dies ergibt sich auch aus den Porträts des Stifteraltars: Sie sind dargestellt in der Tracht ihres Standes: Dietrich im spanischen Rock mit pelzverbrämtem Mantelumhang.

*Die Taufe von
St. Marien,
von Michael Dibler*

Das neue Hamburger Convoi-Schiff

Aus dem Testament vom 23. Juni 1595: „…und will dass mein todter Cörper nach christlicher ordnung und gewohnhed ehrlich zur Erden, in der Kirchen Maria möge bestättiget werden, darauf ich dann vorordene und legire mit Consens und Willen meiner geliebten und ehrlichen Hauß – Frauen Catharina, dass aus unser beederseits Güther" ein Altar mit bester Form und Wyse up dem Chore dersülvigen Kerchen solle bestellet und vorferdiget werden, tho einem Ziratt der gemeinten Kercken und myner und gemelter Hußfrouwen ehrlichen Gedechtniße und epitaphio…" Die Kosten für den Altar betrugen 1500 Mark Lübsch, heute ca. 25 000 Euro

Die Sage vom Flensburger Landtag

Als König Friedrich III. 1666 einen Landtag in Flensburg angesetzt hatte, konnte ein Adliger, der erst spät am Abend ankam, keine Unterkunft mehr finden. In einem Gasthaus war zwar ein Zimmer noch nicht besetzt, aber der Wirt riet ihm ab, dort die Nacht zuzubringen, weil Geister darin ihr Unwesen trieben. Den Edelmann schreckte das nicht, sondern er bat sich nur ein Licht aus.

Der Wirt brachte ihm das Licht auf das Zimmer, und anfangs blieb alles ruhig. Doch bevor die Nacht halb herum war, fing es an, sich im Zimmer hier und dort zu regen und zu rühren und zu rascheln. Der Edelmann verlor nicht den Mut und ging gegen seine Furcht an. Allmählich aber fürchtete er sich doch. Die Geräusche wurden immer stärker, und auf einmal fiel durch den Kamin das Bein eines Menschen, dann kam der Arm, dann einzeln die anderen Glieder und zuletzt der Kopf. Kaum war alles beieinander, setzten sich die Glieder zusammen, und ein Hofdiener erhob sich. Jetzt fielen immer mehr Glieder herab, und zugleich sprang die Tür auf und eine Menge Angehörige eines königlichen Hofstaates drängten sich herein. Der Edelmann floh entsetzt vom Tisch in die der Tür entgegengesetzte Ecke des Raumes. Er sah nun, wie die Geister mit kaum fassbarer Schnelligkeit die Tafel deckten, köstliche Gerichte auftischten und silberne und goldene Becher dazusetzten. Als das vollendet war, kam ein Bedienter zu dem Edelmann und forderte ihn auf, sich als Gast mit an die Tafel zu setzen und mit ihrer Bewirtung vorlieb zu nehmen. Als er sich weigerte, wurde ihm ein großer silberner Becher zum Begrüßungstrank gereicht. Als der Edelmann, der es nicht wagte, sich dieser Forderung zu widersetzen aber, den Becher ansetzte, überkam ihn ein derart durchdringendes, unerträgliches Grausen, dass er laut Gott um Hilfe und Schutz bat.

Kaum hatte er das Gebet gesprochen, waren Augenblicklich alle Pracht, aller Lärm und alle Speisen und Getränke verschwunden samt dem ganzen glänzenden Hofstaat. Er stand allein in seinem großen Zimmer mit dem silbernen Becher in der Hand, und auch das kostbare Geschirr auf dem Tisch war noch vorhanden. Der Edelmann freute sich, weil er glaubte, diese Dinge behalten zu können, aber der Wirt erhob Anspruch auf das Geschirr, da es in seinem Hause aufgetaucht sei. Als der König davon hörte, beschlagnahmte er das ganze Silber, weil es ihm als Landesherrn zufallen müsse.

*Der Altar von
St. Marien, 1598*

Prominente in Flensburg

Christian I.: 1445, 1459, 1466; Hans: 1483, 1490, 1494, 1498, 1512; Christian II.: 1513, 1522, 1548; Friedrich I.: 1526; Christian III.: 1539, 1544, 1546/47, 1549; Friedrich II.: 1561, 1563, 1564, 1572, 1579, 1580, 1581, 1586.

1503: päpstlicher Legat Kardinal Raymundus, Ausgabe von Ablassbriefen; 15. 1. 1526: Geburt Herzog Adolf, Sohn Friedrichs I., auf der Duburg, Stammvater des Gottorper Herzogshauses; 1527/28: Maler Melchior Lorck († 1583); 1529: Bugenhagen, H. Tast, M. Hoffmann; 1548: Abgesandte des Kurfürsten Friedrich von der Pfalz; 1561: Geburt Thomas Fincke; 1566 ff.: dänische Königin Dorothea († 1571), „Haus der Königin", Angelburgerstraße 17; 1570 ff.: Rechtsgelehrter Blasius Eckenberg; 14. 12. 1586: Geburt Georg Calixt († 1656), Prof. theol. in Helmstedt (synkretistische Richtung).

Dänischer Adel aus Flensburg: Castenschiöld

Carsten Detlefsen († 1694), Nachkomme des legendären Hardesvogtes der Schluxharde Nis Henriksen († 1554) und der alten Flensburger Familie Holst/Valentiner, erhielt im Jahre 1670 die königliche Konfirmation für sein Freigut Kielseng. Einer seiner Söhne begab sich mit seinem Onkel nach Westindien und wurde als Plantagenbesitzer auf der dänischen Insel St. Thomas eine einflussreiche Persönlichkeit. Sein Sohn Johann Lorenz Carstensen (1705–1747) konnte Reichtum und Einfluss vermehren. Durch seine zweite Ehe wurde er Mitglied des Geschlechts von Holten, und der dänische König nahm ihn in den Adel auf. Im 18. und 19. Jahrhundert haben die Castenschiölds eine Anzahl von Vertretern der dänischen Generalität hervorgebracht. Die Linie Castenschiöld auf Borreby, mit Verwandtschaft in Flensburg, besteht bis heute.

Flensburg 1580

Kielseng

Wichtige Daten

1412: 28. Oktober – Königin Margarethe stirbt auf einem Schiff im Hafen an der Pest.

1431: 25. März – Die Herzoglichen erobern die Stadt mit Hilfe Kurd up der Luchts

1443–1445: Bau des Rathauses

1485: 3. Mai – Eine Feuersbrunst zerstört den Süden der Stadt

1490: Landtag in Flensburg

1495: Pest in der Stadt

1500: 17. Februar – Schlacht von Hemmingstedt: Von 150 Flensburger Bürgern kommen 29 zurück

1513: Landtag in Flensburg, die Stände der Herzogtümer huldigen König Christian II.

1526: 2. Dezember – 1. lutherische Predigt durch Gerhard Sleward

1529: 8. April – Disputation Joh. Bugenhagen mit dem „Schwärmer" Melchior Hoffmann; Vorsitz Herzog Christian

1544: Christian III. richtet in Flensburg eine Münze ein

1551: 13. April – Stiftung „Kloster zum Heiligen Geist"

1558: 27. Juli – die städtische Polizeiordnung vom König bestätigt

1566: 19. Juli – König Friedrich II. bestätigt Fundation der Lateinschule

1571: Abbruch St.-Gertruden-Kirche

1590: 28. Juli – „Wart ein Töwersche (Zauberin) Quantz wiese (symbolisch) under der Predigt im Sarck verbrannt, welches nicht gebrücklich"

1596: Das jetzige Nordertor wird gebaut (das alte lag weiter südlich)

1601: Grenzsteine des Stadtfeldes gesetzt

1611–1612: 52 000 Ochsen passieren den Ochsenweg: Flensburg ist damals ein Hauptplatz des Ochsenhandels

1620: Letzte Hexenverbrennung

*Der dänische
König
Christian IV.
(1588–1648)*

3. Kapitel
Das Jahrhundert der großen Kriege (1618 bis 1721)

König Christian IV. (1577–1648)

Nach dem Tode seines Vaters Friedrich II. am 14. April 1588 wurde Christian IV. zu seinem Nachfolger ernannt, stand aber als 11-Jähriger unter der Vormundschaft eines Regentschaftrates. In Flensburg fanden für ihn zwei Huldigungen der Stände aus den Herzogtümern statt: am 20. Mai 1590 in Abwesenheit Christians und dann am 1. September 1593: „Ist de Ridderschop tho geste up dem Rathhus." Die Königskrönung erfolgte am 29. August 1596. Mit Christian IV. endete die Rolle Dänemarks/Norwegens als nordische Großmacht, die an Schweden fiel. Nach ihm wurde Oslo in Christiania umbenannt. Christian IV. lebt als volkstümlicher Herrscher fort in der dänischen Nationalhymne „König Christian stand am hohen Mast." Er verkörperte den typischen Barockfürsten und war der große „Baukönig" Dänemarks. Der König förderte auch den Überseehandel, erwarb die erste dänische Kolonie in Ostindien, Trankebar, und umsegelte selbst 1599 auf einer Nordlandreise das Nordkap. Christian IV. hielt sich häufig in Flensburg auf, meistens auf Schloss Duburg. Er logierte aber auch in der Stadt, im September 1610 z. B. beim Bürgermeister Mehrfeldt. Bemerkenswert für die Stadt: Im April 1646 hielt der König seinen Enkel Christian V. hier bei der Taufe auf dem Arm.

Flensburg im Dreißigjährigen Krieg

Im Dreißigjährigen Krieg wurde Flensburg zweimal von feindlichen Heeren besetzt, obwohl es nicht zum deutschen Reichsverbund gehörte. Das lag am Landesherrn, dem dänischen König Christian IV., der in Personalunion Herzog von Schleswig und Herzog von Holstein war. Holstein gehörte zum Reichsverbund, und Christian IV. war Oberster des Niedersächsischen Reichskreises. 1625 entschloss er sich zum Eingreifen in den Krieg, die Niederlage bei Lutter am Barenberge vom 25. August 1625 beendete seine Expansionsbestrebungen. Von 1627 bis 1629 waren Holstein, Schleswig und Jütland von Wallensteins Söldnern besetzt. Im Frieden von Lübeck (22. Mai 1629) konnte der König sein dänisches Reich retten, musste aber auf jegliche Einmischung in deutsche Verhältnisse verzichten.

In der Endphase des großen Krieges fiel der schwedische General Torstenson 1643

Landkarte von dem „Ambte Flensborg", ohne Nordgoesharde

Niels Hacke und Frau

auf seinem Kriegszug gegen Dänemark in Schleswig, Holstein und Jütland ein, um den dänischen Einfluss zu schwächen. Erst im August 1645 erreichte Christian IV. im Frieden von Brömsebro unter schweren Opfern den Abzug der Schweden.

Wallensteins Truppen in der Stadt und die Folgen

Mit dem Erscheinen der kaiserlichen Truppen unter Wallensteins Führung brach in Flensburg jegliche Ordnung zusammen. Beide Bürgermeister, die meisten Ratsherren, fast alle Geistlichen sowie zahlreiche Kaufleute und Handwerker hatten die Stadt bereits vorher verlassen und waren auf die dänischen Inseln geflüchtet. Zweieinhalb Jahre lang lastete das harte Regiment Wallensteins auf der Stadt: Soldaten wurden einquartiert, Vorräte beschlagnahmt, und auch die Umgebung wurde unsicher gemacht. „Die feindlichen Truppen verlangten von den verbliebenen Bürgern als Unterhaltszahlung für eine Woche für einen Obersten 300 Gulden (500 Mark), einen Oberstleutnant 120 Gulden, einen Kapitän 75, einen Leutnant 25, einen Feldwebel 8 und einen einfachen Soldaten 2 Gulden. Falls kein Geld mehr flüssig sein sollte, musste man für einen Soldaten pro Tag drei Pfund Brot, zwei Pfund Fleisch und drei Maß Bier liefern." Die einquartierten Soldaten plünderten die Stadt und vor allem die öffentlichen Gebäude, um die sich nach der Flucht der Obrigkeit niemand mehr kümmerte. Bewohner der benachbarten Dörfer und Städte kauften das Plündergut eifrig auf.

Doch auch nach dem Frieden von Lübeck fand die Not kein Ende. Im selben Jahr 1629 wurde die Stadt von einer schweren Pestepedemie heimgesucht, und der Rat konnte erstmals wieder am 25. Januar 1630 tagen.

Die Stadt präsentierte sich in einem trostlosen Zustand. Etwa ein Drittel der rund 500 Giebelhäuser war zerstört, andere wiesen starke Schäden auf. Daher kehrten viele der geflüchteten Bürger nicht zurück, obwohl ihnen dennoch große Abgaben abverlangt wurden. Von 1633 bis 1635 wurden 3 007 Fuhren Trümmer und Schmutz abgefahren, und die Kosten des Wiederaufbaus erhöhten sich noch durch die Kriegsschulden.

Nach dem Abzug der feindlichen Truppen wurden die Flensburger ständig durch einquartierte Soldaten und durchziehende Flüchtlinge an den großen Krieg erinnert. Alle mussten unterstützt werden, und viele fanden hier eine neue Heimat. Ab 1645 wurden ebenfalls entlassene Soldaten aufgenommen.

Schwedische Besetzung unter General Torstenson

Der Wiederaufbau wurde jäh durch den Einfall des schwedischen Generals Torstenson unterbrochen. Von Dezember 1643 bis Oktober 1645 war Flensburg schwedisch besetzt. Kontribution und Einquartierung brachten die Stadt an die Grenze der finanziellen Leistungsfähigkeit. Der „Raubkauf" war für viele verarmte Bürger die einzige Möglichkeit, diese schlechten Zeiten zu überstehen, es wurden vereinzelt regelrechte „Bestellungen" an die schwedischen Soldaten aufgegeben. 1645 standen nicht weniger als 76 Bürger gleichzeitig vor Gericht. Ein Bauer aus Immingstedt, der in der Stadt sein gestohlenes Vieh suchte, beleidigte im August 1644 die Bürgerschaft mit dem Ausruf: „Alle Flensburger sind Diebe!"

Bis auf wenige Ausnahmen sah man in Flensburg überall Zeichen großer Verarmung

Musketier und Pikenier

Ansicht von Flensburg, 1691

und sittlicher Verwilderung. Der Rat fasste 1650 die Situation so zusammen: „...da leider am Ende des Jahres 1643 der schwedische Einfall geschah und bis zum Oktober 1645 dauerte. Während dieser Zeit musste die Stadt große Contributionen, Brandschatzung und grausame Einquartierung erleiden, wodurch die meiste Bürgerschaft ‚consumiret und ruiniret' wurde."

Weitere kriegerische Auseinandersetzungen zwischen 1657 und 1660 brachten der Stadt erneut schwedische Besatzung, hinzu kamen Einquartierungen von „Polacken" und Brandenburgern. Wieder erfolgten Plünderungen und Gewalttaten; die Stadtschulden erhöhten sich auf 200 000 Mark.

1660 war noch immer bzw. wiederum etwa ein Drittel der Häuser ruiniert; fast alle Schiffe waren verloren. Hatte Flensburg im Jahre 1600 noch 200 Schiffe besessen, so sank die Zahl 1643 auf 65, und 1677 war der Tiefststand mit nur noch 19 Schiffen erreicht. Infolgedessen waren die Warenlager der Kaufleute leer. Überall herrschte bitterste Not.

Für den königlichen Generalsuperintenden Stephan Klotz war diese Lage Anlass, die Vergänglichkeit immer wieder zu betonen:
O Mensch!
Heut seyn wir etwas.
Morgen nichts.
Heut blühen wir.
Morgen vergehen wir.
Heut blühen wir wie Rosen roth,
bald krank und todt,
ist allenthalben Mühe und Noth.

Schwieriger Wiederaufbau nach 1660

Trotz aller Katastrophen war Flensburg die bedeutendste Handelsstadt in den Herzogtümern Schleswig und Holstein geblieben. Alte Handelsverbindungen konnten wieder aufgenommen werden, Flensburger Schiffe befuhren erneut die Meere zwischen Riga und Königsberg im Osten, Bergen und Drontheim im Norden und bis Bordeaux im Süden, es wurden sogar Schiffe für den Walfang aus-

Die Kupfermühle (Zeichnung von F. G. Müller)

gerüstet. Neben dem Handel widmete man sich nun zunehmend frühindustriellen Unternehmungen. Vor allem die Branntweinbrennerei – bis in die Gegenwart ein typisch Flensburger Wirtschaftszweig – wurde betrieben; um 1700 waren etwa 100 Familien damit in irgendeiner Form beschäftigt.

Die Kupfermühle an der Krusau wurde wieder aufgebaut. Die aus norwegischem und Bornholmer Kupfer hergestellten Geräte gingen in die Herzogtümer, mit Unterstützung des Königs aber auch nach Dänemark und Norwegen. Schließlich wurde 1699 die Papiermühle angelegt, bis in die Gegenwart einer der wichtigen Flensburger Betriebe.

Die Kupfermühle

1628 wurden die Krusauer Kupfer- und Messingwerke gegründet. Bis 1962 haben sie in der Nähe Flensburgs produziert. Über ein Jahrhundert lang sind sie im Besitz der Familie thor Straten gewesen. Unter dem Bürgermeister Josias thor Straten (1738–1802) wurde die Kupfermühle zur bedeutendsten Industriestätte des schleswig/holsteinisch – dänisch – norwegischen Gesamtstaates. Josias thor Straten zählte zu den ersten, die sich der 1781 von Jakob Emerson erfundenen neuen Methode der Messingbereitung aus Kupfer und Zink zuwandten. Er legte mit großen Kosten ein Walzwerk an, das ihm die Möglichkeit gab, die königliche „Heereswerft" mit den erforderlichen Platten, Bolzen und Stangen zu beliefern. Es war das größte und bedeutendste Walzwerk mit Wasserradantrieb in Schleswig und Holstein; sogar ein Walzenpaar für Reversierbetrieb mit Wasserkehrrad ist bis zur Installierung der Dampfkraft in Betrieb gewesen.

Josias thor Straten hat am öffentlichen Leben der Stadt regen Anteil genommen. So wurde er bereits 1776 für die Nachfolge im

Das Rote Tor

Flensburger Segelschiffe 1580 bis 1883			
1580:	ca. 200	1805:	291
1677:	19	1815:	195
1737:	50	1820:	174
1745:	110	1825:	130
1752:	85	1830:	134
1754:	97	1840:	125
1765:	136	1850:	132
1780:	145	1854:	140
1785:	217	1857:	116
1795:	257	1861:	112
1800:	313	1883:	17

Bürgermeisteramt vorgesehen; 1781 übernahm er die Stelle des „gelehrten und dirigierenden" Bürgermeisters von Georg Claeden und hat sie fast zwei Jahrzehntelang ausgefüllt. Die königliche Anerkennung kam in seinen Ernennungen zum Ausdruck: 1781 wirklicher Justizrat, 1783 Etatsrat. Die Achtung seiner Mitbürger ergibt sich aus dem „Trauergesang", von dem zwei Strophen lauten:

*Ja, gerecht sind unsre Klagen
an des theuren Mannes Grab,
Der ein seltnes, schönes Beispiel
reicher Tätigkeit uns gab.*

*Der, ganz Zärtlichkeit, als Vater
für der Seinen Wohl gelebt,
Der für Flensburgs Glück als Führer
unermüdet fortgestrebt.*

Aufzug der Friedrichsgarde

Der Nordische Krieg 1700 bis 1721

Schwedische Truppen drangen unter General Steenbock 1712 in Holstein und Schleswig ein. Altona ging in Flammen auf. 1713 wurde auch Flensburg besetzt. Plünderung und Flammen blieben der Stadt allerdings erspart, doch nur gegen eine Zahlung von 62000 Reichstalern „Brandschatzung", die zum größten Teil von den Kaufleuten aufgebracht wurde und mit welcher der Abzug der Schweden erkauft werden konnte.

Am Ende des Nordischen Krieges wurde die Wirtschaftslage der Stadt als „miserabel und erbarmungswürdig" beschrieben. Symbol dafür ist vielleicht auch der Abbruch der Duburg, mit dem 1719 begonnen wurde. Nach beinahe einem Jahrhundert der Kriege war Flensburg, in der zweiten Hälfte des 16. Jahrhunderts bedeutendste Handelsstadt des dänischen Gesamtstaates, tief herabgesunken und in seiner Wirtschaftskraft hart getroffen.

Franz Böckmann, der Meisterspion

Dem legendären Kaufmann und Bürger sollte 1792 ein Denkmal gesetzt werden mit folgender Inschrift: „Dem biederen Bürger und Bürgersfreund, dem edlen, uneigennützigen Patrioten, dem klugen, entschlossenen, unerschrockenen Helden, dem Schutzengel der Stadt Flensburg Franz Böckmann, geboren 10. Januar 1669 – gestorben 2. April 1741, widmet diesen Stein seine dankbare Nachkommenschaft." Damit sollte Böckmanns Leistung als „Meisterspion" im dänisch – schwedischen Krieg gewürdigt werden, insbesondere seine Auskundschaftung der schwedischen Besatzungstruppen im Jahre 1713. Durch diese Aktion geriet Böckmann in direkte Beziehung zum dänischen König Friedrich IV., der ihn wiederholt öffentlich rühmte:

„Dieser Flensburger Bürger hat mehr Kundschaft vom Feinde als wir alle zusammen."

Böckmanns Methoden sind in einer kleinen Erzählung dargestellt: Als die Schweden in Flensburg lagen, ging Böckmann nach Rendsburg, wo sich noch dänische Truppen befanden, und erbat sich zirka 25 Trommler und Pfeifer. Zu Nachtzeiten zog er nach Flensburg zurück und, verteilte die Spielleute rings um die Stadt, besonders aber schickte er sie in die Marienhölzung. Er fügte noch einige Einheimische hinzu, die er in dänische Uniformen steckte. Auf ein gegebenes Zeichen mussten die Leute nun trommeln und pfeifen. Als die Schweden die Klänge von allen Seiten der Stadt hörten, meinten sie, größere dänische Truppen seien im Anmarsch. Schleunigst verließen sie die Stadt durch das Rote Tor, und da die Straßen stark mit Glatteis überzogen waren, fiel mancher hin und stieß sich die Glieder. Die Stadt war so vom Feind gerettet.

A. P. Andresen dichtete 1802:

„Franz Böckmann war ein edler Mann,
war keck und brav!
Er scheute nicht des Krieg's Gefahr!
Gemeingeist klopfte seine Brust,
und Flensburgs Wohl war seine Lust.
Klingt an! Klingt an!
Wir ehren sein Gedächtnis hoch
und folgen alle treulich noch
der Bahn!"

Franz Böckmann ist 1721 der Anführer eines Reiterkorps geworden. Aus diesem hat sich später die so genannte rote Friedrichsgarde entwickelt, ein Paradekorps insbesondere zur Begleitung königlicher Herrschaften bei Besuchen in der Stadt.

Nach dem Statut nahm die Feier des Garde-Stiftungstages einen wichtigen Platz ein. „Alljährlich, und zwar gleich nach Johanni (24. Juni), wird der Stiftungs-Tag der Garde durch ein solemnes Fest, wobei das Ring- und Turnier-Reiten bisher zur Belustigung gedient, gefeiert. Von diesem Feste sollte billigerweise keines der Mitglieder sich ausschließen, falls nicht die Nothwendigkeit ihm daran die Theilnahme verbietet." Das

---

Die Flensburger Rangordnung von 1718: 30 Stufen

1. Klasse:
1. Königliche Bediente (staatliche Rangordnung)
2. Doctores
3. Hof- und Landgerichtsadvokaten
4. Pröpste
5. Prediger
6. Rektor der Lateinschule
7. Bürgermeister
8. Ratsverwandte
9. Stadtvogt
10. Hospitalsvorsteher
11. Stadtsekretär
12. Lehrer der Lateinschule

2. Klasse:
13. Deputierte Bürger
14. Kaufleute von mindestens 9 000 Mark
15. Kaufmannschaft treibende Handwerker von mindestens 9 000 Mark
16. Organisten
17. Stadtmusikus
18. Schreib- und Rechenmeister deutscher Schulen

3. Klasse:
19. Kaufleute unter 9 000 Mark Vermögen
20. Handwerker in Amt und Gilde
21. Schiffer (= Kapitäne)
22. Goldschmiede
23. Maler
24. Bildschnitzer und andere Künstler
25. Kaufgesellen

4. Klasse:
26. Handwerker ohne Amt und Gilde
27. Tagelöhner
28. Arbeitsleute
29. Seefahrende
30. Höker

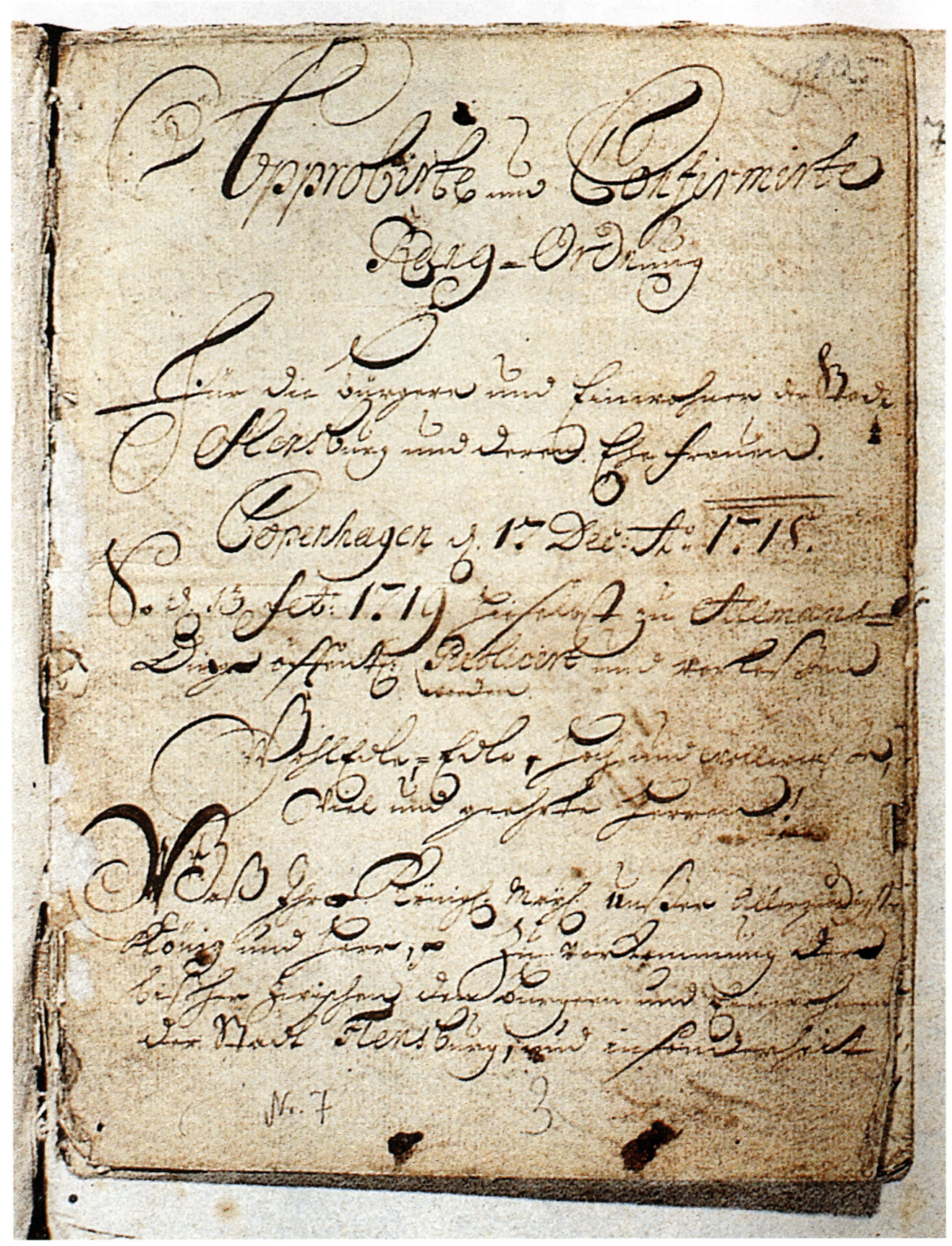

Die Rangordnung von 1718

Epitaph Niels Hacke, 1648

Treffen fand auf dem Duburger Gelände statt. Vorher formierte man sich zu einem Zug, der von dem Fähnrich angeführt wurde. Der Weg führte auf der Duburger Straße zum Versammlungsort, wobei im Rahmen eines Umzuges der Kapitän der Garde abgeholt wurde (der Maler Nöbbe hat es 1835 dargestellt).

Die nationalen Bewegungen des 19. Jahrhunderts führten im Jahre 1851 zur Auflösung der Garde, endgültig durchgeführt aber erst 1871. Vermutlich als Nachfolgevereinigung wurde im Jahre 1893 ein „Flensburger Ringreiter-Corps", gegründet, es hat bis zum Beginn der nationalsozialistischen Gleichschaltung im Jahre 1933 bestanden.

Die städtische Rangordnung darf man nicht nur als „Kuriosität" betrachten. Im 18. Jahrhundert hat sie vielmehr für die städtische Gesellschaft als Sozialgebilde eine regulierende Funktion erfüllt: Sie war nur eine Kodifizierung der in den Jahren vorher noch schärferen ständischen Stufung. Die Flensburger Regelung war auch kein Unikum, sondern wurde Vorbild für die städtischen Rangordnungen von Hadersleben (1719) und Apenrade (1724).

Für das gesamte Königreich Dänemark bestand bereits im 17. Jahrhundert eine „Rang-Ordnung", die 1734 und 1746 weiterentwickelt wurde. In Schleswig und Holstein galt sie bis zum Ende der Verbindung mit dem dänischen Gesamtstaat. Die staatliche Rangordnung erfasste die gesamte Führungsschicht, die in neun „Classen" eingeteilt war, und jede Klasse kannte wiederum verschiedene Stufen, insgesamt waren es 101. An der Spitze stand der König, und am Schluss befanden sich die königlichen „Titulair-Secretaire". Die städtische Bürgerschaft kam in dieser Rangordnung nicht vor. Sie benötigte also zur Regelung ihrer gesellschaftlichen Verhältnisse eine eigene städtische Rangordnung. Die städtische bedeutet daher die Fortsetzung der königlich-staatlichen Rangordnung in den kommunalen Bereich hinein. Bindeglied beider Rangbereiche waren die „königlichen Bedienten", sie standen daher an der Spitze der städtischen Gesellschaft in Klasse 1.

Einige Flensburger Kaufleute des 18. Jahrhunderts beantragten und erhielten den Titel eines Ratsverwandten, um schneller in das reale Amt zu kommen, andere begnügten sich mit dem Titel und der damit verbundenen Ehre. Zu ihnen gehörte der Kaufmann Gerhard Hoe; er erhielt 1751 als einziger sogar den Rang eines Bürgermeisters – und so hatte Flensburg während seiner Lebenszeit bis 1770 gleichzeitig drei Bürgermeister.

Epitaph Lorenzen, Wappen der Frau

Kirchliche Kunst der Barockzeit: Die Epitaphien in St. Marien

In der Flensburger St. Marien-Kirche haben seit 1497 insgesamt mindestens 29 Epitaphien (Grabdenkmäler) existiert: zwei aus dem 15. Jahrhundert, neun aus dem 16. Jahrhundert, 16 aus dem 17. und zwei aus dem 18. Jahrhundert. Davon sind 15 erhalten geblieben (fünf aus Stein), zwei davon befinden sich im Museum. Im Jahre 1885 waren noch 18 vorhanden, von den damals verschollenen elf Epitaphien sind mindestens vier im Jahre 1688 „verschwunden" – im Rahmen rationalistischer Bestrebungen am Ende des 17. Jahrhunderts.

Eine kritische Beurteilung der Epitaphien findet sich bei dem bekannten Stadthistoriker Holdt. Er führt unter anderem aus: „Die größte kirchliche Unsitte der früheren Zeit waren ohne Zweifel die Kirchenbegräbnisse, ein eingerissener Brauch, an welchem Rangsucht und Eitelkeit eben so viel Antheil hatten als das religiöse Pietätsgefühl. Alles, was irgendwie durch Rang, Stellung, Vermögen usw. über die Menge hervorzuragen meinte, musste sein ‚Epitaphium' in der Kirche haben, und so bedeckte sich der Kirchenfußboden mit Leichensteinen, und die Luft füllte sich mit Verwesungsdünsten, die sogar durch Gewölbe und Röhren Ableitung nach außen und oben fanden. Wie tief die wachsende Aufklärung endlich das Verwerfliche dieses Unwesens, das sich noch bis in das gegenwärtige Jahrhundert hinein erhielt, empfand, beweist die allgemeine Freude, als es endlich gelungen war, durch Herstellung eines allgemeinen Begräbnisplatzes außerhalb der Stadt fortan alle Begräbnisse aus den Kirchen wie aus den dieselben umgebenden Kirchhöfen zu verbannen... (A. C. C. Holdt, Flensburg früher und jetzt, Flensburg 1884, S. 29)

Bei der inneren Restauration der Kirchen zu St. Nicolai und St. Johannis in den dreizi-

Der dänische König Friedrich II. (1558–1588)

ger und vierziger Jahren wurden auch die zahlreichen Leichensteine und die unter denselben stehenden Sargreste mit Inhalt sowie die vielen, Wände und Pfeiler bedeckenden Epitaphien entfernt. In Nikolai wurden auf diese Weise viele Fuder zum Theil werthvoller Kirchenantiquitäten um Spottpreis öffentlich verschleudert. Selbst nach England ging ein Theil der ehrwürdigen Reste…In St. Marien ist bekanntlich an die ehrwürdigen Denkmale noch nicht Hand gelegt worden, und Gänge, Kapellen, ja theilweise selbst Chor und Wand, sind hier noch mit Leichensteinen bedeckt."

In den kirchlichen Dokumenten gibt es nur spärliche Hinweise auf die Epitaphien. Dies ist verwunderlich, weil deren Installierung nicht ohne Genehmigung der Kirche erfolgen konnte. Die Kirche war immer über die sog. Donationen beteiligt, und gegen entsprechende Bezahlung übernahm sie die Betreuung der privaten Kunstwerke, vor allem was die Beleuchtung durch Wachslichter betrifft.

Zu den Aufgaben des kirchlich angestellten Schreib- und Rechenmeisters gehörte es daher (in der Anweisung von 1678 ausdrücklich als Punkt 5 genannt), „die Wachs-Lichter auf dem Altar und in der Kirchen anzuzünden zu gebürtiger Zeit". Damit sind auch die Wachslichter der Epitaphien einbezogen. Der Schreib- und Rechenmeister erhielt jährlich den Betrag für eine größere „Portion" Wachs, aus der die großen Lichter herzustellen waren. 1641 sind 40 Wachslichter erwähnt, bei dem Kirchgeschworenen Hinrich Stricker werden in der Kirchenrechnung 1642/43 insgesamt 40 Pfd. Wachs aufgeführt, bei Behrend Stricker 1665/66 56,5 Pfd., 5 ML extra für Engeburg Strickers „Crone". (1634 erhielt Ludwig Mölmann 30 ML 12 für 41 Pfd. Wachs; an Thomas Kork wurden 5 ML 2 bezahlt „für die Lichte zu machen".)

In der Kirchenrechnung von 1670 sind 51 Lichter genannt: zwei für den Altar, eines für die Kanzel, 27 große Lichter für die Stickarm, zehn dreiviertel und elf Lichter von halber Größe. Ab 1681 erscheint ein weiteres Licht, wahrscheinlich für das neue Epitaph Stricker; ab 1688 ist die Zahl der Lichter um acht reduziert, es gab also mindestens vier Epitaphien weniger. Ansonsten sind ab 1677 einzelne Lichter für benannte Epitaphien aufgeführt, und zwar bis 1745. Somit können die Angaben über die Wachslichter also Hinweise auf die Existenz der Epitaphien geben. Im Inventarverzeichnis von 1851 sind 16 „messinge Lichtarm" aufgeführt, das könnte bedeuten, dass zu diesem Zeitpunkt noch 16 Epitaphien in St. Marien vorhanden waren.

Unbekannte Epitaphien in St. Marien

Das Epitaph „eines Unbekannten" in der St. Marien-Kirche von Flensburg konnte kürzlich nach 320 Jahren von Dr. Dieter Pust anhand der Wappen entschlüsselt werden. Das Stifterehepaar Heinrich Stricker und Lucia Beyer war Auftraggeber des Kunstwerkes vom Ende des 17. Jahrhunderts. Während das Wappen der Familie Beyer in Flensburg bekannt ist, wurde das Wappen der Familie Stricker mit Hilfe eines Testamentsiegels im Landesarchiv in Schleswig entschlüsselt.

Epitaph Stricker, 1681:

Das Wappen der Frau sieht so aus: im Schild ein stehender Fischotter auf weißem geteiltem Grund, ebenso Otter als Helmzier. Das Wappen des Mannes: im Schild stehender, nach rechts blickender Adler auf weißem Grund, neben dem rechts drei Würfel im Felde liegen mit 2, 6 und 5 Punkten. Es handelt sich um ein offenbar sehr seltenes Wappen, das in keinem der allgemeinen Wappenlexika vorhanden ist. Die Entschlüsselung gelang durch das Siegel auf dem Testament des Ratsverwandten Lorenz Stricker vom 22. September 1716.

Bei dem Epitaph in der kleineren nördlichen Kapelle von St. Marien handelt es sich um ein Gemälde mit der Darstellung des ungläubigen Thomas in einem reich geschnitzten Rahmen im reifen Akanthus-Barock (um 1680 bis 1700). Die Stifter sind durch Bildnis und Wappen gekennzeichnet; das Brustbild einer jungen Frau mit gestärktem rundem Schulterkragen und mit Gazehäubchen ist zu sehen und das Brustbild eines Mannes in schwarzem Wams mit kurzem weißem Halskragen und zwei Troddeln, darunter wallendes lockiges Haar. Die Inschrift soll bereits im Jahre 1885 verloren gewesen sein.

Heinrich Stricker war Sohn eines Gaugrafen und gehörte zu jenen westfälischen Kaufleuten, die sich eine Generation nach Diedrich Nacke, Gerd von Meerfeldt und anderen in der Fördestadt niederließen und schnell in die führende Bürgerschicht hineinwuchsen. Als Kaufmann erhielt Heinrich Stricker im Jahre 1636 das Bürgerrecht; bald danach übernahm er die üblichen städtischen Ehrenämter: zunächst als Kirchgeschworener, dann Deputierter Bürger (heute: Ratsherr), schließlich Ratsverwandter (bis vor kurzem: Stadtrat). Seine Söhne setzten dieses Engagement fort: Bernhard Stricker (1640–1712) wurde sogar Bürgermeister, Heinrich Stricker (1644–1720) wurde wie der Vater wieder Ratsverwandter.

Lucia Beyer, geboren im Jahre 1611 und gestorben am 26. Juli 1681, stammte aus der Familie des Bürgermeisters Carsten Beyer (1574–1644), dessen Epitaph in der St. Marien-Kirche ebenso vorhanden ist wie das ihres Großvaters Georg Beyer (1522–1587),

Weitere Epitaphien aus dem 16./17. Jahrhundert

	Beigesetzter	*Schnitzer*	*Maler*
1.	1584 – Propst Johannes Meier	?	?
2.	1591 – herzogl. Sekretär Georg Beyer	Hans Kremberg	?
3.	1597 – Bürgermeister Gerd von Merfeldt	Johann von Bremen	?
4.	1601 – Kaufmann Evert Vette	Heinr. Ringerinck	Jan von Enum
5.	1644 – Bürgermeister Carsten Beyer	Claus Gabriel	Heinr. Jansen
6.	1648 – Kaufmann Niels Hacke	Hans Gudewerdt d.J.	H. Jansen
7.	1656 – Johann Wittemaken	?	H. Jansen
8.	1681 – Ratsverwandter H. Stricker	?	Chr. Müller?
9.	1683 – Kaufmann Niels Lorenzen	Nach Radierung von Rembrandt	

Neben diesen heute in St. Marien vorhandenen Epitaphien existieren zwei weitere, die im Städtischen Museum untergebracht sind.

10.	1600 – Ratsv. Paridom Vake	Heinr. Ringerinck	Jan von Enum
11.	1741 – Anna Thomsen/Lorck	Wilhelm Buchholtz	? Kopie n. Rubens

Der dänische König Christian V. (1670–1699)

das von 1591 stammt und die älteste gemalte Stadtansicht Flensburgs zeigt. Die Familie Beyer ist daher mit drei Epitaphien in der Marienkirche vertreten.

Verschollene bekannte Epitaphien:

In der Literatur gibt es Hinweise auf weitere Epitaphien, die im Laufe der Zeit verschwunden sind.

1. 1553 – Ratsverwandter Thomas thor Smeden, † 16. 11. 1553
2. 1589 – Bürgermeister Thomas Fink, † 15. 7. 1589
3. n. 1600 – Unbekannt = 1607 – Vultejus (Pontoppidan nennt einen Juristen Christopher Vultejus. Er stammte aus Wetter in Hessen, wurde dort am 21. August 1561 geboren und starb am 12. November 1607 in Flensburg. Als Dr. iur. war er zuerst Rat des Abtes zu Hersfeld, dann Vormundschaftsrat des dänischen Königs Christian IV., später dessen Regierungsrat, 1602 dänischer Gesandter in Lüneburg, 1604 in Oldenburg. 1603 ist er als Kanonikus in Schleswig genannt, ab 1605 als Domherr des Schleswiger Domkapitelamtes. Die 1885 ins Museum übergebenen Teile eines „alten Epitafium" von 1600, u. a. mit Wappen und Statuette „Gerechtigkeit", könnten hierher stammen.)
4. 1665 – Unbekannt – In diesem Zusammenhang wäre hinzuweisen auf die Angabe von 1663, dass ein neuer „Stückarm" für Ingeburg Spieckers „Crone" für 5 ML eingerichtet wurde (bereits ab 1630 genannt, 1676 „geschenkt".) Die Lebensdauer scheint 1688 beendet gewesen zu sein.

Verschollene, bisher unbekannte Epitaphien:

1. 1497 – Bürgermeister Marten Risenberch
2. 1498 – Bürgermeister Arent Kysenbrugge
3. 1503 – Bürgermeister Andres Smader
4. um 1550? – Carsten Rickertsen
5. 1597 – Bürgermeister Hermann Lange
6. 1643 – Bürgermeister Johann Klöcker; Postmeister Diedrich Klöcker
7. 1657 – Magister Andreas Tüxen
8. 1672 – Pastor Georg Lange
9. 1725 – Stadtvogt Hinrich Thomsen

Prominente in Flensburg

Christian IV.: 1590, 1592–1598, 1600, 1602, 1603, 1610, 1611, 1620, 1622, 1626, 1627, 1632, 1637, 1641, 1646, 1648; Friedrich III.: 1646–1649, 1652, 1654, 1657, 1661, 1667; Christian V.: 1646, 1648, 1670, 1672, 1682, 1684, 1692, 1693; Friedrich IV.: 1701, 1702, 1705, 1706, 1708, 1709, 1712/13–1718, 1720–1722, 1724, 1725, 1728, 1730; Christian VI.: 1731, 1733, 1734, 1736, 1740, 1742, 1743, 1745, 1746; Friedrich V.: 1748, 1753, 1754, 1759–1762; Christian VII.: 1766–1768, 1770. 1766: Königin Mathilde.

Um 1612: Generalfeldmarschall Paul Würtz geb. († 1676); Erben in Trögelsby bei Flensburg; 1630: Geburt Bildhauer Caius Gabriel Cibber († 1700, England), 1630: Dichter Johann Rist; 1643: schwed. General Torstensen; 18. 8. 1657: König Karl X. Gustav von Schweden rückt mit fünf Regimentern in die Stadt ein; 1658: der Große Kurfürst (Friedrich Wilhelm von Brandenburg), Feldmarschall Georg Derfflinger, Feldmarschall Otto Sparr, Graf Raimund Montecucculi, polnischer Woywode Opalinski; 1713: schwedischer General Steenbock; 1725/1727: Dichter Ludwig Holberg; 1730 ff.: Generalleutnant und Oberkriegskommissar Christian Lerche († 1757); 1740: Pädagoge Johann Bernhard Basedow (Famulus bei Physikus Dr. Boessel), 1745: neuer Adel Castenschiöld; 9. 9. 1762, Geburt Dichter Heinrich Harries; um 1765: Oberstleutnant C. J. von Luther († 1774), ein Nachkomme des Reformators Martin Luther; 1768: Dichter Klopstock; 1770: Schauspieler C. E. Ackermann († 1771), K. Ekhof († 1778), Sophie Fr. Hensel (1789), auch: Seyler, Sparmann; 1771: Schauspieler Friedrich Ludwig Schröder.

Der dänische König Friedrich IV. (1699–1730)

Wichtige Daten

- **1627:** 14. September – Besetzung der Stadt durch die „Kaiserlichen"
- **1629:** 22. Mai – Abschluss des Friedens von Lübeck
- **1632:** Landtag in Flensburg (ebenso: 1637; 1641; 1646; 1648; 1649; 1652; 1654; 1657; 1661; 1666)
- **1643:** Dezember – Der schwedische Oberst Douglas unter General Torstenson besetzt die Stadt
- **1646:** 15. April – Christian V. in Flensburg geboren
- **1648:** Regierungskanzlei in Flensburg errichtet, Huldigung an Friedrich III. auf dem Rathaus
- **1654:** Mai (bis Mai 1655) – Friedrich III. residiert wegen der Pest in Kopenhagen in Flensburg
- **1657:** Landtag – in Anwesenheit des Königs
- **1657:** 18. August – König Karl X. Gustav von Schweden rückt mit fünf Regimentern in Flensburg ein
- **1658:** 29. September – der Große Kurfürst von Brandenburg (Friedrich Wilhelm) zieht als Heerführer der Verbündeten ein
- **1685:** Flensburger Schiffe müssen unter dem Danebrog segeln
- **1712:** 31. Dezember – König Friedrich IV. zieht mit dem Fuß-Gardekorps und einem Grenadierkorps in die Stadt ein. Er residiert auf Schloß Duburg bis zum 5. Januar 1713
- **1713:** 21. Januar – 600 schwedische Dragoner rücken in die Stadt ein. Nach der Kapitulation General Steenbocks in Tönning wird ihm und 115 gefangenen Offizieren Flensburg zum Aufenthalt angewiesen
- **1713:** Franz Böckmann – Verdienste als „Meisterspion"
- **1718:** 17. Februar – Friedrich IV. erlässt eine Rangordnung für die Bürger
- **1719:** Abbruch des Schlosses Duburg, aus den Steinen: Aufbau des Waisenhauses und des Pastorats St. Johannis

*Der Kapitän
Lorenzen
Collundt*

4. Kapitel
Die dritte Blüte von 1775 bis 1805

Der dänische Gesamtstaat und die Symbole des Reichswappens

Die Unterschriften der Königsbilder enthalten den Anfang des Königstitels. Nach dem jeweiligen Namen (von Christian I. bis Friedrich V.) folgen Buchstaben und Wörter: „D. G: Daniae. Svetiae et Norvegiae Rex." Die lateinische Fassung bedeutet: König (Rex) von Gottes Gnaden (Dei Gratiae). Der vollständige Königstitel umfasste alle Herrschaftsverhältnisse, z. B.: „Christianus II Dei gratiae Daniae Svetiae Norvegiae Rex Dux Slesvicen. Holsatic. Stormariae Comes Oldenborg", also: C. II. von Gottes Gnaden der Dänen, Schweden und Norweger König, Herzog von Schleswig, Holstein, Stormarn und Dithmarschen, Graf von Oldenburg."

Das eigentliche Wappen, die drei Löwen, stammt aus dem Familienwappen der Valdemare von 1190. Der Lindwurm symbolisiert den Sieg des streitbaren Bischofs Absalon über die heidnischen Wenden 1169 auf der Insel Rügen und entspricht dem 1440 durch Christoph von Bayern eingeführten Titel „König der Wenden". Nach der Eroberung Gotlands von den Hansestädten 1361 nahm Valdemar Atterdag den Titel „König der Goten" an – Symbol seit 1449 ein über neun Herzen schreitender Löwe. Mit Christian I. kamen die Oldenburger auf den dänischen Thron – der innerste Herzschild mit zwei roten Balken auf Goldgrund versinnbildlichen Oldenburg und dessen Kreuz (golden auf blauem Grund) die oldenburgische Provinz Delmenhorst. Drei goldene Kronen: Unter Valdemar Atterdags Tochter, der „großmächtigen Frau und Herrin" Königin Margarethe, wurden die drei skandinavischen Königreiche Dänemark, Schweden und Norwegen in der Kalmarer Union von 1397 bis 1523 vereinigt. Auch nach dem Ausscheiden Schwedens 1523 und Norwegens 1814 blieben die drei Kronen im Reichswappen in Erinnerung an die Kalmarer Union und das Unionssiegel der Königin Margarethe. Als Christian I. 1460 zum Herzog von Schleswig und von Holstein gewählt war, erschien das Löwenpaar für Schleswig und das Nesselblatt für Holstein. Um die gleiche Zeit kam der weiße Schwan mit der Goldkrone für Stormarn hinzu. 1559 gelang die Unterwerfung der Dithmarschen – ein geharnischter Ritter mit einem Kreuzschild ist das Zeichen. 1814 verschwand der norwegische Löwe, an seine Stelle trat für das Herzogtum Lauenburg 1819 ein goldener Pferdekopf. Es folgten der Eisbär Grönlands und der Widder der Färöer. Das Dannebrogkreuz teilt den Hauptschild in vier Felder und stammt von der dänischen Nationalflagge, dem Dannebrog, der 1219 aus dem Himmel herabschwebte. Und schließlich die beiden „Wilden" – sie tauchten zuerst unter Christian I. auf, wurden aber später auch durch andere Schildhalter ersetzt, z. B. durch Löwen.

Der in den Wappen repräsentierte dänische Gesamtstaat war also ein recht komple-

Das dänische Reichswappen (links) und das Stadtwappen am Nordertor

St. Thomas

xes Gebilde: Die einzelnen Teile behaupteten ihre Eigenart, während die Einheit in der Personalunion durch das Königtum zum Ausdruck kam.

Das dänische Reichswappen war in Flensburg präsent an den öffentlichen Gebäuden Nordertor, Kompagnietor, Waisenhaus und den Fahnen der Schützengilden: St.-Nikolai-Gilde 1674, St.-Johannis-Gilde 1759, Knudsgilde 1859.

Zentralismus und Merkantilismus

Nach dem Ende des Nordischen Krieges begann der dänische König als absoluter Monarch damit, die Residenzstadt Kopenhagen zu fördern, was für andere Regionen nicht vorteilhaft ausfiel. So erhielt die Hauptstadt 1726 das Handelsmonopol für die „vier Spezies" Wein, Branntwein, Salz und Tabak. 1735 wurde entsprechend der Idee des Merkantilismus ein General-Landes-Ökonomie- und Kommerzkollegium eingerichtet, um das Erwerbsleben staatlich zu steuern und zu kontrollieren. Für jede wirtschaftliche Unternehmung, für jede wirtschaftliche Aktion bis in den handwerklichen und sogar kulturellen Bereich hinein war eine königliche Konzession notwendig. Durch die Kommerz-Verordnung von 1742 verlor Flensburg das Privilegium des Handels auf dem dänischen und norwegischen Markt. Ein merkantilistisches Zollgesetz, in Kraft von 1768 bis 1797, verteuerte die Einfuhr von Waren erheblich.

Die ungünstigen Rahmenbedingungen beeinträchtigten natürlich die Lebensverhältnisse in der Fördestadt. Hinzu kamen Teuerungen, Missernten (1739/40) und Viehseuchen – in den Jahren 1774 bis 1782 starben über 60 000 Tiere daran. 1795 gab es in Flensburg wegen Preissteigerungen einen Volksauflauf, und obwohl Militär eingesetzt wurde, hatte der „Aufstand" Erfolg: Die Preise sanken, und ein Ausfuhrverbot trat in Kraft. Als 1762 ein russischer Einfall befürchtet wurde, gab es zusätzliche Belastungen durch Einquartierung von Truppen, die auf dem Weg nach Süden waren. Ein Zeichen für die wirtschaftlich schwierigen Verhältnisse sind auch die Armenordnungen von 1721 und 1735, mit denen alle Bürger zur Kasse gebeten wurden, weil die kirchlichen und die freiwilligen Hilfen nicht mehr ausreichten.

Neue Initiativen schaffen die dritte Blütezeit für Flensburg

Floreat Commercium

Ohne blühenden Kommerz,
　　was wär Flensburgs Leben?
Alles, was den Wohlstand hebt,
　　muss der Handel geben!
Handlungsflor! du Segensstrom,
　　fließ in unsrer Mitte,
und vertheil' des Wohlfahrts Glück
　　in die kleinste Hütte.

Ruht des Kaufmanns reger Fleiß,
　　stocken die Geschäfte,
dann verlieren Groß und Klein
　　ihrer Nahrung Kräfte!
Eng und innig ist das Band,
　　das die Bürger bindet,
meines Nachbarn Wohl und Glück
　　auch das meine gründet.

Floreat Commercium!
　　hieß es bey den Alten;
diesen schönen Trinkspruch wir
　　auch in Ehren halten.
Handlungsflor ist Flensburgs Glück,
　　seiner Bürger Freude!
Floreat Commercium!!
　　heiß' es stets, wie heute!

(Andreas Peter Andresen, 1802,
Melodie: „Ohne Lieb' und Wein")

Es gab nach dem Nordischen Krieg aber auch Ansätze für positive Entwicklungen. 1727 erhielt Flensburg zusammen mit Apenrade das Recht, mit den erwähnten vier Spezies zu handeln, allerdings nur im Herzogtum Schleswig. Der Ostseehandel wurde ausgebaut, Handelsverbindungen nach Amsterdam, England und Frankreich wurden betrieben, und es gab wirtschaftliche Beziehungen bis ins Mittelmeer. Die Kaufleute besuchten Messen in Deutschland, mit Hamburg wurden Bank- und Kreditgeschäfte abgewickelt, und eine Hauptaufgabe war die wirtschaftliche Versorgung des Herzogtums Schleswig.

Schiffbaumeister Henningsen

Handwerkerzeichen

1749 nahm eine neu gebildete „Grönländische Kompagnie" den Robben- und Walfang auf; 1755 begann mit der Westindienfahrt die Teilnahme am transatlantischen Dreieckshandel: von Flensburg/Dänemark über Afrika nach Mittelamerika. Bis 1807 konnte Flensburg 135 Unternehmungen verzeichnen mit insgesamt 47 Schiffen. Ein Beispiel: Das Schauschiff „Delphin" mit 13 Mann Besatzung führte 19 Reisen nach Westindien durch. Die Inseln St. Thomas, St. Croix und St. Jan waren dänische Kolonien, deren Plantagenbesitzer es durch Sklavenarbeit zu großem Reichtum brachten – unmenschlicher Hintergrund für den Handel mit westindischen Kolonialwaren.

Die großen europäischen Kriege in der zweiten Hälfte des 18. Jahrhunderts (der Siebenjährige Krieg 1756/63; der britisch-französische Kolonialkrieg 1754/63) begünstigten die Schifffahrt unter der neutralen dänischen Flagge. Es entstand eine „goldene Zeit" für die hiesige Schifffahrt und den Handel.

Die um 1780 einsetzende Hochkonjunktur brachte zahlreiche neue Bürger in die Stadt und hatte eine sichtbare Konsequenz: 1796 erfolgte die Freigabe für die Bebauung vor dem Nordertor, die Entwicklung der Neustadt konnte einsetzen. Das bisherige Stadtfeld wurde besiedelt, zunächst am Kohgang, der Marienstraße, dann bis in die westlichen Höhen. Die Einwohnerzahl spiegelt es wider: 1769: 6 842; 1803: 10 666.

Das Monopol der Kaufleute

Eine Besonderheit in Flensburg war, dass die Kaufleute von 1730 bis 1833 ein verfassungsrechtliches Monopol für die Besetzung der politischen Führungsschicht in der Stadt hatten: in der Stadtvertretung (Vierundzwanziger; Deputiertenkollegium), im Magistrat als Stadtgericht, im Hospitalsgericht. Dieses Monopol hatte Auswirkungen auf verschiedene Bereiche: im gesellschaftlichen Leben (Rangordnung), in der bürgermilitärischen Führungsgruppe im kirchlichen Bereich und im Wirtschaftsleben.

Wer aber konnte Kaufmann werden? Dies wurde durch verschiedene Prozesse stadtgerichtlich definiert: Kaufmann in der bürgerlichen Bedeutung war, wer zwei Bedingungen erfüllte, eine juristische und eine funktionale: Er musste sich zum Kaufmannsstand bekennen (entweder durch Annahme des Bürgerrechts oder durch eine verbindliche Erklärung vor dem Magistrat), und er musste die Funktion des Kaufmanns kontinuierlich auf gesicherter finanzieller Grundlage ausüben. Konkurs führte also zum Verlust des Status als Kaufmann. Andererseits konnten bisherige Nichtkaufleute, wenn sie genügend Vermögen hatten, in den Kaufmannsstand überwechseln, wofür es einige Beispiele aus den Reihen von Kaufmannschaft treibenden Handwerkern, z. B. Bäckern, und von Schiffern (Kapitänen) gibt. Wer Kaufmann war, erhielt damit die entsprechende Einordnung in die Rangordnung.

Ein Handelshof hatte etwa folgendes Aussehen: Das an der Straße gelegene Vorderhaus kehrte meist seine Giebelseite der Straße zu. Durch die in der Mitte des Hauses gelegene Tür kam man in einen Flur, der ge-

Nr. 12 / Dezember 1929

FLENSBURGER
Illustrirte Zeitung

Preis 30 Pfg.

Flensburg, die Rumstadt

FIZ (Flensburger Illustrierte Zeitung): alle Rumsorten

Der Nordermarkt

radewegs auf die im rückwärtigen Teil des Hauses gelegene Diele führte, von wo die Treppe zum Obergeschoss hinaufführte. Die beiden rechts und links vom Flur gelegenen Räume wurden als Kontorräume benutzt. Auch der Kaufmann selbst hatte dort sein Stehpult. Die Wohnzimmer lagen im ersten Stock. Dort befand sich auch – oft im ersten Hofflügel – der Festsaal, der seit der Zeit der Französischen Revolution üblich wurde.

Die Hofgebäude enthielten weitere Wohn- und Wirtschaftsräume, Speicherraum, Stallungen usw. In den Quergebäuden waren meist gewerbliche Maschinen und die dazu gehörigen Speicherräume (im ersten, zweiten Stock und darüber) untergebracht. Zu den „Hofenden" lag fast immer ein Garten, der seinen Abschluss in einem Pavillon fand, von dem man über Hafen und Innenförde blicken konnte. Seit der zweiten Hälfte des 19. Jahrhunderts änderte sich die Nutzung der Höfe: teils gewerblich, teils zu Wohnzwecken (Mietwohnungen). Im Rahmen der Sanierung bildete die Nutzung ein zentrales Problem.

Ein Flensburger Grönlandfahrer: Rörd Knuten bzw. Riever Claasen

Meistens waren die Namen der Walfang-Kommandeure hollandisiert, weil die Seeleute so außerhalb Dänemarks bessere Chancen hatten. Diese Tarnung durch falsche Namen und falsche Herkunftsangaben übernahmen auch Flensburger Kommandeure. Johann Caspar Schmidt († 1780) erschien als „Johann Casper"; „Cornelius Cornelsen von Kurland" entpuppte sich als der Flensburger Schiffer Niels Nielsen (1720–1782), und als „Hans Cornelsen von Röm" firmierte der Flensburger Hans Nielsen (1726–1791).

Der Hafen

Riever Claasen/Rörd Knuten (1730–1812) hat eine Lebensbeschreibung verfasst: „Nota meiner gethanen Reisen zu See." Mit 14 Jahren machte er von Hamburg aus als „Cajüts-Junge" seine erste Grönlandreise. Von Flensburg fuhr er ab 1750, und zwar unter Kommandeur Rörd Eschels, 1752 bereits als Steuermann. Ab 1755 – also mit 25 Jahren – war er selbst Kommandeur: zunächst auf drei Reisen von Flensburg aus, dann von 1767 bis 1775 von Amsterdam, die letzten Jahre bis 1779 von Kopenhagen aus. Zwischendurch fuhr R. Knuten als Kapitän der Handelsschifffahrt, u. a. auch nach Westindien.

Über die Flensburger Zeit bei der „Societät" schrieb der Kommandeur: „1755 meine erste Reise als Commandeur mit dem Schiffe der ‚König David' benahmt, die Vorsehung lies mir drey sehr schwere Fische glücklich fangen, und geleitete uns nach überstandenen vielen Gefahren glücklich und freudig heim. – 1756 war zum anderen mahle mit dem selbigen Schiffe nach Spitsbergen, Gott segnete unsern fleiß, mit 2 große Fische, obgleich erst den 16. von dem Monat Juny in Spitsbergen kamen, und geleiteten uns behalten zurück. – Ao. 1757 segelte das drittemal als Commandeur nach Spitsbergen auf dem Wallfischfang, jedoch mit dem neuen Schiffe ‚Die Stadt Flensburg' genannt…wir fingen jeder 2 Fische, und wurden beyde glücklich von Gott heimgeleitet, und dieses war das letzte Jahr das diese Societät Schiffe ausschickte, denn im Winter wurden alle Schiffe verkauft…"

Die Problematik der Grönland-Unternehmungen wurde schon 1790 in der Presse deutlich. Im „Flensburger Wochenblatt" las man in gereimter Form:

„…zu welchem Zweck segeln sie den weiten Weg?

Ist's um frische Luft zu holen, oder Eiß, auf Eiß zu sehn?

*oder wollen sie verstohlen diesen Weg nach
China gehn?
Ist's den Walfisch abzuzeichnen, oder mich
und dich zu sehn?
Suchen sie hier Silberminen, Erze und Ma-
rienglas, seltne Kräuter?
‚suchen sie nicht unser Speck!'
Unser Speck? Ha! dass ich lache!
wär auch eben eine Sache,
einen solchen Weg zu ziehn,
sich nach Grönland zu bemühn!
Und wozu denn nuzt es ihnen?
wirds zu Schminke, meynst du, dienen,
zur Pomade für das Haar
ihren Schönen, oder gar
leckre Metwurst draus zu kneten,
Gout zu geben den Pasteten,
oder einen Aquavit
draus zu brennen mit Profit?"*

Pietismus und Aufklärung

Die pietistische Erweckung ging außerhalb der Kirche vor sich, in kleinen Kreisen. Haustaufen und -trauungen nahmen zu, Bibeln, Gesangbücher und Erbauungsschriften gelangten in die Privathäuser, und für viele war der Gedanke bestechend, „dass der Gottesdienst viel bequemer in der Stube als in der Kirche könne verrichtet werden". Die persönliche religiöse Erfahrung wurde entscheidend und sollte ein gottseliges und tätiges Leben ermöglichen. Die Predigt des Pastors sollte hierzu ermuntern und die Gemeinde entsprechend bekehren.

Aus dieser Privatinitiative entstand auch in Flensburg nach Halleschem Vorbild ein Waisenhaus. Der dänische König gab die verfallene Duburg zum Abbruch frei, und eine Schäferei am Ochsenweg (heute: Schäferhaus) sollte die Wolle für das Armenhaus liefern. Ein „Flensburgisches Gesangbuch" wurde 1729 in der Stadt gedruckt, in der nächsten Auflage von 1742 wurden 60 pietistische Lieder angefügt. Ein strenge Schulordnung galt und bestimmte, dass der Sabbat zu heiligen sei. Die königliche Verordnung von 1738, in der „Schau- und Glücksspiele nebst anderen nichtswürdigen und eitlen Künsten" verboten wurden, fand Resonanz in der Bevölkerung: Viele Bürger lehnten jetzt das Theater, Kartenspielen, gut essen und trinken ab.

Zwei Flensburger hatten in Jena bzw. Wittenberg studiert und kehrten als Anhänger der Aufklärung zurück. Sie wirkten jahrzehntelang in der Fördestadt: Georg Claeden als Bürgermeister und Ulrich Adolph Lüders als Stadtsyndikus. Die beiden Juristen im Stadtgericht gaben sich viel Mühe, veralteten und abergläubischen Vorstellungen in der Bevölkerung zu begegnen. Einige Maßnahmen markieren ihre Erfolge:

1735: Straßenbeleuchtung mit Tranlampen
1749: „Anatomiekammer" eingerichtet; Arzt Dr. Boessel
1755: „Hebammenschule" begründet
1767: Letzte Folterung zwecks Erzielung von Geständnissen.
Ein neues Gefängnis wurde gebaut. Bei Lüders wird erstmals der Gedanke der Resozialisierung deutlich: „Besserung der Übeltäter."
Die abergläubische Distanz zum Scharfrichter und seinen Angestellten wurde bekämpft.
1776: Die „kommunalen Misthaufen" wurden abgeschafft (der größte befand sich auf dem Südermarkt)
1790: Entbindungsanstalt Dr. Lilie

Dr. med. Wilhelm Gottlieb Lilie (1751–1804)

Lilie absolvierte das Medizinstudium in Berlin, Leyden, Kopenhagen und Edinburgh, wo er 1775 promoviert wurde. 1785 fand er Anstellung als Physikus (Amtsarzt) für die Stadt Flensburg und das Amt Flensburg/Bredstedt. 1790 wurde Lilie zum Leibarzt von Herzog Friedrich Christian von Augustenburg ernannt. Damit wuchsen die Pflichten des Mediziners, aber auch sein Ansehen. Nun kam es nicht selten vor, dass die herzogliche Karosse, mit vier weißen Pferden bespannt und auf dem Rücktritt zwei Lakaien in roten Livreen, vor dem Hause auf dem

Holm wartete, um Dr. Lilie nach Augustenburg zu bringen. Dr. Lilie gründete mit mehreren Flensburgern einen kleinen Zirkel, in dem man einmal wöchentlich zusammenkam; nach dem Essen wurde aus den neuesten deutschen, englischen und französischen Schriftstellern gelesen, es wurde auch musiziert oder Whist oder L'hombre gespielt. Frau Doris trat gelegentlich als Sängerin auf, und Dr. Lilie selbst gab manchmal ein Flötensolo zum Besten. Nach seinem Tod erweiterte sich dieser Kreis zur 1804 gegründeten Gesellschaft „Harmonie", über ein Jahrhundert lang die bestimmende kulturelle Vereinigung in der Fördestadt.

Ende der neunziger Jahre des 18. Jahrhunderts erholte sich Dr. Lilie mit Frau alljährlich im Sommer für einige Wochen in Bad Pyrmont. Dort traf das junge Arztpaar mit dem preußischen Kronprinzen Friedrich Wilhelm und seiner Frau, Kronprinzessin Luise, zusammen, und es bildete sich ein freundschaftliches Verhältnis zwischen der jungen künftigen preußischen Herrscherin und dem schlichten Arzt aus Flensburg.

Dr. Lilie verfasste ein (zeitloses) „Morgengebet des Arztes": „Verleihe meinen Kranken Zutrauen zu mir und zu meiner Kunst und Folgsamkeit zu meinen Rathgebungen. Verbanne von ihrem Lager alle Afterärzte, und das ganze Heer von rathgebenden Verwandtinnen und überweisen Wärterinnen: Denn es ist ein grausames Volk, das aus Eitelkeit und Leichtsinn die besten Werke und Bemühungen der Kunst zernichtet, und deinen Geschöpfen so oft den Tod aufdringt."

Flensburger und Kulturgrößen

Die Boies

Ausgangspunkt für ein Flensburger Kulturbürgertum war das Haus des Pastors Johann Friedrich Boie, seit 1757 an St. Nikolai und mit Claeden als Gelehrtem, Altertumskundler und Historiker freundschaftlich verbunden. Durch seinen Sohn Heinrich Christian, Herausgeber des Göttinger Musenalmanachs, stand er mit dem dortigen Hainbund in engem Kontakt, dem Zentrum der neuen Empfindsamkeit. Klopstock und Christian Graf Stolberg zählten zu Boies Gästen.

Der Westindienspeicher

Johann Hinrich Voss (1751–1826)

Der Dichter und Übersetzer, bekannt als „deutscher Homer", fand im Hause Boie sein Glück und heiratete am 15. Juli 1777 in St. Marien seinen „süßen Flensburger Traum": Maria Christiana Ernestine Boie (1756–1834). Vorher war er zweimal in Flensburg gewesen: 1774 die erste persönliche Begegnung mit Ernestine („nach Flensburg stehen noch alle meine Gedanken...") und 1776 beim Tod des Schwiegervaters, des Propstes J. F. Boie. Ihm setzte er in der Idylle „Luise" (1775) in der Gestalt des Pfarrers zu Grünau ein literarisches Denkmal. Und auch Flensburg scheint darin verewigt:

...über der Stadt, am besegelten Busen der Ostsee,
nahe der freundlichen Flur, wo der Dänische Pflüger den Deutschen,
dieser den Dänen versteht, dem geengeten Erbe der Angeln,
kränztden Bord, der des Meeres einst höhere Fluten zurückzwang,
dunkles Gehölz.

Später blieb Voss noch volkstümlich präsent durch die „Sammlung patriotischer Gesänge", 1802 herausgegeben durch den Flensburger Stadtpoeten A. P. Andresen. Vier Voss-Lieder sind darin abgedruckt: „Friedensreigen", „Lob der Freundschaft", „Lob des Gesanges" und „Rundgesang beim Punsche".

Übrigens hatte Voss eine besondere Beziehung zu Flensburgs heutiger Partnerstadt Neubrandenburg: Drei Jahre lang besuchte er die dortige Lateinschule (er war ihr berühmtester Zögling!), und 1775 bewarb er sich erfolglos um deren Rektorat.

Ein „Nationaltheater" in Flensburg ab 1799

In Flensburg existierte seit 1795 ein von Bürgern errichtetes Schauspielhaus mit Konzession von 1799 für ein „Nationaltheater" – es sollte die Ziele verfolgen, die Schiller in seiner Schrift „Was kann eine gute stehende Schaubühne eigentlich wirken?" (1784) als Aufgabe genannt hatte. Jährlich gab es zwei Spielzeiten: die Frühjahrssaison (Januar bis April) und die Wintersaison (September bis November). Gespielt wurde von der Schleswiger Hoftheatergesellschaft.

Statthalter Landgraf Carl von Hessen hat als Gründer des Hoftheaters Schleswig und Förderer des Theaterlebens in der Provinz entscheidenden Einfluss in diesem Bereich ausgeübt. Mit dem Hoftheater Schleswig hatte er 1781 eine kulturelle Einrichtung geschaffen, die Kopenhagen und Hamburg als Bezugspunkte nahm und sich in ihrer Glanzzeit unter der Direktion des Intendanten Friedrich von Ahlefeldt-Laurvig im letzten Jahrzehnt des 18. Jahrhunderts auf dem Niveau der großen deutschen Bühnen wie Berlin, Hamburg, Wien, Weimar oder Mannheim befand.

Die Einrichtung des hiesigen Theaters verfolgte durchaus jene Ziele, die Schiller für das Theater als „moralische Anstalt" vorgegeben hatte. Vor allem sind drei Punkte hervorzuheben: die aufklärerische Rolle des Theaters, einen Nationalgeist zu schaffen; die Gerichtsbarkeit der Bühne: „die Frevel der Mächtigen und die Laster vor einen schrecklichen Richterstuhl" zu bringen; schließlich: die menschliche Emanzipation zu ermöglichen: „wenn Menschen aus allen Kreisen und Zonen und Ständen, abgeworfen jede Fessel der Künstelei und der Mode, herausgerissen aus jedem Drange des Schicksals, durch eine allwebende Sympathie verbrüdert, in ein Geschlecht wieder aufgelöst, ihrer selbst und der Welt vergessen und ihrem himmlischen Ursprung sich nähern. Jeder einzelne genießt die Entzückungen aller, die verstärkt und verschönert aus hundert Augen auf ihn zurückfallen, und seine Brust gibt jetzt nur einer Empfindung Raum – es ist diese: ein Mensch zu sein."

In Flensburg wurden damals u. a. folgende Autoren gegeben:

Albrecht, Johann Friedrich Ernst; Dr. med. (* 11. 5. 1752, † 11. 3. 1814); Ps. *J. F. S. Stade*; Theaterleiter u. Bühnenautor; ab 16. 1. 1806. Unternehmer des neuerrichteten Schauspiels in Fl; 1806. Verhandlungen mit Magistrat Fl. wg. Schauspielern. – Der Teufel ein Hidraulikus, L. – 27. 2. 1800. – Friedrich von Oldenburg u. die Befreiung, 29. 1. 1800. – Vgl. Hagemann. – Albrecht gehörte zum Direktorium der fünf Lieblingsschreiber: außer ihm Christian Heinrich *Spieß;* Karl Gottlob Cramer, Karl Grosse u. Jean Paul (= Johann Paul Friedrich Richter).

Apell, David August (* 23. 2. 1754, † 30. 1. 1832); Ps. *Capelli;* Beamter, Schriftsteller, Komponist, Theaterdir.; „Dorfjahrmarkt" findet sich nicht unter seinen Werken – s. *Benda.*

Benda, Georg Anton (*30. 6. 1722, † 6. 11. 1795); Geiger, Cembalist, Dirigent u. Komponist– Der Dorfjahrmarkt, auch Der Jahrmarkt: Lucas u. Bärbchen; Singspiel (UA: 10. 2. 1775, Gotha); 24. 3. 1800. – Sein Librettist: *Gotter.*

Burchard, FriedrichGottlieb Julius (* 26. 4. 1767, † 27. 7. 1807); sein Ps. *Roller;* s. 16. 12. 1799.

Dalayrac, Nicolas (* 10. 4. 1753, † 27. 11. 1809); Komp. – vgl. *Schmieder.*

Desaides – Mitautor bei *de Monvel:* Die 3 Pächter u. die buchstäbliche Auslegung – 20. 1., 6. 3. 1800.

Gotter, Friedrich Wilhelm (* 3. 9. 1746, † 18. 3. 1797); Bühnenautor; Librettist zu *Benda. –* Der schwarze Mann, P. 2 A.; n. d. Franz.; Leipzig 1785. – Der (Dorf) Jahrmarkt, kom. O., 2 A; Mus. *Benda;* Leipzig 1779.

Gretry, Andre Ernest Modeste (* 11. 2. 1741, † 24. 9. 1813); Komponist. – s. *de Monvel.*

Hagemann, Friedrich Gustav (* 1760, † 1829/35); Dramaturg, Theaterdichter; – Die Martinsgänse, L; Stück, 2 A, Nachspiel (UA: 1798, Eisenach); 13. 2., 15. 4. 1800. – Vollständiger Titel: „Friedrich von Oldenburg: Der Mann von Stroh", Singspiel 28. 1. 1800. – Vgl. *Albrecht.* – Vollst. Titel: „Weihnachtsabend: Edelmann u. Bürger"; 26. 12. 1799.

Hanke, Karl (* ca. 1750, † 10. 6. 1803); 1774 Schüler *Glucks* in Wien; ab 1791 Stadtmusikus in Fl.; – er komponierte die Musik zu „Die Befreyung" (Albrecht); 28. 1. 1800, u. zu „Die Jahresfeier", 1. 1. 1800.

Schreib- und Rechenmeister

Gaststätte „Pilkentafel"

Heyne, Christian Leberecht (* 1751, † 13. 1. 1821); sein Ps. *Wall*; s. 7., 10. 2. 1800.

Hiller, Johann Adam (* 25. 12. 1728, † 16. 6. 1804); Musik zu „Die verwandelten Weiber: Der Teufel ist los " (Weisse n. C. *Coffey*), UA: 28. 5. 1766; 24. 2., 16. 4. 1800.

Iffland, August Wilhelm (* 19. 4. 1759, † 22. 9. 1814); Dramatiker u. Theaterdirektor; neben *Kotzebue* der meistgespielte Theaterautor seiner Zeit. – Verbrechen aus Ehrsucht, ernsthaftes Familiengemälde, Sch. 5 A; UA: 1784, Mannheim; fortgesetzt in: Bewusstsein, Tr. 5 A. u. Reue versöhnt, 1786; Fl. 27/1; 6/2 (Bewusstsein) 1800.

Lackabeaussiem = Lachabeaussiere, Ange Etienne Xavier Poisson de (* 4. 12. 1752, † 10. 9. 1820); Azemia ou les Sauvages; Kom. 3 A; Okt. 1786 Fontainebleau am Hofe; 3. 5. 1787 Paris; dasselbe als „Die Wilden", O. 3 A; Mus. *Dalayrac*; dt. von *Schmieder*; Kl. A. v. C. *Brand*, München o. J. – Fl.: 3., 17. 3. 1800; 1813/14.

Monsigny, Pierre Alexandre (* 17. 10. 1729, † 14. 1. 1817); Der Deserteur; Dr.m. Mus.; 3 A; (Text: *Sedanie*) UA: 6. 3. 1769, Paris.

Monvel, de (Boutet), Jacques Marie (* 25. 3. 1745, † 13. 2. 1812); Die 3 Pächter, Sch. m. Ges., 2 A; deutsch von Wilhlem Gottlieb *Becker*; Musik *Gretry*.

Paisello, Giovanni (* 9. 5. 1740, † 5. 6. 1816); Komp. – La Frascatana; Dramma giocoso, 3 A.; Text: Livigny; UA: Herbst 1774, Venedig.

Petersen, Theodorus Franziscus (* 1727, † n. 1803); Die Gärtner, Ballett (5. 3. 1799); 5., 7. 3. 1800.

Roller = Burchard

Schiff „Boreas", 1815

Zweimastbrigg „Kielseng"

Brigg „Ver Besserung"

Brigg Probitas, 1797, Capt. Jac. Jacobsen

Die Jacht „Ingeborg von Flensburg"

Brigg „Zephirus", 1796

Die „Perle", der erste Westindiensegler

Jacht „Maria Fridericia von Flensburg"

Dr. med. Lilie

Schack, Benedikt Emanuel (* 7. 2. 1758, † 10. 12. 1826); Sänger u. Komponist; Der dumme Gärtner aus dem Gebirge: die zween Anton *(Schikaneder),* 2 A; gemeinsam mit F. Gerl; UA: 12. 7. 1789, Wien; Textbuch 1803 Danzig; mehrere Forts. des Singspiels.

Schikaneder, Emanuel (Johannes Josephus) (* 1. 9. 1751, † 21. 9. 1812), Textdichter; Derwohltätige Derwisch: Zaubertrommel u. Schellenkappe, Zauberoper 3 A., mit Schack, Gerl u. J. B. Henneberg; UA: 10. 9. 1793; Fl: 13. 2. 1800; 13. 1. 1821.

Schmieder, Heinrich Gottlieb (* 3. 6. 1763, † 1828); Regimentsquartiermeister; 1795 Dr.; Theaterschriftsteller. – Die Wilden, Singspiel n. d. Franz. (Dalayrac), 1791; Neuaufl. 1805. – Fl: 3. 1.; 3., 17. 3. 1800; 1813/14. – Vgl. Lachabeaussiere.

Sedanie, Michel-Jean (* 4. 7. 1719, † 17. 5. 1797); arbeitete als Steinmetz; dann Literat. – Librettist zu Monsigny.

Soden, (Friedrich) Julius (Heinrich), Reichsgraf von (* 4. 12. 1754, † 13. 7. 1831); Erzähler; Dramatiker, Publizist, Historiker, Nationalökonom; Der Blinde, 5 A.; 19. 12. 1799.

Solie (nicht Salieri), Jean-Pierre (* 1755, † 6. 8. 1812); Komponist; Das Geheimnis, O. 1 A; UA: 20. 4. 1796, Paris; 15. 4. 1800; 13. 10. 1822.

Törring u. Cronsfeld, Joseph August Graf von, (* 1. 12. 1753, † 9. 4. 1826); Dramatiker; Agnes Bernauerin, ein vaterländ. Tr., 5 A; 1780 München; 1781 Auff. in Mannheim; Fl. 21. 2. 1800.

Wall = Heyne

Weisse, Christian Felix (* 28. 1. 1726, † 16. 12. 1804); Verf. von Singspielen, Tragödien u. Komödien; „der beliebteste Bühnendichter seiner Zeit" (Wilpert), Opern durch Hiller belebt. – „Die verwandelten Weiber..." – Lied daraus: „Ohne Lieb' u. ohne Wein,/ was wär' unser Leben?..." hielt sich bis Ende des 19. Jhds.

Prominente in Flensburg

1775 ff.: Generalmajor E. C. von Blücher († 1800); Friedrich VI.: 1807–1809, 1814, 1815, 1817, 1818, 1823–1825, 1829, 1831, 1833, 1835, 1839. 1776: Dichter und Übersetzer Johann Hinrich Voss; 1777 f.: Direktor Schauspielergesellschaft aus Dresden, Peter Florentz Ilgener († 1788); 1780: Dichter Heinrich Christian Boie, Dichter Klopstock; 1780 f.: Hausbesitzer, Contre-Admiral und Enrollierungs-Chef C. von Lerche († 1793); 1784 ff.: Statthalter Landgraf Carl von Hessen; 1788: Graf Francisco de Miranda, venezolanischer Freiheitskämpfer; 1788: Wunderkind/Mozartschüler/Komponist Johann Nepomuk Hummel; 1793: Johann Kaspar Lavater († 1801); 1795: Friedrich von Matthisson († 1831); 1795 ff.:

Schauspieler C. F. Dörr († 1804); 1799: Orgelkünstler Abbé Vogler (Lehrer von C. M. v. Weber); 1801: dänischer Schauspieler H. C. Knudsen († 1816); 1806 ff.: Theaterleiter und Bühnenautor, Dr. med. J. F. E. Albrecht († 1814), Unternehmer des neu errichteten Schauspiels in Flensburg; A. gehörte zum Direktorium der fünf damaligen Lieblingsschreiber (C. H. Spieß, K. G. Kramer, K. Grosse, Jean Paul).

Hafenidylle

Wichtige Daten

- **1723:** Waisenhaus erbaut (heute Flensborghus)
- **1738:** 14. Juli – „Instruktion" für das Flensburger Commerzkollegium
- **1743:** Rote Friedrichsgarde gegründet (Franz Böckmann)
- **1755:** Gründung der Hebammenschule durch Dr. Boessel, 1765 Anerkennung als Institut für die Herzogtümer
- **1766:** Erste Flensburger Zeitung: „Adresse-Comptoirs-Nachrichten"
- **1767:** Letzte Tortur in Flensburg
- **1777:** 1. Bürgermeister muß „litterati" sein (studierter Jurist)
- **1779:** Erster Stadtplan durch Zuckerbäcker H. J. Jürgensen
- **1788:** 12. Juli – Erste Ausgabe FWB: „Flensburgsches Wochenblatt für Jedermann"
- **1795:** 17. November – Schauspielhaus eröffnet
- **1799:** 31. Juli – Christiansgarde (grüne Fußgarde) gegründet von A. P. A.: Andreas Peter Andresen
- **1804:** 10. November – Gesellschaft „Die Harmonie" gegründet

Der dänische König Friedrich VI. wird von der Bevölkerung begrüßt

5. Kapitel
Krisenjahre und liberale Strömungen (1806 bis 1848)

Der Stadtpoet A. P. Andresen

Gemeingeist
(Melodie: Auf, auf, ihr Brüder, und seid stark)

*1. Heil dem Gemeingeist! Heil, er führt
zum höchsten Bürgerglück!
Sein Wirken ist unendlich groß!
wenn Krieg uns droht – im Friedensschoos
strahlt Segen aus sein Blick!*

*2. Dem Fröhlichen beut er die Hand,
gießt Oel in herben Schmerz.
Er will des Landes Wohlergehn;
er liebt was wahr und gut und schön,
veredelt jedes Herz.*

*3. Er fördert Wissenschaft und Kunst;
Er lindert Menschennoth!
Er hilft und schützt in Fluth und Brand,
zieht fester jedes Bürgerband,
und rettet oft vom Tod!*

*4. Er lehrt die Menschheit Pflicht und Recht,
er schüzzet Fürst und Thron!
Er rettet Unschuld aus der Nacht
des Kerkers, stürzt der Dumheit Macht,
und spricht Tyrannen Hohn.*

*5. Mitfreude stammt sein Friedenshelm!
Vereinigung strahlt sein Schild!
Zur Landeswehr stammt hoch sein Schwerdt,
er kämpft für Weib und Kind und Heerd,
bis er die Fehde stillt.*

*6. Er ist ein hehrer, milder Geist,
der Gutes schafft und will.
Wir weih'n ihm freudig Herz und Blut;
er gibt uns Bürgersinn und Muth,
und Vaterlandsgefühl!*

Dieser Text von Andreas Peter Andresen (1771–1832) kann als Motto für die ersten Jahrzehnte des 19. Jahrhunderts in Flensburg gelten. Und er selbst hat danach gelebt. Kaufmann, Bürgermeister, Stadtpoet – ihm wurde jedes Erlebnis zum Gedicht.

„Er war erfüllt von dem Geist schöner Menschlichkeit wie nur einer aus dem 18. Jahrhundert und war und blieb bis zu seinem Ende ein Kosmopolit. Das will für Flensburg besagen: Er war Anhänger des Gesamtstaates. Ihm machte es nicht nur nichts aus, den dänischen König als deutscher Bürger auf deutsch zu verherrlichen, ihm war dies vielmehr eine Selbstverständlichkeit. Und schließlich, aber nicht zuletzt war er guter Kaufmann und mit einem recht nüchternen Verstand begabt, der ihn in der rechten Zeit das Rechte tun ließ. Das Gemälde von Eckersberg zeigt: Durchaus selbstbewusst und doch in leicht betonter Bescheidenheit steht er da, sein Gesicht zeigt ein temperiertes Wohlwollen. Der martialische Zug, den die Uniform ihm verleiht, wird durch die Haltung der rechten Hand, die in den Rock gesteckt ist, verstärkt.

Königsschießen der Christiansgarde

Diese Uniform der Christiansgarde ist ein schönes Zeugnis seiner Menschlichkeit, mit der er sich der breiteren Bürgerschaft angenommen hatte. Es gab nämlich vor ihm nur die Friedrichsgarde, die beritten war und der daher nur die wohlhabendsten Kreise Flensburgs angehörten. Er nahm sich aber nun der Durchschnittsbürger an und machte sie waffenfähig. Diesen einen Weg wollte er gehen: den Weg der von dem Vertrauen der Bürgerschaft getragenen Ehrenämter. Als Kirchgeschworener zu St. Nikolai fing er 1797 an, und als er 1832 starb, war er zum Bürgermeister gewählt.

Eine rastlose Tätigkeit im eigenen Beruf, im Dienst der Stadt, ihrer Bürger und der Poesie liegt zwischen beiden Daten... Er stellte sich auch der Stadt für das unangenehmste Ehrenamt, das eines Stadtkassierers, zur Verfügung.

Er war ein echter Meister in der Handhabung seines Lebenskreises. Er war Christ, und sein Glaube stand ihm in bösen Stunden zur Seite. Schwere Schicksalsschläge sind ihm nicht erspart geblieben. Von elf Kindern blieben ihm nur drei. Er hat diese Schläge bewußt als Prüfung hingenommen." (Hans Friedrich Schütt)

Napoleon und die Folgen

Der Krieg, den Dänemark seit 1807 an der Seite Napoleons führte, ruinierte Schiffahrt sowie Handel und damit die Grundlagen der Flensburger Wirtschaft. Fremde Truppen durchzogen die Stadt: 1808 französische und spanische, 1814 kamen Kosaken als Feinde ins Land. Der dänische Staatsbankrott 1813 hatte natürlich auch negative Folgen für die Fördestadt: Der Bevölkerung in den Herzogtümern wurden noch größere Lasten als der im Königreich aufgebürdet. Im Frieden vom 14. Januar 1814 musste Dänemark Norwegen abtreten – ein schwerer Schlag für die Flensburger Handelshäuser,

Blick auf Flensburg von Osten

Andreas Peter Andresen, Kaufmann, Bürgermeister und Stadtpoet (A.P.A.)

Blick auf Flensburg, 1842

die dort lebhafte Geschäfte betrieben hatten, vor allem mit Korn und Branntwein.

Zum Tode verurteilt und dann Bürgermeister

Als Hauptfigur eines Schmugglerringes von Kaufleuten in der Fördestadt wurde Hans Thomsen Fries (1780–1838) im Jahre 1811 der Prozess gemacht – Napoleons Kontinentalsperre gegen England war die Ursache. Das Urteil wegen verbotener Verbindungen nach England lautete: „Konfiskation aller beschlagnahmten Waren, Erstattung aller Kosten, Todesstrafe." Durch königliche Begnadigung wurden die Strafen gemildert und der Todeskandidat Fries brauchte nur Festungshaft abzuleisten. In der Festung Friedrichsort bei Kiel hat er die zweitschärfste Form des Arrests verbüßt, fast fünf Monate lang, die letzten fünf Wochen hat König Friedrich VI. ihm dann „Allerhöchst erlassen…" Fries hat in den Folgejahren als profilierter Liberaler aktiv am politischen Leben der Stadt teilgenommen, zuletzt als Bürgermeister und Abgeordneter der neu gebildeten Ständeversammlung.

Januar 1814: Die Kosaken

„Den 6. Januar 1814 kamen als Fourirs hier sechs Kosaken und bald nachher unter Anführung des Majors von Drost ca. 80 Mann angeritten. Sie besetzten die Thore. Die Gemeinen gingen nicht ins Quartier, sondern hielten sich bey ihren Pferden, die sie zum Theil vor den Thüren angebunden hatten, auf. Ein Theil der Bürger schickte ihnen auf Befehl des Magistrats Essen, welches in mehreren am Markt gelegenen Häusern – wo für sie gedeckt war – verzehrt wurde.

Ihre Pferde standen die folgende Nacht in einem unaufhörlichen Schneegestöber am Markt, jedoch lagerten sie sich selbst ab-

Segelschiff, Hafen Ostseite

wechselnd in einige am Markt befindliche Häuser auf die Diele zum Schlafen.

Am 8. Januar rückte der General von Tettenborn mit seiner ganzen Horde von 1.500 Kosaken hier ein. Seine Leute wurden in den Häusern einquartiert, bequartierten sich aber zum Teil auch selbst. Der größte Theil der Pferde stand vor den Häusern angebunden und wurde da gefüttert.

Von Tettenborn requirierte von der Stadt selbigen Tages zu liefern 6 000 Ellen Tuch und 120 Pferde – letztere schenkte er wieder zurück. Den ganzen Magistrat ließ er mit Kosaken zu sich her holen, bedrohte ihn mit Kantschuhhieben und die Stadt mit zweistündiger Plünderung. Die Nacht verging nicht ohne geringfügige Exzesse. Den 9ten ging Tettenborn mit seinem Volks weiter nach Apenrade, Hadersleben und Tondern.

Den 17ten mittags 2 Uhr traf der General von Tettenborn mit einer Eskorte von ca. 150 Mann hier wieder ein... Der Postillon geriet mit seinen vier Pferden in der Rothen Straße in Verwirrung... Tettenborn ließ durch seinen Major sogleich den Postmeister und den Wagenmeister holen und ließ Letzterem durch zwei Kosaken auf der Straße 50 Kantschuhhiebe geben... Es wurden indessen vier frische Pferde gebracht, und der General fuhr dann, auf Flensburgs Einwohner sehr erbost, davon." (Flensburg in Geschichte und Gegenwart, 1972, Seite 316f.)

„Produktive Armenfürsorge": Armengärten

Als Erfinder der sog. Armengärten (zuerst im hessischen Völckershausen) hat Carl von Hessen einen eigenen Beitrag zur Bekämpfung der Armut geleistet, seine Initiative ist bekannt als „produktive Armenfürsorge". Carls „Reform von oben" wurde durch Einsatz und Vermittlung des Landinspektors F. W. Otte von den Unter- Obrigkeiten (Magistraten) in den Städten der Herzogtümer Schleswig und Holstein konkret umgesetzt. Bedeutend war die Unterstützung Carls durch seinen Schwiegersohn, den dänischen König Friedrich VI., der 1826 die Übernahme des Projektes der Armengärten („Hauge-Colonier") auf Dänemark veranlasste.

Hafen, Ostseite

Brigg „Genius"

Carls Armengärten markieren so den Beginn der Kleingartenbewegung in Schleswig-Holstein, in Deutschland und in Dänemark (möglicherweise auch in England). Damit ergibt sich eine Entwicklungslinie bis in die Gegenwart, denn die organisierten Gartenfreunde gelten als größte gegenwärtige Bürgerinitiative.

Die Ziele (1821): „Auch giebt der Anbau der Gemüsearten und verschiedenen Handelsgewächse ein bequemes Füllstück mitunter vorfallender müßiger Stunden für die Inhaber solcher Landstücke ab; und wenn der rüstigere Mann und Vater andern Arbeiten seine Zeit und Kräfte widmet: so wird die Frau, oder eine Anzahl halberwachsener Kinder, durch Bearbeitung und Pflege des Bodens Gelegenheit zu nützlicher Beschäftigung finden.

Diese ist ferner, ihrer Natur nach, der Neigung und Geschicklichkeit der Jugend angemessen und macht den Unterricht entbehrlich, welchen auch die einfachsten Fabrikarbeiten erfordern und dadurch unsere Armenkassen mit einer neuen Ausgabe bebürden. Endlich behauptet auch die Arbeit in freier Luft, in Absicht auf die Gesundheit und physische Kraftentwickelung der Kinder, den Vorzug vor jeder andern im verschlossenen Raume, welches bei dem Aufenthalte derselben in den engen und nicht selten unreinlichen Wohnungen der Eltern um so mehr in Anschlag zu kommen verdient..."

1823: 146 Armengärten in Flensburg

Als Armenvorsteher teilte der Kaufmann und Ratsverwandte A.P. Andresen im Mai 1823 mit, daß in St. Marien (Norden der Stadt) 86 und in St. Nikolai (Süden) 60 Parzellen verteilt worden seien. Er gab eine eingehende Schilderung der Anlage. Unter anderem heißt es: „Viele Arme haben ihre Parzellen ausgeschmückt, Blumen und Bäume gepflanzt, Ruhebänke aufgestellt und Lauben errichtet. Alle Parzellen sind besät,

Schiffbrücke und Krahn, 1833

Robbenfang der Flensburger Grönlandfahrer 1838–1858

	Schiff	Kommandeure	Robbenfang
1.	„Phoenix"	N. u. S. N. Paulsen; Ercken	29.375
2.	„Perle"	P. Lütgens; N. Paulsen; J. H. Hashold; H. C. Paulsen	38.064
3.	„Fortuna"	P.S. Carl; A.J. Lützen; H. Rörden; H. C. Schmidt	26.216
4.	„Die Hoffnung"	J. Ocken; Bellendorp; H. Rörden	26.329
5.	„Seeblume"	(bis 1847) H. Ocken; H. Rörden	13.950
	„Vesta"	(ab 1852) Stockfleth	11.589; 3 F:; 1 WF. (Walfisch)
6.	„Der junge Martin"	L. Meyn; H. Meyn; O. Cölln	40.495; 5 F;2 WF; 3 Einhorn; 4 Eisbären.
7.	„Genius"	J. P. Jensen	29.944; 24 Quardelen; 1.267 Seehunde
8.	„Tidselholt"	P. S. Carl	44.824; 4,5 Fische
9.	„Apollo"	N. Paulsen; Jacobs	25.563
			286.347 Robben

größtenteils aber mit Kartoffeln, Rüben und Kohl bepflanzt.

Einige Arme haben Gemüse, Erbsen und Bohnen gebaut und im Verkauf derselben einen kleinen Verdienst gehabt. Auch mit Flachs wurden Versuche gemacht, die gut ausgefallen sind und deren Fortsetzung zu wünschen ist…"

Andere Einrichtungen zur Linderung der Not wurden bereits früher geschaffen: 1804 das Hospital der Gotthard-und-Anna-Stiftung (Keimzelle der heutigen Diakonissen-Anstalt), 1819 die Sparkasse, 1822 eine Kochanstalt, eine Spinnanstalt sowie ein Zucht- und Zwangsarbeitshaus, schließlich eine Freischule für Waisen oder Kinder aus verarmten Familien.

Wiederaufnahme des Westindienhandels

Den napoleonischen Kriegsjahren folgten wirtschaftliche Krisenjahre. England erhob Schutzzoll auf Getreide, Missernten 1819 und 1822 sowie verheerende Sturmfluten 1824/25 an der Westküste verschärften die Krise in der Landwirtschaft. Doch schon rasch wurde der Westindienhandel wieder aufgenommen. Der bekannte Flensburger Großkaufmann H. C. Jensen charakterisierte die Bedeutung 1823 folgendermaßen: „Hört der Westindische Handel von hiesiger Stadt auf, so wird Handel und Schifffahrt hier zur größten Unbedeutendheit herabsinken, denn es ist früher gezeigt

„Insel Jan Mayen"

Zweimastbrigg „Nayaden"

worden, und es liegt klar am Tage, dass eigentlich nur jener Handel die Stadt belebt." Diese Aussage war richtig, das beweisen die Zahlen: 1806 bestand die hiesige Flotte aus 271 Schiffen mit einer Tragfähigkeit von 14 806 Kommerzlasten und einer Mannschaft von 2068 Mann. In jenem Jahre liefen 1519 Fahrzeuge von insgesamt 24 308 KL in den Hafen ein, beladen mit u.a. 6196 Oxhöft französischem Branntwein, 123 979 Pfund Kaffee, 231 000 Pfd. Tee, 4020 Oxhöft Wein, 2000 Pfd. Rohzucker. Eingeführt wurden aus Westindien außerdem: Rum, Färbeholz, Mahagoni, Tabak, Reis, auch Indigo, Schildpatt, Pfeffer, Sago, Stuhlrohr und Gummi... Nach Peter Nielsen, ebenfalls Großkaufmann und Ständeabgeordneter, betrug der Verdienst an einer Zuckerladung pro Schiff im Jahre 1802 durchschnittlich 10. bis 15.000 Reichstaler (zum Vergleich: Die rote Mühle kostete 1836 rund 4000 Reichstaler).

Die Ausfuhr nach den dänisch-westindischen Inseln, vor allem nach St. Thomas und St. Croix, war fast unerschöpflich. Aus den Ladungslisten sind außer zahlreichen Lebensmitteln z.B. zu nennen: Amidam, Talglicht, Tauwerk, Talg, Kalbsleder, Raffinade, neumünstersches Tuch, Handschuhe, Schuhe, Hüte, Kalk, Mauersteine, Spitzen, Schnupftabak, Tonpfeifen, alle Sorten Kleidungsstücke, Hemden, Hauben und sogar Rosenwasser.

Die Reiseroute der Westindiensegler verlief von Skagen aus durch die Nordsee in den Kanal und in die Biskaya und weiter nach Madeira, wo der Frischproviant ergänzt und der in Westindien begehrte Madeirawein an Bord genommen wurde. Von dort folgte man dem Ostpassat nach den westindischen Inseln St. Croix und St. Thomas. Auf der Rückreise nutzten die Schiffe den Westpassat. Eine Reise von Flensburg nach Westindien dauerte unter normalen Bedingungen etwa zwei bis drei Monate.

Ebenfalls wieder aktiv: Die Grönlandfahrer

Als Pendant zum Westindienhandel begann auch die Grönlandfahrt wieder, und zwar im Jahre 1818. Kommandeur Jürgen Hansen Teunis (1780–1825) brach damals mit der Zweimastbrigg „Najaden" ins Eismeer auf. Das Jahr 1819 brachte jedoch nur Verlust. Die Reeder ließen sich aber nicht entmutigen und sandten das Schiff 1820 von Neuem auf den Fang. Es kam aber „beinahe leer, noch armseliger als das erstemal zurück". 1822 sandten sie es im Herbst nach Norwegen, damit es von dort umso früher in die arktischen Regionen absegeln konnte, denn die Ostsee war oft lange zugefroren, und andererseits „riskierten die Schiffe Havarie, wenn sie bei so früher Jahreszeit das Jütische Riff passierten". Bis 1829 fuhr die „Najaden" als einziges Schiff von Flensburg nach Grönland.

In einem damaligen Bericht heißt es: „Die Schifffahrt ging auch auf den Walfisch und Robbenfang nach Grönland. Flensburg hatte mehrere Grönlandfahrer. Im Februar, Anfang März gingen die Schiffe aus. Meistens war der Hafen mit Eis bedeckt, für das Aussegeln wurde eine Fahrrinne ins Eis gemacht und die Schiffe hinausgeschleppt...
Die Grönlandfahrer kamen im Nachsommer zurück. Das Speck der Fische und Robben (Seehunde) wurde in der Tranbrennerei, die außerhalb der Neustadt lag, entladen und der Tran ausgebraten..."

Wirtschaftlich hatten die Grönlandfahrer eine nicht geringe Bedeutung. Zunächst wäre die Besatzung zu nennen: Die „Najaden" hatte 52 Seeleute, dazu die entsprechenden Familien. Dann der Lebensmittelhandel: Proviant für mehrere Monate war vorzuhalten. Und schließlich die Handwer-

Ölmühle Hollensen (1885 abgebrochen)

ker, die für die Ausrüstung eines solchen Schiffes notwendig waren: Böttcher, Schmiede, Segelmacher, Schiffszimmerleute.

Mit Dampf in die neue Zeit

1832 stellte der Ölmüller Friedrich N. Friedrichsen in der Neustadt eine Dampfmaschine auf, sie steigerte die Produktion um 50 Prozent. Der Dampfkessel war 14,5 Fuß lang, 8 Fuß hoch, 6 Fuß breit und von 3/8 Zoll dickem Schmiedeeisen. Ein begeisterter Bericht von damals: „Schon der Anblick, wie der Mensch die verheerenden Elemente Feuer und Wasser sich unterwirft, und die unaufhörliche Tätigkeit, welche hier herrscht, erheben das Gemüt, und wir möchten schon deswegen Jedem empfehlen, das Werk zu beschauen."

Ein Dampfschiff hatten die Flensburger Bürger schon im Mai 1829 im Hafen bestaunen können, acht Jahre später „segelte" der in England erbaute dänische Raddampfer „Löven" einmal wöchentlich in den Monaten April bis Oktober nach Kiel und zurück. Das erste Flensburger Dampfschiff „Union" verkehrte seit 1838 regelmäßig nach Kopenhagen, es wurde 1842 durch die „Königin Caroline Amalie" abgelöst.

Im Jahre 1842 wurden zwei Eisengießereien gegründet. Die Fabrik von Jensen & Dittmann (später: Nordische Ofenfabrik) arbeitete bereits 1846 mit vier Dampfmaschinen, 70 Arbeiter fanden Beschäftigung. In St. Jürgen richtete Nikolaus Jepsen die Eisengießerei „Margarethenhof" ein, 1846 waren 35 Arbeiter in Lohn und Brot. Und schließlich drang die Dampfmaschine auch in alte Betriebe vor: 1842 in die Reisschälmühle, 1847 in die Papiermühle.

Flensburg und Umgebung mit acht Randbildern

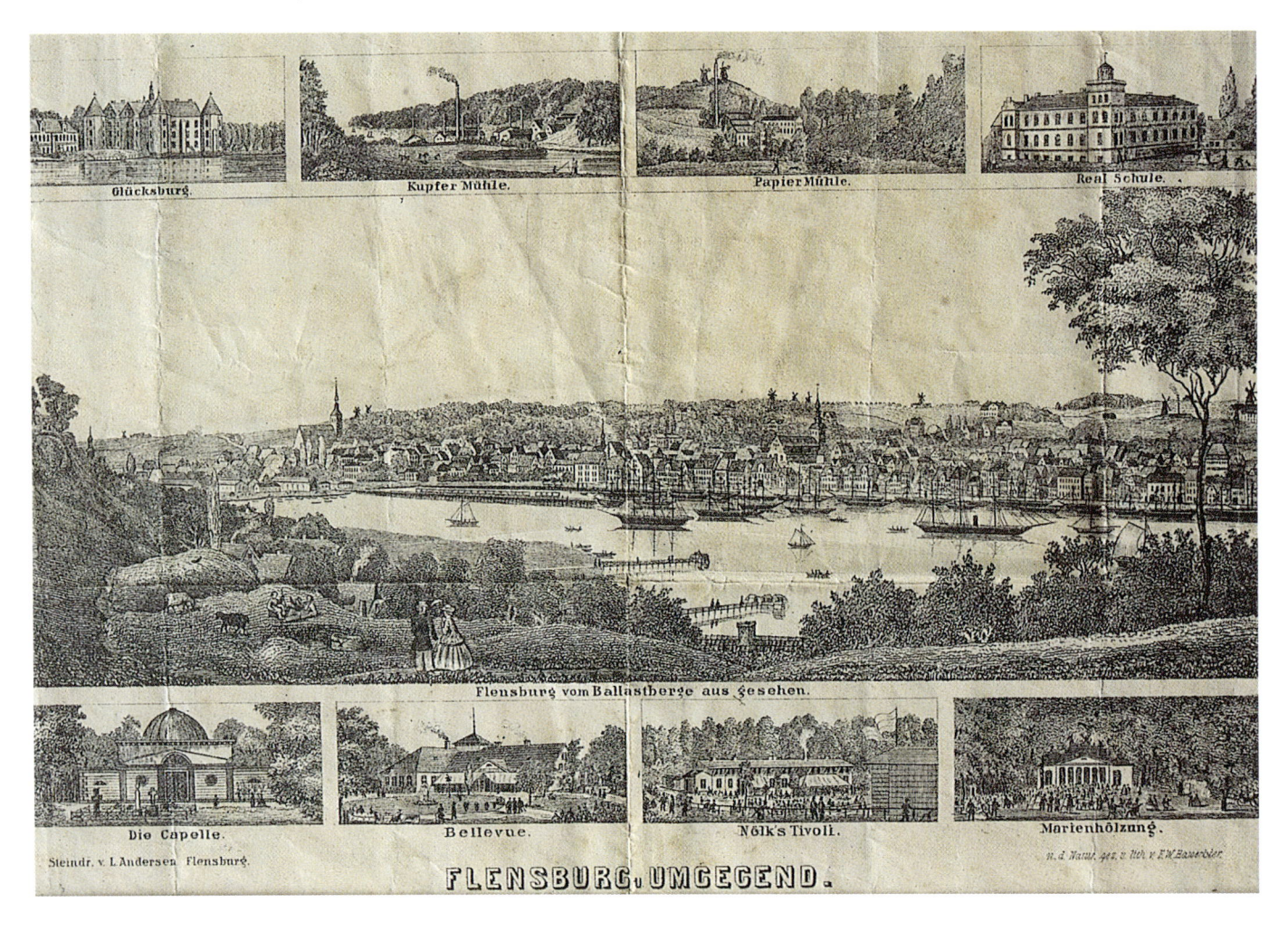

Kaysers Hof (Aquarell von F. W. Otte, um 1845)

Das „Normativ" von 1833 – eine neue Stadtverfassung

Nach Napoleons Niederlage entstanden in vielen Bereichen Europas Verfassungsbewegungen, so auch in den Herzogtümern Schleswig und Holstein. Eine zentrale Rolle spielte dabei Uwe Jens Lornsen, Symbolfigur des Liberalismus in unserem Lande. Er führte auch in Flensburg Gespräche, das so ebenfalls an den liberalen Strömungen teilnahm. Als Ergebnis kann die Einrichtung der Ständeversammlung gesehen werden, aber auch die Reform der Städteverfassungen ist in diesen Zusammenhang zu stellen.

Mit dem „Normativ hinsichtlich der Besetzung des Magistrats und des Deputiertencollegii" vom 26. März 1833 erhielt Flensburg eine moderne Stadtverfassung. Die wahlberechtigten Hausbesitzer erhielten erstmals das Recht, ihre Bürgerrepräsentanten nach demokratischen Grundsätzen zu bestimmen, das bisherige aristokratische Prinzip, die Selbstergänzung, wurde abgelöst durch das demokratische Prinzip.

Gemessen an der damaligen Verfassungsvergangenheit Flensburgs hat das Normativ revolutionäre Bedeutung. Dies gilt für wesentliche Punkte: Ende der Selbstergänzung des Rates und der Vierundzwanziger, fast völlige Neuordnung der Wahl des zweiten Bürgermeisters, Einführung des Wahlrechts für die Bürger, Ende der sozialen Sperre für die Flensburger Selbstverwaltungskörperschaften – das jahrhundertealte Monopol der Kaufleute wurde jäh beendet.

Gaststätte „Marienhölzung", erbaut 1825

Das Normativ bedeutete den ersten großen Schritt auf dem Wege zur kommunalen Demokratie; der zweite erfolgte durch die schleswig-holsteinische Städteordnung von 1869, der dritte und letzte Schritt durch die Novemberrevolution von 1918.

Theaterfreuden

Nach Beendigung der Saison erschien am 30. November 1822 das folgende siebenstrophige Gedicht im „Flensburgschen Wochenblatt" als Resümee der Spielzeit in gereimter Form: eine ganz seltene Erscheinung. (Als Verfasser wird A. P. A. = Andreas Peter Andresen vermutet.)

Erinnerungen

Thaliens Tempel steht geschlossen,
 Und ihre Diener sind jetzt fort;
Vorbey sind nun Marokko's Possen,
 Kein Bärentanz (1) erfreut uns dort.

Entschwunden ist jetzt unserm Kreise
 Die eifersücht'ge Frau (2) sogar;
Kein Bösewicht bringt jetzt die Waise
 Aus Genf (3) bey uns mehr in Gefahr.

Kein Koke (4) schreckt uns mit dem Beile;
 Geendet hat die Liebesnoth
Der Sappho (5); und vom sichern Pfeile
 Des Tell (6) sinkt kein Tyrann mehr todt.

Kein Rochus Pumpernickel (7) reitet
 Zur Brautschau nach der Stadt mehr hin;
Den herrlichsten Genuss bereitet
 Uns keine Albaneserin (8).

Man sieht nichts mehr von Pagenstreichen (9);
Kein Schneider (10) wird jezt mehr geprellt.
Vergebens sucht man Ehezeichen (11);
 Und Bayard (12), jenen kühnen Held.

Die Karbonari (13) sind verschwunden;
 Und Hulda's (14) reiner Silberton
Kann jetzt kein Herz hier mehr verwunden,
Die Räuber (15) sind mit ihr entfloh'n.

Zu Ende ist's mit den Turnieren
  Zu Kronstein (16); und es lässt sich hier
Aus Flensburg keiner mehr rasieren
  Von dem geschwätzigen Barbier (17).

Damit wurde auf folgende Theaterstücke angespielt:
1) Der Bär und der Bassa (Blum);
2) Die eifersüchtige Frau (Kotzebue);
3) Die Waise aus Genf (Castelli);
4) Partheywut (Ziegler);
5) Sappho (Grillparzer);
6) Wilhelm Tell (Schiller);
7) Rochus Pumpernickel (Stegmayer);
8) Die Albaneserin (Müllner);
9) Pagenstreiche (Kotzebue);
10) Der Schauspieler wider Willen (Kotzebue);
11) Die Zeichen der Ehe (Steigentesch); Der Ring (Schröder);
12) Bayard, der Ritter ohne Furcht und Tadel (Kotzebue);
13) Die Carbonari im Krähwinkel (Barnekow);
14) Das Donauweibchen (Hensler);
15) Die Räuber (Schiller); Die Räuber auf Maria Culm (Cuno);
16) Das Turnier zu Kronstein (Holbein)
17) Der geschwätzige Barbier (Oehlenschläger)

Prominente in Flensburg

Christian VIII.: 1840, 1843, 1846, 1847; Friedrich VII.: 1848, 1850, 1853, 1854, 1857, 1859, 1862, 1863.

1808: Kupfermühle: Marschall Jean Baptiste Bernadotte († 1844), Fürst von Pontecorvo, ab 1810 Karl XIV. von Schweden; 1808 f.: Generalleutnant Fr. Lövenörn von Bardenfleth († 1852); Generalmajor A. M. W. von Hafner († 1844); 1813–1832: Historiker Georg Waitz, Geburt, Jugend in Flensburg; 1813 ff.: Arzt und Schauspieler J. C. Ryge († 1842); 1814: Kosaken-General Friedr. Karl Frhr. von Tettenborn († 1845), nach 1818 Gesandter in Wien; 1814: Generalmajor, Gesandter, Minister, Bühnenautor Aug. E. Frhr. von Steigentesch († 1826); 1815: Generaladjutant des dänischen Königs beim Wiener Kongress; 1816: Theaterdichter und Schauspieler Franz Holbein, Edler von Holbeinsberg († 1855), mit Madame Renner; 1818: Geburt Friedrich Mommsen; 1818 ff.: Schauspieldirektor Karl Aug. Santo (1769–1846); 1823: Komponist Carl Maria von Weber mit J. P. T. Lyser; 1828: Sängerin A. Catalani († 1849); 1830: Uwe Jens Lornsen; 1841: Oberstleutnant C. J. F. Hindenburg († 1862), Vorfahre des Reichspräsidenten Paul von H.; 1844, 1845, 1851: Dichter Hans Christian Andersen; 1845: Dichter Hoffmann von Fallersleben; 1846: Schriftsteller Theodor Mügge († 1861); 1847: Schauspieler Miller und Huhn, aus Berlin; (Kapitän) J. Teunis aus Altona.

Wichtige Daten

1808: 20. Februar – Publikandum an Bürgermeister und Rat betr. das Einrücken von ca. 20 000 Franzosen

1813: 25. Juni – „Alter Kirchhof" eingeweiht – der erste kommunale Friedhof nördlich des Harzes

1814: 6. Januar – Kosaken unter General Tettenborn rücken in die Stadt

1819: 26. Juni – Gründung der Stadtsparkasse

1820: 17. Oktober – fünf Matrosen hingerichtet auf „Armsünderkoppel" letzte Hinrichtung mit Galgen und Rad

1831: Der Handelsverein gegründet

1832: Erste Dampfmaschine in der Ölschlägerei N. F. Friedrichsen

1833: 26. März – Neue Stadtverfassung: Normativ hinsichtlich der Besetzung des Magistrats und des Deputiertencollegii

1835: 12. Mai – Der „Bürgerverein" gegründet (heute: Borgerforeningen)

1838: Wahl von Ständeabgeordneten: H. C. Jensen und Peter Nielsen

1842: 25. April – Die „Liedertafel" gegründet

1846: 4. August – König Christian VIII. besucht Flensburg

Hafen mit Kompagnietor; Kirche St. Marien (Turm von 1738)

6. Kapitel
Die nationalen Auseinandersetzungen (1848 bis 1864)

Flensburg und die Schleswig-holsteinische Erhebung 1848–1851

Grundlegend für das deutsch-dänische Verhältnis in den vorangegangenen Jahrhunderten war der Freiheitsbrief von Ripen: 1460 hatte der dänische König Christian I. nach seiner Wahl zum Herzog von Schleswig und Grafen von Holstein festgelegt, dass beide Gebiete nicht getrennt werden durften („*dat se bliven ewich tosamende ungedelt*", up ewich ungedeelt). Eine Verbindung mit Dänemark wurde ausgeschlossen. Einen besonderen Akzent erhielt die Entwicklung dadurch, dass Holstein deutsches Reichslehen war und der dänische König so später als Herzog von Holstein Mitglied des Deutschen Bundes wurde. Diese Bindungen brachten erhebliche Schwierigkeiten, als allgemein die Strömung des Nationalismus aufkam, die ja seit der Französischen Revolution von 1789 mit demokratischen und liberalen Richtungen verbunden war. Die Revolutionen von 1830 und 1848 haben auch hier bei uns im Lande an den alten Machtstrukturen gezerrt. Die dänischen Nationalisten wollten ein Dänemark bis zur Eider (so genannte Eiderdänen), während die schleswig-holsteinischen Patrioten ein eigenes Land mit eigenem Herzog wollten.

Die schleswig-holsteinische Erhebung der Jahre 1848 bis 1851, die verbunden war mit kriegerischen Auseinandersetzungen, brachte beides nicht; viel mehr musste sich in den Londoner Protokollen von 1850 und 1852 das Königreich Dänemark erneut wie 1460 verpflichten, und zwar jetzt gegenüber den europäischen Großmächten, keine Inkorporation der Herzogtümer vorzunehmen. Diese Bestimmung wurde 1863 durch die so genannte dänische Gesamtstaatsverfassung verletzt. Damit erhielten Preußen und Österreich die Möglichkeit zum Eingreifen. Im deutsch-dänischen Krieg von 1864

Die Provisorische Regierung in Kiel, Proklamation am 24. März 1848 (nach Kolossalgemälde von Hans Olde)

Jürgen Bremer (1804–1874), Advokat, 1864/65 Bürgermeister von Flensburg

besiegten sie Dänemark und verwalteten die Herzogtümer zunächst gemeinsam; nach dem preußisch-österreichischen Krieg von 1866 wurde Schleswig-Holstein 1867 preußische Provinz und ist es dann bis 1920 bzw. 1945 geblieben.

Die Funktion des dänischen Königs als Herzog von Schleswig führte dazu, dass dieser bis 1864 auch „Landesherr" der Stadt Flensburg war. Die dänischen Könige haben die Stadt in den vergangenen Jahrhunderten daher des öfteren besucht, woran noch heute ständig die in der Bürgerhalle des Rathauses aufgehängten Porträts der Dänenkönige erinnern – Ölgemälde in Originalgröße aus der Amtszeit der Herrscher.

Die Schlachten bei Bau und Idstedt 1848/1850

Die europäischen Revolutionen von 1848 führten dazu, dass in Kiel eine provisorische Regierung gebildet wurde. Eines der fünf Mitglieder, der „Justizminister", stammte aus Flensburg: der Liberale Jürgen Bremer, später Bürgermeister der Fördestadt. Der Magistrat erkannte die Kieler Regierung im Interesse der öffentlichen Ordnung an und auch, um das Heft des Handelns in der Hand zu behalten.

Jürgen Bremer (1804–1874) wurde in die schleswig-holsteinische Landesversammlung gewählt und gestaltete als Abgeordneter das „Staatsgrundgesetz für Schleswig-Holstein" von 1848 mit. Als Schriftsteller legte er eine Geschichte Schleswig-Holsteins vor, eine „gekrönte Preisschrift" (1844). Auf dem deutschen Sängerfest in Würzburg im Jahre 1845 trat Bremer als Leiter der schleswig-holsteinischen Sängerabordnung unter blau-weiß-roter Fahne auf, und führte in einer Rede unter anderem aus: *„...einmal vor ganz Deutschland zu reden, ein Zeugnis abzulegen von dem Geiste, der an der nördlichen Grenze des gemeinsamen Vaterlandes herrscht, dem Geist der Eintracht, des Hingezogenseins zum Ganzen, darum bin ich, sind wir alle hergekommen... aber es gibt noch eine höhere Harmonie (als die der Töne), die Harmonie des Herzens, die uns das Bewusstsein gibt, dass wir alle Brüder sind, alle einem großen Volk angehören, dem Volk der Deutschen!..."*

Am 27. März 1848 rückten die schleswig-holsteinischen Truppen in Flensburg ein. Der Schrecken des Krieges, der die Leidenschaften der Parteien erhitzte, erreichte damit die Stadt. Das Gefecht im Vorort Bau am 9. April 1848 erstreckte sich bis in die Neustadt. Die schleswig-holsteinische Armee war der dänischen in jeder Beziehung unterlegen. Die Einheiten, knapp 1000 Mann, wurden fast völlig aufgerieben: gefallen, verwundet oder gefangen. Ein Straßenname erinnert noch heute an den Major und Kommandanten des Jägerkorps, zu dem auch die Studenten und Turner gehörten: Sören J. D. Michelsen wurde schwer verwundet und als Gefangener trotz ärztlichen Widerspruchs nach Augustenburg gebracht, wo er am 25. April 1848 starb.

Eine Abordnung der Stadt stieß beim dänischen König Friedrich VII. auf Wohlwollen. Er erlaubte sogar eine Vermittlungsaktion bei der provisorischen Regierung in Rendsburg, die aber ablehnte.

Das Kriegsglück wendete sich. Nach der Osterschlacht bei Schleswig rückten deutsche Truppen unter General Wrangel am 25. April 1848 in Flensburg ein. Die provisorische Regierung hielt die Stadtobrigkeit für unzuverlässig, weshalb nun ein Oberpräsident und ein politischer Polizeimeister eingesetzt wurden. Auch die loyalen Mitglieder der städtischen Gremien wurden ersetzt. Die Wahl zur deutschen Nationalversammlung in der Frankfurter Paulskirche am 9. Mai 1848 fand nur geringe Resonanz bei der Flensburger Bevölkerung.

Am 2. Juli 1850 schlossen Preußen und Dänemark einen „einfachen Frieden", und die Herzogtümer standen wieder allein.
Am 17. Juli rückten dänische Truppen in Flensburg ein und zogen weiter nach Süden. Die militärische Entscheidung für Dänemark fiel am 25. Juli 1850 bei Idstedt. Damit war die schleswig-holsteinische Erhebung gescheitert.

König Friedrich VII. und seine Vorgänger

97

Kämpfe um Flensburg, Bilderbogen

An den Pranger gestellt: 159 „Charaktere"

1850 erschien eine anonyme Schrift, die sich gegen eine Amnestie der schleswig-holsteinisch gesinnten Bürger wandte. Wie heute bekannt ist, handelte es sich bei dem „stillen Beobachter" als Verfasser um den Maler Timm Bernhard Wilms. Der Titel des Schwarzbuches lautet: *Darstellung derjenigen [159] Charactere, welche in der Stadt Flensburg an unserer so ganz ohne Veranlassung hervorgerufenen Revolution thätigen Antheil genommen haben; veranlasst durch das Gerücht: es sei bereits eine Proclamation fertig, worin Seine Majestät der König eine allgemeine Amnestie verspricht, und nur 22 der ärgsten Verräther ausschließt.* Die Denunzierten wurden in drei Klassen eingeteilt: die Verführer, die Verführten, die jenigen, welche sich aus niedrigem Eigennutz der Revolution anschlossen. Die Ausführungen verdeutlichen die damalige nationalpolitische Situation, aber auch die Position der „Mächtigen": Die Absicht, etwas „auszumerzen", hat fatale Ähnlichkeit mit dem völkischen Verhalten im 20. Jahrhundert…

1850 hieß es: *„In vielen Jahren vor Ausbruch der Revolution, besonders aber unter der Regierung Christian des Achten, ist beinahe von allen Beamten, Ärzten, Advocaten usw. diese Revolution vorgearbeitet worden; diese haben mehrentheils in ihren in Deutschland verlebten Studentenjahren feierlichst geschworen, nicht allein für die Einigkeit, sondern auch für die Vergrößerung Deutschlands nach besten Kräften mitzuwirken. Leider ist der Erfolg ihres Wirkens nicht nutzlos gewesen, wie viele sonst brave Männer sind nicht durch sie verführt worden…*

Nein, das Glück Schleswigs wird vielleicht für immer zu Grabe geläutet, wenn nicht energische Maaßregeln gleich nach hergestelltem Frieden ergriffen werden. Die so genannte schleswig-holsteinische Parthei muss als solche ausgerottet werden…"

Ebenfalls 1850 erschien ein Text des Flensburger Sängervereins, eine harmonische Bestandsaufnahme in Gedichtform:

Ankunft Friedrichs VII. an der Schiffbrücke am 10. April 1848

Das Gefecht vom 9. April 1848 aus dänischer Sicht

Das merkwürdige Jahr 1848. — Eine neue Bilderzeitung.

Europäische Freiheitskämpfe. Zehntes Bild.
Einzug der Bundestruppen in Flensburg.

Die Bundestruppen sind ohne Schwerdtstreich in Flensburg eingerückt, nachdem am Abend vorher die dänische Hauptmacht die Stadt geräumt hat. Ein hannoversches Infanterie-Regiment rückte zuerst ein. Sogleich wurde von dem Schloßberge ab über die Stadt hinweg auf die dänischen Kriegsschiffe gefeuert. Eine Meile von Flensburg hatten die hannoverschen, braunschweigischen und mecklenburgischen Bundestruppen erst ein Gefecht, in welchem sie den Dänen 400 Gefangene abnahmen.

Einzug der Bundestruppen in Flensburg

Stadt Flensburg, an der Ostsee Auen

Stadt Flensburg, an der Ostsee Auen,
Wie bist du stattlich anzuschauen;
Mit deinen Mühlen, deinen Höh'n
Bist du gar lieblich anzuseh'n.
Heil über dir!
Schiffahrt, Gewerb', Commercia!
O wie so glücklich stehst du da!

Stadt Flensburg, vielbegabte, freie,
So reich an Bürgersinn und Treue,
So reich an Fleiß und Regsamkeit,
Dein Lob erschalle weit und breit.
Heil über dir!
Regsamer Fleiß schafft Bürgerwohl,
Wie so groß und segensvoll!

Es ruh' auf dir der Väter Segen,
Der heil'ge Hort, oh, woll' ihn hegen,
Dass stets in Freud' und in Gedeih'n
Sich Flensburgs spät'ste Enkel freu'n.
Heil über dir!
Bieder und treu sei immerdar,
Dann bleibt dein Ruf stets rein und klar.

Den Bürgern gib auf allen Wegen
Fried', Eintracht, frohen Mut und Segen.
Das Meer fleußt um die Erd' herum,
Drum floreat commercium!
Heil über dir!
Schiffahrt, Gewerb', Commercia!
O wie gesegnet stehst du da!

Flensburg als Hauptstadt des Herzogtums Schleswig

Der dänische König Friedrich VII. verlieh im Frühjahr 1851 dem außerordentlichen Regierungskommissar Tillisch alle Vollmachten für das Herzogtum Schleswig. Es begann eine umfassende Dänisierung. 243 Beamte wurden entlassen, davon nur elf in Gnaden und mit Pension. Auch der erste Bürgermeister, der Stadtsekretär und der Polizeimeister wurden entlassen, der Magistrat wurde umgebildet: Die Schleswig-Holsteiner wurden durch loyale Männer ersetzt. Eine allgemeine Amnestie schloss im Mai 1851 insgesamt 33 führende Schleswig-Holsteiner von einer Rückkehr in die Herzogtümer aus. Aus Flensburg waren davon betroffen: Jürgen Bremer, Propst Volquards und Pastor Lorenzen/Adelby.

Die Stadt Flensburg wurde durch das Wohlwollen des dänischen Königs ausgezeichnet. Statt Schleswig wurde die Fördestadt Hauptstadt des Herzogtums, und hohe Behörden zogen in die Stadt ein: die Regierung für das Herzogtum, die Zentralkasse, das Oberappellationsgericht und das Generalkommando; ab 1854 residierte auch der Bischof in der Stadt. Beamte und Offiziere ließen sich in der Folge in der Stadt nieder, eine stärkere Garnison wurde stationiert, und zahlreiche andere neue Bürger wurden angezogen.

Ständehaus, Holm 7: 1853/63 Tagungsstätte der Schleswigschen Ständeversammlung

Friedr. Ferd. Tillisch (1801–1889), Amtmann, 1850 Regierungskommissar für das Herzogtum Schleswig, 1851/63 dänischer Innenminister

Von 1853 bis 1863 tagte die Schleswigsche Ständeversammlung in Flensburg, das so zu einem politischen Brennpunkt dieser Zeit wurde. Die schleswig-holsteinische Partei besaß permanent die Mehrheit in diesem Parlament, die nationalen Gegensätze wurden so in die politisch interessierte Stadtöffentlichkeit übertragen. Neben der Verfassungsfrage, d.h. dem Verhältnis der Herzogtümer zum Königreich Dänemark, stand die Sprachenfrage im Mittelpunkt. Durch die Sprachreskripte wurde auch Dänisch als Schul- und Kirchensprache in den ländlichen Gemeinden vorgeschrieben – gegen den Wunsch der Bevölkerung. In der Stadt wurde die Gelehrtenschule zweisprachig und um einen Realschulzweig erweitert; in den Elementar- und Hauptschulen wurde Dänisch als Unterrichtsfach aufgenommen. Ab Januar 1852 war der Besuch einer dänischen Bürgerschule möglich – er blieb freigestellt. Ende 1863 hatte sie 501 Schüler, in den deutschen Volksschulen waren es 2700.

Die Forderung dänischer Kreise, in der Stadt Flensburg die gemischte Rechts- und Verwaltungssprache einzuführen, wurde nicht realisiert. Dazu hat sicherlich ein so loyaler Mann wie H. C. Jensen beigetragen, der es ablehnte, die dänische Sprache gegen den Wunsch der Bevölkerung einzuführen. Die Sprache, die der Mensch mit der Muttermilch eingesogen habe, lasse er sich nicht nehmen, lautete seine Auffassung. In der Ständeversammlung äußerte er sich im November 1853 so: *„Niemand erkennt es mehr als ich, wie wünschenswert, ja wie notwendig es ist, dass Gelegenheit gegeben wird, die dänische Sprache zu erlernen und dass die Kenntnis dieser Sprache im ganzen Herzogtum immer allgemeiner wird, …nur darf dieses nicht geschehen auf Kosten der Liebe und Anhänglichkeit an König und Vaterland, und das ist doch sehr zu befürchten, wenn man gegen den Wunsch der Bevölkerung die dänische Kirchen- und Schulsprache da einführt, wo bisher die deutsche stattfindet, und wo sie zugleich die Volkssprache ist… Ich darf behaupten, dass Dänemark keine treueren Anhänger gehabt hat und noch hat, als dasselbe deren unter den Bewohnern der deutschredenden Stadt Flensburg gezählt hat und noch zählt; dennoch gibt es unter diesen schwerlich einen Einzigen, der hier von Jugend auf [Hoch]Dänisch gesprochen hat und der sich als Haus- und Familienvater der [hoch]deutschen Sprache bedient."*

1851 wurde eine freie dänische Gemeinde gegründet. Die Spaltung in Deutsch und Dänisch ergriff allmählich alle Bereiche: das Theater, das kirchliche Leben, die Vereine. Ein deutscher Turnverein und der mitgliederstarke Gesangsverein wurden aus politischen Gründen verboten.

Am Beispiel der Schützengilden wird diese unterschiedliche Entwicklung ebenfalls deutlich. Die traditionsreiche, 1583 gegründete St. Nikolai-Schützengilde erfreute sich zunächst des königlichen Wohlwollens, unterstrichen durch seine Besuche von 1857 und 1859, doch ein Zwischenfall von 1860 ließ Zweifel an der loyalen Haltung aufkommen, und nach Austritt führender Repräsentanten der Stadt wurde die Gilde schließlich verboten.

Anders gestaltete sich das Geschehen bei der St. Knudsgilde. Sie war 1841 durch Umbenennung der St. Johannisgilde entstanden und erlebte nach 1850 „eine glückliche

Heinrich Carstensen Jensen (1789–1860), Kaufmann, Agent, Kommunalpolitiker und Ständeabgeordneter, mehrfach Gastgeber für den dänischen König Christian VIII.

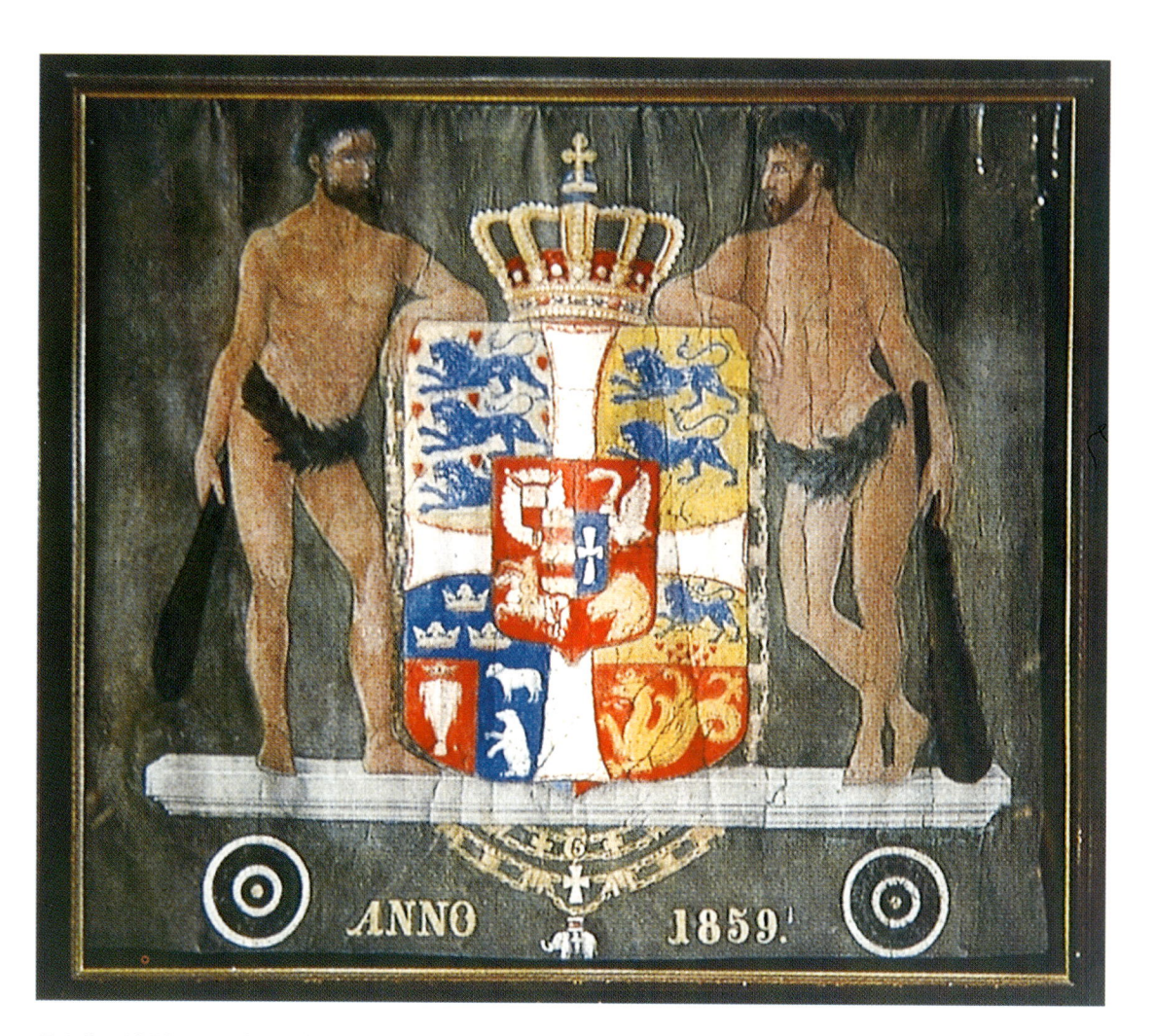

Fahne der Knudsgilde, gestiftet von König Friedrich VII.

Zeit". 1853 wurden ihre Privilegien vom dänischen König Friedrich VII. erneuert, der König wurde selbst Mitglied der Gilde, nahm wiederholt am Schießen teil und wurde 1859 sogar Schützenkönig. Mit ihm traten auch viele seiner Beamten in die Gilde ein. Der König feierte überdies seinen Geburtstag mit den Gildebrüdern, an seinem Geburtstag am 6. Oktober 1857 schenkte er der Gilde einen Silberhumpen mit der Umschrift: *Es gab der König als Ehrenmitglied diesen Krug der Sancti Knutsgilde zu St. Johannis in Flensburg.* Schließlich erhielt die Gilde genau hundert Jahre nach ihrer ersten Fahne im Juli 1859 eine zweite königliche Fahne. Zwei Jahre später erhielt sie ein neues Statut in deutscher und dänischer Sprache. Die Aufgabenstellung wurde zeitgemäß formuliert: Die Waffenübung zum Zweck der Vaterlandsverteidigung fiel weg, an ihre Stelle traten Schießübungen und gesellige Zusammenkünfte zur Stärkung „der Freundschaftsbande zwischen Seiner Majestät treuen und loyalen Untertanen, die die Liebe zu König und Vaterland miteinander verbindet."

Ein Zeitgenosse (H. Biernatzki) hat die Verhältnisse folgendermaßen geschildert: *„Manchen ist das Übergewicht der dänischen Parthei ein Rätsel, manche ziehen es in Zweifel, manche stellen sie gar als verächtlich dar, während die Ständewahlen ihre Übermacht bestätigt haben. Über nichts hört man überhaupt mehr Widersprüche als über Flensburg, das schon deswegen interessant wäre, aber noch anziehender wird eben durch jenes Begegnen zweier Gegensätze in seinen Mauern, durch das grelle Zusammenstoßen zweier geistiger Richtungen. Auf eine seltsame Weise wird dieser Kampf auch gleichsam mit Geld durch das Schleswig-Holsteinische Banquiergeschäft und die Filialbank geführt..."*

Die Wirtschaft nach 1850

Die wirtschaftlichen Rahmenbedingungen nach 1850 waren als gut zu bezeichnen: Die englische Schutzzollpolitik wurde gelockert, und die Weltwirtschaft kam zum Aufschwung durch die Goldfunde in Kalifornien und Australien.

Eine positive Wirkung auf Flensburg blieb jedoch auf Dauer aus. Der direkte Handel nach Westindien ging zurück, und neue Unternehmungen, die an seine Stelle treten sollten, konnten ihn nicht ersetzen: weder die Frachtfahrten nach Ostindien und China noch die wieder verstärkt durchgeführten Fahrten nach Grönland auf Robben- und Walfang. Allerdings setzte sich eine technische Neuerung durch: die Dampfmaschine prägte die neue Industrie, vor allem in der Neustadt. Die Eisengießereien, die Glasfabrik und die Krusauer Kupfermühle sind beispielhaft zu nennen.

Ein Zeitungsartikel von 1853 beschreibt die Situation: *„Man wird wirklich mit rechter Freude erfüllt, wenn man das Leben und die Thätigkeit sieht, welche sich regen, sobald man nur den Fuß aus dem Norderthor gesetzt hat. Ein schroffer Gegensatz tritt uns entgegen, wenn wir diese Strecke mit unsrer, früher so belebten, jetzt leider fast ganz verödeten Schiffbrücke vergleichen. Gleich Anfangs finden wir die bedeutende, ohne Aufhören Tag und Nacht fortarbeitende Dampfölmühle von F. N. Friedrichsen, etwas weiterhin treffen wir die große Ziegelbrennerei von Aegidius Jordt, nur wenige Schritte weiter gehen wir an der großartigen Maschinenbauerei und Eisengießerei von Dittmann & Jensen vorüber. Hier wird ein neues Gebäude nach dem andern errichtet, und eine Menge Menschen finden täglich in diesem Etablissement, das zu den bedeutendsten in unserer Stadt gehört und in dem erwünschtesten Flor steht, Beschäftigung und Unterhalt. Dicht daran wird jetzt das mächtige Gebäude zur Gaserleuchtung aufgeführt, wir finden ferner in der Neustadt die bedeutende und ausgezeichnete Dampfbrennerei von C. Christiansen. Gehen wir nun auf die Chaussee hinaus, so begegnen wir bald zwei neuen großen Ziegelbrennereien, welche in diesem Sommer von Christian A. Lassen und P. A. Petersen angelegt*

Das Schiff mit dem Leichnam Friedrichs VII. im Flensburger Hafen vor der Abfahrt nach Kopenhagen

Flensburg von Süden: im Hintergrund links das „Lutherhaus", in der Mitte St. Nikolai, rechts Kirchturm Adelby; rechts im Vordergrund die Eisenbahn (Unterführung von 1854)

worden sind, sowie einer neuen Glasfabrik von Stahnke & Jensen, ja es wird sogar nahe bei dem Clusrieser Holz ein neues Gebäude aufgeführt…"

Auch die Erwartungen an die neuen Verkehrsverbindungen durch die Eisenbahn erfüllten sich nicht. Das galt sowohl für die 1854 in Betrieb genommene „Querbahn" von Flensburg nach Husum und weiter nach Tönning, vom dänischen König Friedrich VII. persönlich eröffnet, als auch für die Verbindung nach Rendsburg, von wo durch den Anschluss über Neumünster nach Altona die Verbindung nach Süden gegeben war.

Die Weltwirtschaftskrise von 1857 traf die Flensburger Wirtschaft schwer. Die alten, in der Stadt ansässigen Handelshäuser wurden entscheidend beeinträchtigt, weil sie ihre Kredite in Hamburg genommen hatten – einige mussten liquidieren. Die allgemeine Krise wurde verstärkt durch schlechte Ernten in der Landwirtschaft, und die Verteuerung der Lebensmittel traf besonders die ärmeren Schichten der Bevölkerung.

Aus dem „Wanderlied des Schuhmachergesellen" (Anfang der 1850er Jahre, vom Kieler Landschaftsmaler Wolperding):

Und in Flensborg, seggt he, hebbt se Geld,
Liggt an de Ostsee, seggt he, nich an'n Belt;
Und de Lüd' sünd da swinpolit'sch,
Welk sünd dänsch, seggt he, welk sünd dütsch.

Und eine spätere Strophe:

Un in Flensburg, seggt he, is veel Water,
grote Herrn, seggt he, un Theater,
veele Mühlen sühst du all von widen,
Mag veel Wind, seggt he, dar woll sien.

Spaltung in Deutsch und Dänisch

Die politische Spaltung der Stadtgesellschaft in Deutsch und Dänisch wurde Ende der sechziger Jahre wieder größer durch die nationale Welle von Süden: die nationale Einigung in Italien sowie vor allem der Nationalverein und die Schillerfeiern von 1859 betonten die Bestrebungen nach einem einigen deutschen Reich. Die deutsche Partei in der Ständeversammlung konnte diese Strömungen aufnehmen. Auf der anderen Seite profilierte sich auch die dänische Partei: Die mit großem Aufwand 1862 vollzogene Enthüllung des Idstedt-

„Friedrich VII. Südschleswigsche Eisenbahn", eröffnet am 25. Oktober 1854, provisorischer Festbahnhof bei der Überführung Angelburgerstraße

Gasometer

Der Englische Bahnhof (heute: ZOB) gegenüber dem Bahnhofshotel (später Hotel „Europa")

Löwen auf dem alten Friedhof machte dies deutlich.

In diese Situation fiel die so genannte Novemberverfassung: 1863 beschloss die dänische Regierung, die Gleichstellung der Landesteile aufzugeben und das Herzogtum Schleswig mit dem Königreich Dänemark zu vereinigen. Diese Verletzung des Londoner Protokolls von 1850/1852 führte die internationalen Garantiemächte auf den Plan, insbesondere Preußen und Österreich.

Ein zeitgenössischer Beobachter (Ernst Willkomm) hat dazu folgendes bemerkt: „Wie Schleswig besteht auch Flensburg eigentlich nur aus einer einzigen großen, fast 1/4 Meile langen Straße mit kleinen engen Nebengässchen. Man teilt die Stadt in Süden und Norden. Der Süden, von dem ein Thor gegen Ost an die Höhen der Meeresbucht lehnt, ist vorzugsweise Sitz und Wohnort Deutscher und deutsch Gesinnter, während im Norden oder der so genannten Norderstraße die meistenteils für dänische Herrschaft schwärmende reiche Kaufmannschaft wohnt. Dänischen, richtiger jütischen Ursprungs ist eigentlich nur der dienende Theil der Bevölkerung, die „Holtenschu", wie man zuweilen diese Classe Menschen nennen hört, von der Frauen und Männern gemeinsamen hölzernen Fußbekleidung, welche bei den Jütländern für national gilt…"*

Und er ergänzte: *„Früher, als die Nationalitäten einander noch nicht so schroff gegenüber standen wie seit Ausbruch des Krieges …seit aber die Stadt in einen deutsch und einen dänisch gesinnten Theil zerfällt, hat jeder ungeniert gesellige Verkehr, jede Mitteilung, jedes unbefangene Gespräch so gut wie aufgehört. Jeder erblickt in dem Andern einen Spion, wenn er ihn nicht ganz genau kennt. Dies macht das Leben in Flensburg sehr unerquicklich, ja für den Fremden, der zu längerem Aufenthalte genöthigt wird, geradezu unerträglich…"*

Prominente in Flensburg

Friedrich VII.: 1850, 1853, 1854, 1857, 1859, 1862, 1863; Wilhelm I. von Preußen: 1864.

1849: schwedischer General O. Aug. Malmborg († 1864); 1850: Schriftsteller Ernst Adolf Willkomm († 1886); 1851: dänischer Schriftsteller Meïr Aron Goldschmidt († 1887); 1853: Schauspiel-Direktor Brun aus

Die Englische Brücke, erbaut 1856 von englischen Ingenieuren; Eisenbahnverladung in der Hafenspitze

Odense; 1855: niederdeutscher Dichter Klaus Groth; 1857/1860: Herr Böhndel von Kappeln, Fabrikant Heine aus Elmshorn; 1859: Geburt in Adelby von Ernst Jessen, „Vater der Jugendzahnpflege"; 1864: General und dänischer Oberbefehlshaber C. J. de Meza († 1865); 1864: Otto von Bismarck († 1898); Generalfeldmarschall von Wrangel und preuß. Generalstab, Schriftsteller Theodor Fontane, Schriftsteller Theodor Storm, Unternehmer Friedrich Engels (Mitarbeiter von Karl Marx).

Wichtige Daten

1848: 26. März – Anerkennung der Prov. Regierung durch die städtischen Kollegien

9. April – Schleswig-holsteinische Niederlage bei Bau

1849: 10. Juli – Landesverwaltung unter Tillisch in Flensburg

25. Juli – Schlacht bei Idstedt, Sieg der Dänen

1851: Flensburg wird Sitz der Regierung für das Herzogtum Schleswig

1852: 8. Mai – Abschluss des Londoner Protokolls

1854: 4. Oktober – „König Friedrich VII. Südschleswigsche Eisenbahn" nach Husum und Tönning eröffnet

1857: November – Weltwirtschaftskrise, Zusammenbruch der großen Handelshäuser Andr. Christiansen und H.C. Jensen

1863: 13. November – Gemeinsame Verfassung für Dänemark und Schleswig (Verletzung des Londoner Protokolls)

15. November – König Friedrich VII. stirbt auf Schloss Glücksburg; mit Schiff wird sein Leichnam von Flensburg nach Kopenhagen gebracht

1864: 6. Februar – Gefecht bei Oeversee

1864: Das Krankenhaus „Zum heiligen Franziskus" (Marienstraße 23/25) entsteht aus der Kriegskrankenpflege

*Ruine
Schloss
Duburg*

7. Kapitel
Flensburg in der Kaiserzeit: Die vierte Blüte von 1864 bis 1918

Überblick: Wirtschaft, Kultur, Kirchen, Alltag

Flensburg hat besondere Beziehungen zum Kaiserreich gehabt: zum einen dadurch, dass die Nationalhymne „Heil Dir im Siegerkranz" von dem Flensburger Dichter Heinrich Harries (1762–1802) verfasst wurde, zum anderen war der Umstand, dass Kaiserin Auguste Viktoria aus dem benachbarten Glücksburg stammte, der Grund für ihre häufigen Besuche in der Stadt. Eine einmalige Bindung ergab sich außerdem über das Militär: Das Flensburger Füsilier-Regiment Nr. 86 erhielt die preußische Königin zur Chefin, und mit der Marineschule Mürwik befindet sich die Ausbildungsstätte für alle Offiziere der deutschen Marine seit 1910 in der Fördestadt.

Während die Jahrzehnte des zweiten deutschen Kaiserreichs für den Norden des alten Herzogtums Schleswig eine Zeit starker nationaler Spannungen bedeuteten, nahm die Entwicklung in Flensburg einen anderen Verlauf: Der dänische Stimmenanteil bei den Reichstagswahlen sank von 48,4 Prozent im Jahre 1871 auf 3,9 Prozent im Jahre 1912, Flensburg wandelte sich allmählich aus einer halben dänischen in eine eindeutig deutsche Stadt.

Wirtschaft: Im Kaiserreich erlebte Flensburg die vierte Blütezeit seiner Geschichte. Von grundlegender Bedeutung für die wirtschaftliche Entwicklung nach den nationalen Auseinandersetzungen wurde die 1869 als Aktiengesellschaft gegründete Flensburger Dampfschiffahrtsgesellschaft. Um 1890 war der industrielle Ausbau im Großen und Ganzen abgeschlossen. Er hatte bewirkt, dass Flensburg aus „einer ganzen Seestadt zu einer halben Fabrikstadt" geworden war. 1908 existierten in der Stadt rund 300 Fabriken, in denen etwa 44 Prozent der Bevölkerung beschäftigt waren.

Kultur: Im Kaiserreich wurden mit dem Stadttheater (1894) und dem städtischen Museum (1903) wesentliche kulturelle Einrichtungen geschaffen, die auch heute noch nach über einem Jahrhundert von grundlegender Bedeutung für das Kulturleben des Oberzentrums Flensburgs sind. Heute wie damals existierte darüber hinaus eine kulturelle Vielfalt. Vor 100 Jahren war aus dem Volk der Dichter und Denker ein Volk der Schauspieler geworden: Ständig und überall wurde Theater gespielt, von Dilettanten und Professionellen. Zahlreiche Vereine boten überdies ein kulturelles Angebot für alle Schichten der Gesellschaft: von der „Harmonie" über den „Gesangverein von 1856" bis zu den Arbeiter-Vereinen.

Die Eisholer (Aquarell von J. Nöbbe)

111

Kirchen: Flensburg wurde in der Kaiserzeit auch zur Stadt der Kirchen, denn außer den drei aus dem Mittelalter stammenden Stadtkirchen St. Johannis, St. Marien und St. Nikolai entstanden in den Jahrzehnten nach 1870 insgesamt sechs neue Kirchen, nämlich außer der Diakonissen- (1874) und der Baptisten(Zoar-)kapelle (1905) vier größere Neubauten: 1900 die katholische Kirche, 1907 St. Jürgen, 1909 St. Petri und 1912 die Heilandskapelle in Flensburg-Weiche. Sie alle prägen das Stadtbild bis heute. Dies gilt auch für die großen neuen Kirchtürme von St. Nikolai und St. Marien, die ebenfalls in der Kaiserzeit errichtet wurden.

Alltag und Freizeit: Wie sehr sich Alltag und Freizeitgestaltung im Verlauf von 100 Jahren geändert haben, wird schlaglichtartig an zwei Beispielen deutlich: am Straßenverkehr und am Badeleben. Die rasante Entwicklung im Verkehrsbereich ist abzulesen an den Begriffen Pferdebahn – elektrische Straßenbahn – Auto. Und was das Badeleben betrifft: Zwar existieren die im städtischen Außenbereich gelegenen Einrichtungen „Ostseebad" und „Solitüde" noch heute, aber das maritime Massenvergnügen hat sich seit langer Zeit auf die Segelboote verlagert, und so bestimmen die Segler-Anlagen das Bild der Förde; vom Gastseglerhafen an der Fördespitze bis zu den Seglerhäfen in Wassersleben, Fahrensodde und Glücksburg.

„Heil, Kaiser Dir..."

Als Ergebnis des deutsch-dänischen Krieges von 1864 wurde Schleswig-Holstein ab 1867 preußische Provinz und damit Teil des Königreiches Preußen. Es erscheint paradox: In der ersten Zeit erfuhr Preußen in der neuen Provinz eine starke Aversion, obwohl die neuen Machthaber zahlreiche Maßnahmen verwirklichten, die bereits Jahrzehnte vorher angestrebt worden waren. Dazu gehörte vor allem die Trennung von Justiz und Verwaltung auf der kommunalen Ebene: Die Amtsgerichte wurden neu eingeführt, und die Magistrate behielten nur noch ihre Funktion als Verwaltungsbehörde. Schließlich erfolgte die Neuordnung im kommunalen Bereich: Mit der „Schleswig-Holsteinischen Städteordnung" vom 14. April 1869 erhielt die neue preußische Provinz eine eigene, auf den zuvor stattgefundenen Ent-

Die Pferdebahn

Rückkehr von Gefangenen

wicklungen aufbauende Regelung, die damals als die liberalste in ganz Deutschland galt. Durch Verordnungen des Norddeutschen Bundes wurden zudem Gewerbefreiheit und Freizügigkeit, Koalitionsrecht und Pressefreiheit gewährt.

Die preußische Nationalhymne

Hundert Jahre sind am 17. Dezember verflossen, seit das unsere Nationalhymne gewordene Lied „Heil Dir im Siegerkranz" in Berlin bekannt und dann auch gesungen wurde. Als Friedrich Wilhelm II. aus dem Feldzuge gegen Frankreich zurückkehrte, brachten es die „Berlinischen Nachrichten" als „Berliner Volksgesang". Ein Verfasser war nicht genannt, und so kam es, dass sich bald nachher ein Dr. Schumacher als Dichter des Liedes öffentlich ausgab und bis in die jüngsten Zeiten als solcher gegolten hat. Der wirkliche Dichter ist der Flensburger Theologe Heinrich Harries, der das Gedicht an König Christian VIII. von Dänemark gerichtet hat. Es erschien zuerst im „Flensburger Wochenblatt" vom 27. Januar 1790 mit der Überschrift „Lied für den dänischen Unterthan an seines Königs Geburtstag, zu singen in der Melodie des englischen Volksliedes: God save great George the king." Dann ist es wieder abgedruckt worden in den von Gerh. Holst 1804 herausgegebenen „Gedichten von Heinrich Harries", Band 2, S. 158. Hier findet sich bereits der Vermerk: „Dieses Lied ist nach Preußen gekommen und dort mit einigen Abänderungen auch öffentlich gesungen worden."

Der ursprüngliche Text des acht Verse enthaltenden Liedes lautet folgendermaßen:

1. Heil Dir, dem liebenden/ Herrscher des Vaterlands!/ Heil, Christian Dir!/Fühl' in des Thrones Glanz/ Die holde Wonne ganz/ Vater des Volks zu sein!/ Heil, Christian, Dir!

[Die Strophen zwei und drei lauten wie in der prießischen Nationalhymne.]

2. Nicht Ross' und Reisige/ sichern die steile Höh'/ wo Fürsten stehn./ Liebe des Vaterlands,/ Liebe des freien Manns/ gründen den Herrscherthron/ wie Fels im Meer/

3. *Heilige Flamme glüh,/ glüh und verlösche nie,/ für's Vaterland!/ Wir alle stehen dann/ mutig für einen Mann,/ kämpfen und bluten gern/ für Thron und Reich.]*

4. *Sei noch, o Christian, hier/ Lange des Thrones Zier,/Des Landes Stolz!/ Eifer und Männerthat/ Finde sein Lorbeerblatt/ Treu aufgehoben dort/ An Deinem Thron.*

5. *Tugend und Wissenschaft/ Hebe mit Mut und Kraft/ Ihr Haupt empor!/ Jede geweihte Kunst/ Reife durch Deine Gunst;/ Jedes Gefühl erwärm'/ An Deiner Brust!*

6. *Dauernder stets zu blüh',/ Weh' unsere Flagge kühn/ Auf jedem Meer!/ Alles, was ehrenvoll/Leitet zu Bürgerwohl,/Umfasse Dania/ In ihrem Schoß.*

7. *Ha, wie so stolz und frei/ Schüttelt der nord'sche Leu/ Sein Mähnenhaar!/ Wirft über Land und Meer/ Flammenden Blick umher,/ Ob einer lüstern sei,/ Sich ihm zu nah'n.*

8. *Heil Dir, dem liebenden/ Herrscher des Vaterlands!/ Heil, Christian, Dir!/ Fühl' in des Thrones Glanz/ Die hohe Wonne ganz,/ Vater des Volks zu sein!/ Heil, Christian, Dir!"*

Nach diesem Liede ist unsere Nationalhymne umgeändert worden. Der Archivdirektor Dr. Wolfram in Metz äußert sich: „Der Gedanke, dass unser Kaiserlied ursprünglich für den dänischen König gedichtet war, mag zunächst für uns etwas Peinliches haben. Aber diese Empfindung wird doch wesentlich gemildert, wenn wir uns sagen dürfen, dass das Herz des Verfassers der Übertragung sicher nicht widerstrebt haben würde, denn Harries war Deutscher mit Leib und Seele und dazu ein begeisterter Verehrer Friedrichs des Großen. In einem bisher unbekannt gebliebenen Tagebuche, das Harries bei Gelegenheit einer Reise nach Berlin im Jahre 1787 anlegte und das gegenwärtig im Besitz seines Enkels, des Geh. Justizrats Dr. Harries in Jena, ist, finden sich hierfür zahlreiche Belege. Jetzt ist der passende Anlass gegeben, den Namen des Dichters kommenden Geschlechtern vertrauter zu machen, als er es den entschwundenen war." (Flensburger Nachrichten vom 20. 12. 1893)

Das Kaiser-Wilhelm-Denkmal

Auf dem St. Marien-Kirchhof befand sich bis 1941 ein Denkmal für den deutschen Kaiser, für das die Stadt Flensburg seit seiner Errichtung die Unterhaltskosten trug. Seine Inschrift lautete:

Kaiser Wilhelm I. Dem Einiger Deutschlands. Errichtet von Flensburger Bürgern 1891.

Wilhelm I. (1797–1888) war als preußischer König zweimal in Flensburg, nämlich am 2. April 1864 und vom 15. bis 17. September 1868. Die „Wilhelmstraße" (Namensgebung beschlossen am 7. Februar 1868), erinnert noch heute an diesen Herrscher.

Feierlicher Empfang des Regiments 86 am 23. Juni 1871 auf dem Südermarkt

Nach dem siegreichen Abschluss des Feldzuges 1870/71 gegen Frankreich hatte sich Flensburg zum Empfang der heimkehrenden Truppen festlich geschmückt. Zahlreiche Flensburger waren bis nach der Nordschleswigschen Weiche den Heimkehrenden entgegengegangen. Durch die Friesische Straße erreichten die Kolonnen den Südermarkt, wo über Brunnen und Straßenbeleuchtung eine hohe Tribüne errichtet war.

Heinrich M. Jepsen schrieb seiner Frau unter ein Foto: *„In dem Augenblicke, als Frl. Grün die Fahne mit dem Lorbeerkranze schmückt. Man sieht Bürgerm. Toosbüys kahlen Schädel im Vordergrunde. Unten General Wrangel zu Pferde mit dem silbernen Lorbeerkranze auf dem Helm. In der Mitte die Friedenseiche, auf der Tribüne die reingewaschenen Jungfrauen. Mitten mank natürlich Dein Mann (in der Ecke links). Pastor Bruhn als rechter Flügelmann – außerdem die Spitzen der Behörden."*

Flensburg und die Kaiserin Auguste Viktoria (1858–1921)

Kaiserin Auguste Viktoria besuchte die Fördestadt am 25. April 1901. Hierüber berichtete die Lokalzeitung: „Die Abfahrt Ihrer Maj. der Kaiserin fand am gestrigen Abend unter dem lauten Jubel einer vieltausendköpfigen Menge statt. Die Schüler und Schü-

Heil, Kaiser Dir…

lerinnen der obersten Klassen unserer Volksschulen bildeten vom Hafermarkt bis zur Rathausstraße, Königin-Füsiliere bis an den Staatsbahnhof, wo die Mitglieder der Kriegervereine Aufstellung genommen hatten, Spalier. Da Ihre Majestät zur festgesetzten Zeit (also um 7 1/2 Uhr abends) in Begleitung Ihrer Hoheiten des Herzogs und der Herzogin Friedrich Ferdinandin einer Hofequipage von Glücksburg abfuhr, wurden die Kinder auf eine harte Geduldsprobe gestellt, weil dieselben bereits um 7 Uhr ihre Plätze zu beiden Seiten der Straßen einnahmen. Um so lauter erschollen aber die Hurrarufe, als um 8 1/4 Uhr Ihre Majestät freundlich grüßend durch die reichbeflaggten Straßen nach dem Bahnhof fuhr, wo Ihre Begleitung kurz zuvor mit der Kreiseisenbahn eingetroffen war. Auf dem Staatsbahnhof hatten sich außer dem Offiziercorps die Spitzen der städtischen Behörden eingefunden. Bei dieser Gelegenheit nahm Ihre Majestät ein ihr überreichtes Bouquet in den schlesw.-holst. Farben huldvoll entgegen. Die Abfahrt Ihrer Maj. erfolgte in dem bereitstehenden Sonderzug um 8 1/2 Uhr."

Und in einer Regiments-Schilderung heißt es u. a.: „…Im Schritt fuhr der Wagen durch die Straßen der festlich geschmückten Stadt, umjubelt von der dichtgedrängten Volksmenge. Als er in die Rathausstr. einbog, wurde I.M. mit brausendem Hurra von den Königinfüsilieren, die dort Spalier bildeten, begrüßt. Am Eingange des Bahnhofes wurde

115

Auguste Viktoria vor dem Regiment, 1890

die Kaiserin von unserem Oberst empfangen und, nachdem sie mehrmals durch freundliches Neigen des Hauptes für die begeisterten Huldigungen gedankt hatte, begab sie sich in den prächtig geschmückten Warteraum. Hier hatten das Offizierkorps und die Damen des Regiments Aufstellung genommen. Zunächst nahm I. M. die Vorstellung der in ihr Regiment neu versetzten Offiziere entgegen und widmete dann fast jedem einzelnen einige freundliche Worte. Aus dem Kreise der Damen wurde I. M. ein Strauß überreicht. Als die hohe Frau den Salonwagen bestiegen hatte und der Zug sich in Bewegung setzte, stimmte die Regimentskapelle die Nationalhymne an und das Offizierkorps brachte seinem erhabenen Chef ein dreifaches Hurra!"

Die Beziehung Flensburgs zur Kaiserin wurde 1902 öffentlich so charakterisiert: „Unserer Kaiserin dürften wohl in keiner Stadt des nördlichen Deutschlands die Herzen wärmer entgegenschlagen als gerade hier… eine wahre Völkerwanderung längs dem mit Fahnen reich geschmückten Hafendamm… erscholl auf dem ganzen Wege, speziell beim Stationsgebäude der Spurbahn, lauter Jubel, wenn es auch da nur wenigen vergönnt war, unsere Landesmutter zu sehen… und nun ertönten noch lebhaftere Hurrarufe, als sich I. M. die Kaiserin vor der jubelnden Menge huldvoll verneigte." (Flensburger Nachrichten)

Die Marineschule Mürwik

Als „Perle aller Marineanstalten" bezeichnet Franz Hildebrand (1846–1920), Marine-Intendant und Geheimer Admiralitätsrat, die MSM bei ihrer Einweihung am 6. Oktober 1910. Sein Mitarbeiter, Geheimer Baurat Adalbert Kelm (1856–1939), hatte die Pläne für die MSM im Jahre 1905 vorgelegt, ein Jahr später wurde mit dem Bau begonnen. Kelm hatte die Ausführung bis in die kleinsten Details mit nimmer rastender Sorge geleitet. Zugleich mit dem Marineschulgebäude wurden errichtet: das der ganzen Station Mürwik zur Unterbringung der Kranken dienende Lazarett, das Chefarztgebäude, das Verwaltungsgebäude, das Desinfektions- und Leichenhaus sowie der Wasserturm. Das Lazarett wurde am 3. April 1910 eröffnet, es enthielt 100 Betten.

„Mit seiner der Förde zugewandten 200 Meter breiten Front und einem phantasiegezügelten, in die Tiefe versetzten Mitteltrakt, dessen Staffelgiebelfassade den Schwung einer kraftvollen Freitreppe zum organisch

Die Duburgkaserne (Farbzeichnung von F. G. Müller)

herauswachsenden Turm leitet, ist der große Bau aus rotem Backstein selber ein Symbol für Disziplin. Unverkennbar ist der Einfluss, den historische ostpreußische Bauten, vor allem die Marienburg des Deutschen Ritterordens, auf Marinebaurat Kelm ausgeübt hat… Die MSM gilt als Hauptwerk des sog. Wilhelminischen Stils, der klassizistische Nüchternheit an öffentlichen Großbauten seiner Zeit zum obersten Gebot erhob, mochte es um ein Gerichtsgebäude gehen, um ein Hauptpostamt, um einen Reichsbahnhof oder eine Kaserne. Unbestreitbar zählt die MSM zu den sehenswürdigsten Kulturdenkmalen Norddeutschlands." (Hambach, S. 81)

Kurz nach der Einweihung weilte Kaiser Wilhelm II. am 21. November 1910 in Mürwik und hatte dazu folgende Kabinettsordre erlassen:

„Ich will bei Meinem ersten Besuche in der neuen Marineschule an die jetzigen Schüler, aber auch an alle nachfolgenden einige Worte richten über den Seeoffiziersberuf und über die Aufgaben bei der Erziehung des Seeoffiziernachwuchses.

Ich brauche nicht zu betonen, wie sehr Mir das Seeoffizierkorps, dessen Uniform Ich trage, ans Herz gewachsen ist. Ich kenne es von Meiner frühesten Jugend an. Ich habe es schätzen gelernt in seinen vortrefflichen Leistungen in der Führung Meiner Schiffe im In- und Auslande und bei der ganzen Entwicklung der Marine. Ich liebe den Beruf, den Sie, Meine jungen Kameraden, sich gewählt, und Ich habe volles Empfinden für alles das Schöne und Stolze, was Ihnen dieser Beruf, namentlich in den frühzeitig erreichten selbständigeren Stellungen, bietet. Aber Ich weiß auch, wieviel Entsagung er von dem einzelnen fordert und dass ein ganzer Mann dazu gehört, immer mit Freudigkeit den schweren und verantwortungsvollen Dienst zu thun, der Ihnen zufallen wird. Schon Ihre Marineschulzeit ist keine leichte. Der Seeoffizier muss sehr viel lernen. Er soll ein gebildeter Mann im allgemeinen Sinne sein, und er soll sich ein weitgehendes technisches Wissen aneignen. Das erfordert viel ernste Arbeit über den Büchern, und die ist doppelt schwer nach dem einen Jahr an Bord, welches Sie in vorzugsweise praktischer Ausbildung und unter den erfrischenden Eindrücken der Auslandsreise zugebracht haben. Denken Sie bei der Arbeit daran, dass sie nicht nur ein Ansammeln von Wissen bedeutet, sondern dass sie auch ein Ausdruck von Pflichtgefühl und Energie ist und damit für die Bewerthung der ganzen Persönlichkeit ins Gewicht fällt.

Unsere Zeit braucht ganze, eisenharte Männer. Daher kommt es auf die Persönlichkeit, den

Charakter in erster Linie an. Ihre Charakterbildung zu fördern ist die wichtigste Aufgabe Ihrer Vorgesetzten, aber es ist vor allen Dingen auch die Aufgabe jedes Einzelnen von Ihnen. Arbeiten Sie sich durch zu einer streng sittlichen, auf religiöser Grundlage ruhenden Lebensanschauung, zu einer der gegenseitigen Verantwortung sich bewussten Kameradschaft, zu ritterlichem Denken und Handeln und umschiffen Sie so die Klippen, an welchen leider immer noch so viele junge Offiziere scheitern! Begeistern Sie sich an den großen Vorbildern der Geschichte, die Ihnen lehren, dass es geistige Kräfte sind, welche den Sieg erfechten, darunter nicht zuletzt die Seelenstärke, welche echtem Gottesglauben entspringt! Dann werden Sie, mit hohen Zielen vor Augen, alle Härten und Schwierigkeiten des Berufes leicht überwinden und Seeoffiziere werden, wie Ich sie Mir wünsche und wie das Vaterland sie braucht, stolze und wetterfeste Männer im Sturm des Lebens."

Wirtschaftsaufschwung in drei Phasen

Die Wirtschaftsgeschichte der Fördestadt von 1870 bis 1914 lässt sich in drei Abschnitte gliedern. Die erste Phase bis 1879 brachte die entscheidende Wende zur Industrialisierung, zum kapitalistischen Unternehmertum und zum Wirtschaftsliberalismus. Mit ihr wurden die Voraussetzungen für einen neuen wirtschaftlichen Aufschwung der Stadt geschaffen. Bismarcks Schutzzollpolitik von 1879 und die Krise von 1884 bis 1887 bestimmten negative Auswirkungen der zweiten Phase, die durch Caprivis Handelsvertragspolitik beendet wurde. 1891 begann die dritte Phase. Der industrielle Ausbau der Stadt war abgeschlossen. Konzentrationsbestrebungen und Kartellbildungen führten dazu, dass die Flensburger Unternehmen immer mehr mit der deutschen Wirtschaft verflochten wurden. So hatte die hiesige Wirtschaft vollen Anteil an den beiden Hochkonjunkturen von 1896 bis 1900 und von 1910 bis 1912.

Von grundlegender Bedeutung für die weitere wirtschaftliche Entwicklung wurde, wie schon erwähnt, die 1869 als Aktiengesellschaft gegründete Flensburger Dampfschifffahrtsgesellschaft. Sie rief drei wichtige Unternehmen ins Leben: 1872 die Schiffswerft AG, 1873 die Aktienbrauerei in der Neustadt und 1874 die Privatbank (heute: Vereins- und Westbank). Auch im Reedereigeschäft gab es viele Neugründer: 1872 die Baltic-AG für die Ostseefahrt, 1883 die Globus-AG für die Chinafahrt. Im Jahre 1908 besaß Flensburg mit 97 Schiffen von 72.870 BRT die drittgrößte Handelsflotte Deutschlands. Die meisten Dampfer in Trampcharter.

Die neue Wirtschaftsstruktur führte zu großen sozialen Veränderungen. Die Bevölkerungszahl wuchs von 33 313 im Jahre 1885 auf 53 771 im Jahre 1905, erfuhr also eine Zunahme um gut zwei Drittel. Die Schicht der Unselbständigen nahm stetig zu; der städtische Mittelstand, vor allem das Handwerk, wurde geschwächt.

Oberbürgermeister Toosbüy

Die Stadtverwaltung unter Leitung des neuen Oberbürgermeisters Toosbüy wurde vor völlig neue Herausforderungen gestellt. 1875 fanden Eingemeindungen statt: die Hohlwege mit Bredeberg, der Fischerhof an der heutigen Waitzstraße und Duburg, das bis dahin zu Handewitt gehörte.

Marineschule Mürwik

Glasbläser

Die neuen Bereiche wurden sofort in die städtische Bebauung einbezogen. Auf der Duburger Höhe wurde vom Fiskus ab 1874 die große Kaserne errichtet, die diesem Stadtteil über hundert Jahre das Gepräge gab. Einen Schwerpunkt der Stadtplanung bildete auch die Neustadt, die nach der Eindämmung der Galwik zu einem großen, geordneten Industriebezirk umgestaltet wurde. Neben den bereits vorhandenen Anlagen der Werft, des Gaswerkes und der Glashütte entstanden in diesem Bereich 1897 das Kraftwerk und 1898 der Schlachthof.

An öffentlichen Gebäuden, die in der Kaiserzeit entstanden, sind ferner zu nennen:
- 1877 Navigationsschule am Munketoft,
- 1881 Kaiserliches Postamt, Rathausstr./ Norderhofenden,
- 1882 Gerichtsgebäude am Südergraben,
- 1894 Stadttheater, Rathausstraße,
- 1899 Schlachthof in der Neustadt,
- 1901 Freimaurerloge im Nordergraben,
- 1902 Neue Harmonie in der Toosbüystr.,
- 1904 Kunstgewerbemuseum oberhalb Rathausstraße.

Besondere Bemühungen wurden im Bereich der Bildung unternommen, vor allem im Volksschulwesen. Das neu gebildete Schulkollegium unter Leitung von Oberbürgermeister Toosbüy verwirklichte nicht nur innere Reformen wie feste Klassenfolge, einheitliche Lehrpläne, Trennung der Geschlechter und Senkung der Klassenfrequenzen auf 50 Schüler, sondern es wurde auch ein umfassendes Schulbauprogramm durchgeführt. Bis 1898 entstanden acht Neubauten und fünf Erweiterungsbauten; 1913 verfügten alle 22 Volks- und Mittelschulen über neue Gebäude. Auch die Flensburger Oberschulen erhielten große Neubauten, die das Stadtbild bis heute mitprägen: 1912 das Lyzeum, die „Auguste-Viktoria-Schule", 1914 das Alte Gymnasium und 1919 die Oberrealschule II (heute: Goethe-Schule). Alle diese Maßnahmen brachten der Fördestadt zu Recht die Bezeichnung „Stadt der Schulen" ein.

Zum 25-jährigen Dienstjubiläum hieß es über Toosbüy:

„Der Jubilar trat zu einer Zeit an die Spitze des hiesigen Gemeinwesens, als einerseits die wirtschaftliche Lage der Stadt Flensburg infolge der Loslösung aus einem Jahrhunderte alten Verkehrsgebiete einem tiefem Niedergange ausgesetzt war, andererseits nationale

Nordische Ofenfabrik

Gegensätze die Bewohnerschaft in voller Schärfe trennten. Toosbüy ist den Schwierigkeiten dieser Lage von Anfang an durchaus gewachsen gewesen und hat es verstanden, derselben Herr zu werden. Seinem Antritt ins Amt ist alsbald ein Wiederaufleben des Unternehmungsgeistes gefolgt – wir erinnern nur an die schon im Jahre stattgehabte Gründung der Flensburger Dampfschifffahrtsgesellschaft von 1869, die später in der Schaffung der großen Flensburger Schiffsbaugesellschaft ihre natürliche Ergänzung fand – und eine weise Kommunalpolitik, die namentlich der Initiative des Oberbürgermeisters zu verdanken, hat sich von jeher angelegen sein lassen, das Verkehrsleben unserer Stadt zu fördern. Ein gleich großes Verdienst gebührt dem obersten Beamten der Stadt Flensburg dafür, dass er durch sein versöhnliches, taktvolles Auftreten die erwähnten nationalenGegensätze nach und nach zu mildern und insbesondere aus der Stadtverwaltung fast völlig fernzuhalten gewusst hat. Stets hat bei aller sachlichen Meinungsverschiedenheit in Einzelfragen ein erfreuliches Verhältnis zwischen Magistrat und Stadtverordnetenkollegium obgewaltet, und aus diesem Grunde bezeichnet denn auch die 25-jährige Thätigkeit des Jubilars im Dienste der Stadt eine Periode fruchtbarer Entwicklung. Die Einwohnerzahl ist von 22000 auf 38000 angewachsen. Auf allen Gebieten von Handel und Wandel hat Flensburg seit 1868 Fortschritte gemacht. Was war der Hafen damals im Vergleich zu jetzt? Eine gesunde, kräftige Industrie hat sich emporgearbeitet, und ein leistungsfähiges Handwerk ist hochgekommen. Unter der thätigen Mitwirkung des Oberbürgermeisters Toosbüy sind die Eisenbahnlinien Flensburg – Eckernförde – Kiel, Flensburg – Leck – Niebüll und Flensburg – Kappeln zu Stande gebracht worden. Einen besonderen Ruhmestitel des Jubilars bildet die Entwicklung des Volksschulwesens in Flensburg, dem derselbe allezeit ein weitgehendes Interesse widmete. Die Errichtung einer ausgezeichneten höheren Mädchenschule, einer Handelsschule, der Holzschnitzschule, eines Kunstgewerbemuseums usw. dürfen als weitere Zeugen der wahrhaft gesegneten Wirksamkeit unseres Oberbürgermeisters bezeichnet werden. Das hiesige Armenwesen lässt in Organisation und Handhabung eine lobenswerte Leitung erkennen. Bei der Errichtung des Flensburger Arbeiterbauvereins hat Oberbürgermeister Toosbüy kräftig und verständnisvoll eingegriffen. Er ist lebenslängliches Mitglied des preußischen Herrenhauses, ferner ein hervorragendes Mitglied des Provinziallandtages, dessen Ausschuss er zugleich angehört; er steht an der Spitze des Aufsichtsrats der

Kiel-Flensburger Eisenbahngesellschaft. In den Kreisen der Bevölkerung genießt Toosbüy allgemeine Sympathie. Wohlwollend und zuvorkommend begegnet er jedem, der sich amtlich oder außeramtlich an ihn wendet..." (Joh. Sass, Deutscher Nekrolog, 1900)

Peter Christian Hansen

Mit dem Straßennamen (Vergabe vom 21. März 1952) wurde der Begründer des FAB (Flensburger Arbeiter-Bauverein) geehrt. Es war die erste Wohnungsbaugenossenschaft Deutschlands. Hansen (1853–1935) war erster Landesversicherungsrat Schleswig-Holsteins und gilt als Initiator zahlreicher sozialpolitischer Maßnahmen.

Den größten Tag seines Lebens hat er selbst beschrieben, nämlich sein persönliches Zusammentreffen mit Bismarck. Diese Begegnung fand am 9. April 1893 im „Altenheim" des Fürsten in Friedrichsruh statt, „unter den rauschenden Eichen des Sachsenwaldes". Es war für Hansen das zweite persönliche Zusammensein mit dem Reichskanzler, denn zu dessen 70. Geburtstag am 1. April 1885 vertrat er mit Sartori (Kiel) die deutsche Seefahrt.

Auch Peter Christian Hansen war ein Kind seiner Zeit, und aus dieser Sicht sind die Begegnungen mit Bismarck wahrlich als absolute Höhepunkte zu werten, dies ganz besonders, wenn man sich seine Laufbahn stichwortartig vergegenwärtigt: Flensburger Arbeitersohn – studierender Autodidakt – Journalist – Sekretär der Kieler Handelskammer – Geschäftsführer des Nautischen Vereins – Landesversicherungsrat in Schleswig-Holstein.

Geselliges Leben, Petuhtanten

Für das gesellige Leben in der Kaiserzeit existierten die „Lustgärten" in Kielseng und Mürwik, die Etablissements „Tivoli" und „Kolosseum", die Gaststätte in der Marienhölzung und die Salondampfer für „Lustfahrten auf der Förde". Die Stadt feierte

Oberbürgermeister Toosbüy

die Feste des Militärs mit: die der Blauen Jungs von Mürwik und die der auf Duburg stationierten königlichen Füsiliere.

Das kulturelle Engagement der Bürger manifestierte sich im Neubau des Stadttheaters 1894 und in der Gründung des Kunstgewerbemuseums 1903, bis heute Einrichtungen von regionaler Bedeutung. Das Vereinswesen (Kritiker sprechen von „Vereinsmeierei") erlebte ein nie gekanntes Ausmaß: 1901 sind im städtischen Adressbuch 223 verschiedene Vereine aufgeführt!

Der Verschönerungsverein forcierte die Einrichtung von Grünanlagen und die Bereitstellung von Naherholungsgebieten. In Toosbüys Amtszeit wurden z. B. das Ostseebad und der Kollunder Wald erworben, unter seinem Nachfolger Dr. Todsen die Marienhölzung und die Solitüde. Die größte Attraktion für Gäste und Einheimische wurden die Fördefahrten der Flensburg-Ekensunder-Dampfschiffahrtsgesellschaft, besonders wenn die Regimentsmusik der 86-er teilnahm oder durch die Gesellschaft der allgemein bekannten „Petuhtanten" mit ihrer originellen Sprache, einem deutsch-dänisch-plattdeutschen Kauderwelsch.

„Als Sonderspezies der Flensburger Gesellschaft vor dem Ersten Weltkrieg haben sich die ‚Petuhtanten' unvergesslich gemacht, und heute noch werden sie bei gemütlichen Runden wegen ihrer Komik gern zitiert. Sie waren Damen mit viel Freizeit und erhöhtem Drang zur Plauderei. Die Bezeichnung ‚Petuhtanten' leitet sich von den Partout-Karten ab, mit denen diese ‚Tanten' während der Sommerzeit auf den Fördedampfern ihre Ausflugsfahrten nach Kollund, Süderhaff, Sandacker, Ekensund, Gravenstein und Sonderburg machten, damals noch deutsche Orte. Wo immer sie an Land gingen, strebten sie zu einem Gartenrestaurant, wo es guten Kaffee und Kuchen mit viel Schlagsahne gab. Wieder nach Flensburg heimgekehrt, eilten sie zu ‚Tante Maaß', will sagen zu den ‚Flensburger Nachrichten', deren Besitzer Maaß hieß. Dort galt ihr Augenmerk den ‚frischen Toten', also den Todesanzeigen. Bei den Verlobungsanzeigen war zu hören: ‚Die halben werden man wahr.' Was heute noch besonderes Interesse an ihnen erwecken mag, ist ihr merkwürdiges Deutsch, das in zahlreichen komischen Sätzen bis heute weitergegeben wird. Dänischer Satzbau und dänische Spracheigentümlichkeiten sind symptomatisch dabei, kuriose Mischgebilde belegen auf ihre Weise den dänischen Einfluss auf die Grenzstadt. Einige charakteristische Beispiele: ‚Fru Lausen, wie gehts denn mit Ssie's neues Mädchen?' – ‚Das ist ein ganz Freche eine. Komme ich neulich ein von die Stadt, da brennt der Krone in beste Stube. Ich frag, wer steht das Licht und brennen für?' – „Für mir", sagt der freche Person, „ich kann nicht sehen bei außes Licht und zue Rullons und nähe abbe Knöpfe an."' – Ein anderes: Fru Lausen und Fru Hansen am Kaffeetisch. Fragt Fru Lausen: ‚Ssehen wir uns heutabend bei die Montagskonzerte?' Antwort: ‚Ja, sso Gott will, ich ssoll ssehen und streben und kommen nach Hause, die Kinder umbringen, abziehen und einlegen'." (Pust, Flensburg – Bilder und Berichte, 199, S. 13; Hambach, S. 43)

Die Flensburger Guttempler

Die Flensburger Guttempler spielten bei der „planmäßig vorbeugenden Alkoholbekämpfung" eine besondere Rolle: Sie waren Ausgangspunkt der Logenbewegung in Deutschland. Der Guttemplerorden, in

Justizgebäude und Höhere Töchterschule

Eis auf der Innenförde

den USA entstanden, kam über England nach Skandinavien, er erreichte 1883, von Dänemark kommend, den nordschleswigschen Raum und breitete sich ziemlich schnell aus. So wurde bereits am 9. Oktober 1887 die erste Loge in Flensburg gegründet. Zwei Jahre später konnte „Deutschlands Großloge II des I.O G.T." [International Order of Good Templer] gestiftet werden. Sie vereinigte neun Logen mit 194 Mitgliedern.

Die „Enthaltsamkeitssache" in Flensburg umfasste 1904:
  a) den Guttempler-Orden I.O.G.T. (13 Logen, 1 Jugendloge – ca. 1.100 Mitglieder)
  b) den freien Guttempler-Orden F.G.T.O. (6 Logen, ca. 250 Mitglieder)
  c) zwei unabhängige Lokallogen (150 Mitglieder)
  d) Ortsabteilung abstinenter Kaufleute (30 Mitglieder)
  e) Ortsabteilung abstinenter Eisenbahner, (20 Mitglieder)

[insgesamt 1.550 Mitgl.]

„Der Schwerpunkt der Bewegung liegt in den sog. unteren Klassen, namentlich bei den Arbeitern. Nicht ohne Bedauern erwähnen wir, dass die bessersituierten Kreise sich im Großen und Ganzen zurückhalten. Dagegen ist das Vorurteil der Denkenden in der Sache ganz beseitigt. Die Stadtvertretung und die Gemeindebehörden, an deren Spitze der OB Dr. Todsen, nehmen eine sehr sympathische Haltung ein und unterstützen sie in geeigneter Weise, namentlich in Anbetracht der großen Entlastung der Armenkasse durch die Wirksamkeit der Logen. Ebenso weiß die Verwaltung der Flensburger Schiffsbau-Gesellschaft zu würdigen, dass von ihrem Personal (2700 Köpfe) nicht weniger als 300 Abstinenten sind, die sich aus den verschiedenen Beamtenkategorien zusammensetzen. Auf diesem Etablissement werden sich meldende Abstinenten bei Arbeitseinstellungen mit Vorliebe berücksichtigt. Nach den hier gemachten Erfahrungen kann man nur wünschen, dass die Sache der Enthaltsamkeit, die sich von jedem politischen und kirchlichen Parteiwesen durchaus fernhält, auch anderwärts mehr und mehr Eingang finde." (Pust, Hugo Ball-Almanach 2000, S. 196)

Von 1919 bis 1933 hatten die Alkoholgegner ständig einen Vertreter in der Flensburger Stadtverordnetenversammlung (1919–1924 Kaufmann Johs. Caspersen, ab 1924 Lehrer Hans Sörensen).

Aus alten Zeitungen und Schriften

Falls man mit Sicherheit innere Werte nach äußeren Symbolen messen könnte, dann hätte das kirchliche Leben in unserem Flensburger Gemeinwesen wohl niemals kräftiger pulsiert als gerade in der ‚gottlosen' Gegenwart. Als äußere Merkmale hierfür könnten die Kirchenbauten und Turmbauten der letzten Jahrzehnte angesehen werden. Wollte man in der Vergangenheit Parallelen suchen, dann müsste man schon recht weit zurückgehen, nämlich in die Zeit vor der Reformation, in jene Zeit, da die heutigen drei Hauptkirchen unserer Stadt entstanden (1128, 1284 und 1390). Auch damals hatten wir eine verhältnismäßig kräftige äußere kirchliche Entwicklung, wenn auch in etwas gemächlicherem Tempo, denn ungefähr hundert Jahre mussten in jedem Fall vergehen, bevor die betreffende Gemeinde Kräfte genug gesammelt, an den Bau des eigenen Gotteshauses denken zu können. Seitdem ist nun etwa ein halbes Jahrtausend ins Land gezogen, und in diesen 500 Jahren hat sich, von gelegentlichen Umbauten und kleineren Renovierungen der alten Kirchen abgesehen, bei uns nichts von Bedeutung geändert, im äußeren Bilde der Kirche wenigstens. Da kam der Brand der St. Nikolaikirche und damit der Beginn einer neuen, bedeutungsvollen Epoche in der Baugeschichte unserer Kirchen, die mit dem Turmbau zu St. Nikolai und St. Marien einsetzte, in der umfassenden Neugestaltung der Innenräume unserer drei Hauptkirchen ihren Fortgang nahm und in dem Neubau der Kirchen zu St. Jürgen und St. Petri ihre Höhe erreichte. dass sich alle diese zum Teil recht kostspieligen Leistungen auf den engen Raum weniger Jahrzehnte konzentrierten – zwischen der Weihe der beiden Kirchen St. Jürgen und St. Petri lagen sogar nur fünf Jahre –, das ist gewiss eine Tatsache, die mit aller Bestimmtheit beweist, dass

Auto um 1905

Brand des Kirchturms St. Nikolai

Hochwasser 1872 (Ölgemälde von J. Gregersen)

der kirchliche Sinn auch in Flensburg heute nicht ausgestorben ist und die Bereitwilligkeit, für gottesdienstliche Einrichtungen Opfer zu bringen, wohl kaum je zuvor größer war. Und dieser Opferwilligkeit, im Bunde mit dem rapiden Aufschwung unserer lokalen und allgemeinen Verkehrsverhältnisse, die auf der N.-S.-Weiche ein neues eigenes örtliches Gemeinwesen zeitigte, verdankt auch die Kapelle ihre Entstehung, die gestern die Weihe erhielt."
(Flensburger Nachrichten vom 21.4.1912)

Das erste Auto in Flensburg, ein „Wagen ohne Pferd", rollte im Mai 1899 in die Stadt. Dieser „rasende Stinkkasten" gehörte dem begüterten Tapetenhändler F. H. Lüers. 10 Jahre später, im Jahre 1909, hatte sich die Zahl auf 29 erhöht.

„Ein amerikanisches Automobil, das sich durch seinen geräuschlosen Gang und durch einen kleinen eleganten Wagen vor anderen Fahrzeugen dieser Art vorteilhaft auszeichnet, erregte hier in den letzten Tagen die Aufmerksamkeit der Passanten. Es handelt sich hier nicht um einen Rennwagen, sondern um einen Tourenwagen, dessen Fahrgeschwindigkeit bei angenehmer Fahrt 35–38 Kilometer in der Stunde beträgt. Vorzüge des neuen Automobils sind: einfache maschinelle Einrichtung, leichte Steuerung durch einen einzigen Hebel und vor allem der geräuschlose Gang, durch den das Scheuen der Pferde vermieden wird. Die Vertretung ist seitens der Fabrik der hiesigen Firma Andr. Bjerring übertragen worden." (Flensburger Nachrichten vom 2.7.1903)

Nach der Sturmflut am 13. November 1872 am Flensburger Hafen: „Ein kurz zuvor in Flensburg erbauter großer Segler „Straßburg" wurde von den Fluten auf das Bollwerk in der Norderschiffbrücke, nördlich des Stettiner Schuppens, gehoben. Es gelang unter großen Mühen, das Schiff wieder flott zu machen." (Flensburger Nachrichten)

„Es war ein Schrecknis von unerhörter Furchtbarkeit: Das Wasser stieg mehr als 3 m über seine gewöhnliche Höhe und übertraf den bisher höchsten Wasserstand von 1694 um 60 cm, den des Jahres 1836 um 67 cm. Niemand war auf ein solches Naturereignis vorbereitet; soweit beglaubigte geschichtliche Nachrichten reichen, hatte man von einem solchen Wüten der Ostsee nicht gehört…" („Die Sturmflut in der Ostsee vom 13/11 1872")

Das Hochwasser am 31. Dezember 1904: „In Flensborg steeg dat Water hoch/ as keen Mensch denken kann,/ de Nüstadt wär ganz überschwemmt/ bit an den Bargn heran./ De Bööm leegn mit de Wuddenln hoch/ in Koppermöhler Holt,/ Biin Tollhus leeg en grote Bark./ veel Menschen keem'n in Schuld.

Doch nu, wi sieht de Brügg jetzt ut/ de Haam is meistens leer./ por Seilschep, Rest is Damp, un/ dat gifft nich veel Verkehr./ Un Köhl un Holt, dat bringt se bloß,/ de grote Faart nich mehr!/ Elektrisch Krahns, por Arbeitslüüd,/ de löscht de Dampers leer." (Gregersen, „En Spazeertur", Strophen 20/ 21)

Prominente in Flensburg

Wilhelm I.: 1868; Kaiser Wilhelm II.: 1890, 1905, 1909, 1910; Kaiserin Auguste Viktoria (1901, 1904, 1917).

1864 ff.: Konsistorialpräsident Friedrich Mommsen; 1870: Schriftsteller Wilhem Raabe; 1876–1880: Dichter Tim Kröger; 1878 ff.: Karl Heinrich von Bötticher, Reichstagsabgeordneter im Wahlkreis Flensburg; später Staatsminister und Stellvertreter des Reichskanzlers; 1881: „Die Musik kommt", entstanden in Flensburg, Verf. Detlev von Liliencron; 1884–1888, 1902–1904: Maler Emil Nolde; 1885 ff.: Sängerin Emmi Leisner; um 1898: Dirigent und Komponist Mascagni; 1899: Oberpräsident und Staatsminister von Köller; 1901: Schriftsteller Julius Stinde; 1903: Oberpräsident Frhr. von Wilmowski, Einschiffung SKH Prinz Adalbert von Preußen auf S. M. S. „Blücher" in Mürwik, Kultusminister Dr. Studt, Handelsminister Möller; 1905/1913: Prinz Heinrich von Preußen und Frau; 1905, 1914: Schriftsteller Johann Hinrich Fehrs; 1909: Schriftsteller Otto Ernst; 1910: Kritiker Alfred Kerr; 1911: Eisenbahnminister Breitenbach; 1913: Polarforscher Roald Amundsen; 1914: Oberpräsident von Bülow; 1916: Oberpräsident von Moltke.

Wichtige Daten

- **1864:** 6. Februar – Gefecht bei Oeversee, Sieg der deutschen Truppen
- **1864:** St. Franziskus-Hospital entsteht aus der Kriegskrankenpflege
- **1867:** 12. Januar – Schleswig-Holstein wird preußische Provinz, Trennung von Justiz und Verwaltung
- **1869:** 7. April – Schleswig-holsteinische Städteordnung eingeführt
- **1869:** 1. Oktober – Erste Ausgabe von „Flensborg Avis" (dänisch)
- **1872:** 3. Juli – FSG (Flensburger Schiffbau-Gesellschaft) gegründet
- **1874:** 29. September – Diakonissen-Anstalt eröffnet
- **1878:** 20. Juni – FAB (Flensburger Arbeiter-Bauverein) gegründet, älteste deutsche Baugenossenschaft
- **1881:** 1. Mai – Die Pferdebahn eröffnet von der Neustadt bis Angelburgerstraße
- **1881:** 21. Dezember – Eisenbahn nach Eckernförde und Kiel
- **1883:** Abbruch des alten Rathauses; Abbruch „Englische Brücke"
- **1890:** 4. September – Kaisermanöver, Teilnahme Wilhelms II.
- **1894:** 23. September – Neues Stadttheater eröffnet
- **1902:** 21. Oktober – Eine Marinestation wird in Mürwik angelegt
- **1907:** 6. Juli – Elektrische Straßenbahn in Betrieb genommen
- **1910:** 1. April – Eingemeindungen von Fruerlund, Twedt, Twedterholz, Engelsby
- **1910:** 21. November – Marineschule Mürwik durch Wilhem II. eröffnet
- **1911:** 9. Juli – Der erste Flieger (Schall) steigt von Schäferhaus auf
- **1911:** 23. September – Friedhof Friedenshügel eingeweiht
- **1918:** 25. Dezember – Das aktive Füsilier-Regiment Nr. 86 kehrt heim, ca. 2 000 Flensburger Soldaten sind gefallen

Marie Mertner, Flensburg am Tag vor der Abstimmung

8. Kapitel
Weimarer Republik: Die Jahre von 1919 bis 1933

Der Erste Weltkrieg

Für den Abend des 29. Juni 1914 hatte der Magistrat die Flensburger Bevölkerung zu Regimentsmusik und Feuerwerk an den Strand des Ostseebades eingeladen. Auf diese Weise wollte man die Jubiläumsfeierlichkeiten zur 50. Wiederkehr des Düppeljahres würdig abschließen. Da traf die Nachricht von der Ermordung des österreichischen Thronfolgerpaares ein. Die Festesfreude verwandelte sich in Bestürzung und Trauer. „Was soll nur werden?", war die bange Frage vieler Flensburger – auch in den folgenden Wochen.

Am 30. Juli riefen fünf Kanonenschüsse die Mürwiker Matrosen in die Kasernen und auf die Schiffe zurück. Einen Tag später wurde die Erklärung über die allgemeine Kriegsbereitschaft verlesen. Am Sonntag, dem 1. August, wurden gegen 18 Uhr Telegramme über die Mobilmachung veröffentlicht, bald läuteten die Kirchenglocken: „Krieg!" Die Bürger gingen ernst und schweigend in ihre Häuser.

Am 8. August rückte das Flensburger Regiment ins Feld, es wurde mit Marschmusik zum Kieler Bahnhof geleitet und dort von der Bevölkerung herzlich verabschiedet. „Zwischen Begeisterung und Verzweiflung" – diese Formulierung erfasst die innere Zerrissenheit, die sich bei vielen Menschen zeigte. Patriotische Hochstimmung mischte sich mit Zukunftsängsten, Euphorie und Panik lagen dicht beieinander, und je länger der Krieg dauerte, desto gedrückter wurde die Stimmung.

Die Novemberrevolution 1918

Die zweite deutsche Revolution – in Berlin am 9. November erfolgt – begann in den Marinestädten, und so gehörte Flensburg zu den ersten Orten Deutschlands, in

Flensburger Arbeiter- und Soldatenrat, v. l.: Asmus Thomsen (mit Hut), Kühne und Hellwig

Marinesoldat Max Peter Hansen

denen die Novemberrevolutionäre Erfolg hatten. Nach den Ereignissen in Kiel (dort wurde bereits am 4. November ein Arbeiter- und Soldatenrat gebildet) wurde in der Fördestadt schon am 5. November ein Soldatenrat gewählt; fast gleichzeitig trat ein Arbeiterrat in Erscheinung. Beide Räte schlossen sich am 7. November zum „Arbeiter- und Soldatenrat Flensburg" zusammen. Sein Präsidium bestand aus sechs Mitgliedern: je zwei Vertretern der Marine (Kühne, Weber), des Landheeres (Simon, Krug) und der Arbeiterschaft (SPD: Paul Diez und Asmus Thomsen).

Der Soldatenrat besaß seit dem 5. November die militärische Gewalt in Flensburg, die Stadt war von der Außenwelt abgeschlossen. Der Revolutionstag war der 7. November. Wie verlief er? Ab mittags fuhr die Straßenbahn nicht mehr. „Heute Mittag 12 Uhr marschierten starke Infanterie- und Marineabteilungen unter den Klängen der Musik nach dem Colosseum, wo eine Versammlung stattfand." Gleichzeitig wurde ein Flugblatt mit dem ersten Befehl des Soldatenrates verteilt. Der Zivilbevölkerung wurde das Betreten der Straßen nur zu den notwendigsten Besorgungen erlaubt. Weiter hieß es: „Jeder Hausbesitzer hat für die Schließung der Fenster zu sorgen und ist verantwortlich für evtl. Schießen. Zuwiderhandlungen werden streng bestraft." Zur gleichen Zeit, also gegen 12 Uhr, spielte sich das eigentliche revolutionäre Ereignis im Rathaus ab. Im Namen des Arbeiter- und Soldatenrates erschienen drei SPD-Stadtverordnete bei OB Dr. Todsen und erklärten, dass der Rat „neben der militärischen Gewalt auch die bürgerliche übernommen habe und Herr Sörensen sei mit der Führung der Aufsicht über die städtische Verwaltung beauftragt". Der OB fügte sich den Anordnungen, nachdem ihm bescheinigt worden war, dass nötigenfalls Gewalt angewendet würde. So behielt er die Leitung der Verwaltungsgeschäfte, der „Beigeordnete beim OB" (Sörensen) hatte jedoch das „unbeschränkte Recht der Einsichtnahme in alle Akten" und konnte dem OB Änderungen vorbringen. Der Beigeordnete war also der ständige Vertreter der Revolution in der städtischen Verwaltung; durch ihn konnte der Arbeiter- und Soldatenrat seine revolutionären Vorstellungen mit Hilfe des Beamtenapparates verwirklichen.

Die Revolutionsfarben: Das symbolische Kennzeichen der Revolution war die rote Farbe der internationalen sozialdemokratischen Partei. Jede revolutionäre Versammlung fand unter einer roten Fahne statt. Die Anhänger der neuen Bewegung trugen rote Bänder und rote Abzeichen; der Beigeordnete beim OB benutzte einen roten Stempel des Arbeiter- und Soldatenrates. Zur Beflaggung militärischer Gebäude gehörte ein roter Wimpel, auf allen übrigen öffentlichen Gebäuden Flensburgs musste unter die Nationalflagge die rote Flagge gesetzt werden.

Der Soldatenrat Flensburg führte für seine Mitglieder Ende November die schwarz-rotgoldene Armbinde „als Wahrzeichen der Demokratie" ein. Mit diesen „heiligen Farben" wurde bewusst an die erste deutsche Revolution von 1848 angeknüpft. Auch die Deutung dieses Farbendreiklangs wurde den 70 Jahre zurückliegenden Ereignissen entnommen. Schwarz wurde gedeutet als der Tod der Bürger, die die Freiheit unterdrückten; Rot bezeichnete „das deutsche Bürgerblut, das für die Demokratie fließt"; Gold galt als der „Segen der Freiheit, der nach dem Siege den Kämpfern in reichstem Maße zuteil werden muss". (Als Reichsfarben wurden Schwarz-Rot-Gold allerdings erst durch die Weimarer Reichsverfassung vom 11. August 1919 endgültig anerkannt.)

Die wichtigsten Revolutionsmaßnahmen: Wie in Berlin, so hieß auch das hiesige Motto: „Ruhe und Ordnung erhalten!" In einer Versammlung am 8. November im Gewerkschaftshaus wurden folgende Punkte beraten: die Offiziersfrage (nur mehr beratende Funktion für die früheren Befehlsgeber), die Lebensmittelversorgung, das Verhältnis zu den städtischen Kollegien (die bürgerliche Mehrheit lehnte Gelder für die Revolutionäre ab), die Haltung zu den Bürgerlichen (ihre Mitbestimmung wurde abgelehnt), die Einstellung zur Reichsregierung (Unterstützung der MSPD) und soziale Maßnahmen.

Eine der wichtigsten Aufgaben war die Lebensmittelversorgung. Die durch den Krieg ohnehin schwierige Ernährungslage konnte im November 1918 nur gemeistert werden, wenn der Nahrungsmitteleinkauf unter allen Umständen nach dem Markensystem vorgenommen wurde. Daher ging der Arbeiter- und Soldatenrat von Anfang an schärfstens gegen den „Schleichhandel mit Hamsterwaren" vor. Die Hamsterware wurde eingezogen, die erste Anzeige brachte am 8. November zwei Ochsen und ein Schwein. Wo aber blieben die konfiszierten Waren? Sie

Hafen (Ölgemälde von Spitzmann)

dienten zur Versorgung der Stadt und gelangten auf vier Wegen an die Verbraucher. Fleisch wurde dem Schlachthof zugewiesen zur Verteilung an die Schlachter; andere Lebensmittel kamen in das große Lager in der Reismühle und wurden von dort an die Kaufleute ausgegeben; Schokolade und Ähnliches wurde an Lazarette und Krankenhäuser weitergeleitet; sonstige Lebensmittel wurden den Volksküchen überlassen. Bis Anfang Februar 1919 erbrachte der Erlös von Hamsterwaren etwa 6000 Mark.

Zur Durchführung seiner Maßnahmen schuf sich der Arbeiter- und Soldatenrat am 20. November eine eigene Behörde: die Militär-Kriminal-Polizei. Diese Revolutionspolizei konnte schon wenige Tage später ihre erste große Erfolgsmeldung abgeben: Sie nahm rund 30 Militärpersonen fest, die an der Plünderung eines Eisenbahnwagens an der Schiffbrücke beteiligt gewesen waren.

Unter den sozialen Maßnahmen war die bedeutendste die Einführung des 8-Stunden-Arbeitstages für den Bezirk Flensburg am 18. November 1918. Flensburg gehörte damit zu den ersten Orten in Deutschland, in denen diese soziale Errungenschaft der Revolution durchgesetzt wurde, für das gesamte Reich verfügte die Regierung sie erst vom 23. November an.

Notgeld

Ab 1917 wurden als Folge des Krieges auch in Flensburg die kleinen Zahlungsmittel knapp, sodass der Magistrat schließlich die Ausgabe von Notgeld vornahm. Aus dem Notgeldverkehr ist ein nicht unbeträchtlicher Überschuss entstanden, insbesondere weil die Scheine mit politischen Motiven aus der Abstimmungszeit bei den Sammlern verblieben.

    Folgendes Notgeld ist in Umlauf gewesen:
    400 000 50-Pf.-Scheine („Hafenbild");
    200 000 + 581 000 25-Pf.-Scheine („Jungs holt fast");
    405 000 50-Pf.-Scheine („Wegweiser am Scheidewege");
    200 000 50-Pf.-Scheine („Flaggenbild und 14. März 1920").

Julius Gregersen: „Spazeertzur"

(August 1919, Auszug)

60. *Min gude Heimatstadt, wat hest du all*
in disse Krieg verloren,
wo väle Männer näm de Krieg,
de hier, wi ik, geboren.
De nie un nimmer werre kehrn,
er Heimat nicht mehr sehn;
stell ik mi all de Jammer vör,
so stimmt en dat to ween.

61. *De Krieg hatt väles mit sik brögt,*
för uns, fört ganze Land.
In väle Hüser Trur um Sorg,
na disse Weltenbrand.
De Revolution käm ock darto,
stell väles op den Kopp,
doch Flensborg dorbi ruhig blew,
behöll sin köle Kopp.

62. *Wie ik all anfangs heff erwähnt,*
geit dat nu mächtig los.
De dänsche Frag is nü entstahn,
de Krieg geef em de Stoß.
Wat Bismarck domals klauen do,
nenn' se nu dütsches Land;
de Dän bestritt dat, dorum is
dor nu de Kampf entbrannt.

63. *Op dütsches Land, op dänsches Land,*
uns ole gude Nest.
– Wat Flensborg het, mit Dänemark
is stets verbunnen west.
Dat 64 Preußen keem
un neem em Schleswig weg,
betügt noch nich, dat de Adler hett
hier vördem Eier leggt.

64. *De Strid de wogt nu hen un her,*
in erst un twete Zon.
So wiist sik dat woll mit de Tid,
wer denn kommt op de Tron.
Hauptsak is Ruh un Fred int Land,
un denn wat in de Darm;
wer räken kann, weet gans genau
bi dütsch is niks to arm.

65. *Dat is min Meenung, doch dat mutt*
jo jeder selber weten,
wie he sik in de Stimmrechtspann,

Notgeld

de Kugel det sik geten.
Min Wunsch is bloß, dat Flensborg sik
bald werre deit erhalen,
un dat wi denn nicht gor to väle
Stüürn möt betalen.

66. *As Vagel Phönix ut de Asch*
erstunn in nüer Form,
un Sonnenschiin liggt öwert Land,
na Regn un Winterstorm.
So is för Flensborg ok gewiß,
de schlimmste Tid nu west;
blöh op, blöh op, min Heimatstadt!
Uns ole gude Nest.

„Plebiscite Slesvic": Ein eigener Staat zur Abstimmg

Nach dem Ende des Ersten Weltkrieges wurde das Selbstbestimmungsrecht der Völker zur Grundlage für die Friedensregelung, gefördert durch die entsprechende Erklärung des amerikanischen Präsidenten Wilson. Dem gemäß fanden auch die Abstimmungen in Schleswig zwischen Deutschland und Dänemark statt. Sie erfolgten in zwei Zonen: in der nördlichen (Nordschleswig) wurde en bloc abgestimmt, in der südlichen, wozu Flensburg gehörte, gemeindeweise.

Entsprechend Artikel 109 des Versailler Vertrages wurde am 8. August 1919 in Kopenhagen eine „Commission internationale de surveillance du plebiscite Slesvic" (CIS) gebildet, welche die Abstimmung in Schleswig überwachen sollte. Als Mitglieder wurden berufen: der Engländer Ch. M. Marling als Präsident, der französische Diplomat und Dichter Paul Claudel, der Norweger Th. Th. Heftye, der Schwede O. von Sydow und als Generalsekretär der Engländer C. Brudenell-Bruce. Diese Kommission behandelte ab Mitte August alle mit der Abstimmung in Zusammenhang stehenden Fragen mit dem amtierenden dänischen Minister H. P. Hanssen und dem deutschen Landrat E. J. A. Böhme, etwa die Ablösung der deutschen Truppen, die Ausweisung der deutschen Behördenleiter und die Modalitäten der Stimmabgabe.

Am 10. Januar 1920 übernahm die CIS die höchste Gewalt in Schleswig, von der Bevölkerung als „Staat Plebiszit" bezeichnet.

Am 14. Januar trafen alliierte Kriegsschiffe mit dem Generalsekretär in Flensburg ein, zehn Tage später waren sämtliche deutsche Soldaten durch alliierte Truppen ersetzt. Kriegsschiffe ankerten auf der Förde: das britische Torpedoboot D 98 und der französische Kreuzer „Marseillaise". Es erschien ein Aufruf besonderer Art: *Ihr Flensburger Mädchen – wahret Eure Würde! Die Besetzung steht vor der Tür. Die fremden Söldner werden an Euch herantreten, wie sie es an anderen Orten getan. Ihre reichen Geldmittel sind eine Gefahr für viele. Denkt an unsere Gefallenen, denkt an unsere gefangenen Brüder! Wer sich mit den Fremden abgibt, gehört an den Pranger! Töchter Flensburgs, hütet Eure Ehre!*

Die Kommission erschien am 26. Januar und quartierte sich im Hotel „Flensburger Hof" (heute: Polizeipräsidium Norderhofenden) ein. Fünf Monate lang war dort das Zentrum des Kleinststaates „Plebiszit".

Zusätzlich zu bestehenden kommunalen Polizeieinheiten wurde ein CIS-Gendarmeriekorps aufgestellt aus 250 ehemaligen deutschen Soldaten überwiegend dänischer Gesinnung. An der Südgrenze des Kleinststaates wurden Passkontrollen durchgeführt, bei Ein- und Ausreise mussten Passierscheine vorgelegt werden. Und noch eine Besonderheit ist zu nennen: CIS gab eigene Briefmarken heraus.

Ein wohlgezähltes Dutzend Schnadahüpfel aus dem Staate Plebiszit

1. Nun wollen wir singen
   Vom Staat Plebeschiet,
   Da werdet ihr sagen:
   „Wat weer dat för'n Tied!"

2. Im Lande regierte
   Eine Kommission,
   Doch Bruce hatt' zu sagen,
   Das andre war Hohn.

3. Die „CIS"-Polizisten
   Imponierten nicht viel:
   Ihr Mantel sah aus wie
   Nachtwächter-Zivil.

4. Ein französcher Leutnant
   Ist schlank stets, nicht fett;
   Er ist parfümieret
   Und trägt ein Korsett.

5. Der Danske hat auch mal
   'nen Umzug gemacht.
   Ein Trauermarsch war es;
   Wie wurde gelacht!

6. Und fuderweis' schickte
   Man Danebrogs her,
   Doch leider verfärbte
   Der Regen sie sehr.

7. Auf dem „Flensburger Hofe"
   Hab' ich Flaggen geschaut,
   Doch am hellichten Tage
   Hat man sie geklaut.

8. Herr Waldemar thronte
   im Stadtväterhaus.
   Als der Franzmann dann fortging
   da kniff er schnell aus.

9. Die Spejder mit Hüten
   Gleich Cowboys so kühn,
   Sie waren doch wirklich
   Wie Grashüpfer grün.

10. Wer war auf der Straße
    Die schönste Person?
    Das war doch von Danmark
    Der „Gulaschbaron".

11. Sehr oft kamen Autos
    Mit großem Gepäck,
    Und was war darinnen?
    Pakete mit Speck!

12. Ein Kommerzienrat war
    Auf Danmark verpicht.
    Ich will ihn nicht nennen,
    Doch hübsch war's wohl nicht.

Fördedampfer „Alexandra"

13. Das Dutzend ist voll jetzt,
Der Sänger hat Ruh',
Und wünscht ihr noch Verse,
Macht selbst sie hinzu!
(Klaus Witt, 1920)

Die Abstimmung vom 14. März 1920

Einen Tag vor der Abstimmung sorgte der Kapp Putsch für Verwirrung, hatte aber keinen Einfluss im autonomen Gebiet. Das Votum vom 14. März 1920 war eindeutig: Von 36 025 Wählern in Flensburg stimmten 27 081 (= 75,2 %) deutsch und 8944 (= 24,8 %) dänisch. Das Deutsche Reich bedankte sich bei der neuen Grenzstadt durch die Besuche der Reichspräsidenten Ebert am 7. September 1922 und Hindenburg am 31. Mai 1927 sowie ganz konkret durch das Deutsche Haus als Geschenk, mit dem über dem Eingang eingemeißelten Motto „Reichsdank für deutsche Treue."

Zwei Zeugnisse der Zeit verdeutlichen damalige Eindrücke und Folgen. In dem Brief eines Deutschen hieß es: „...den Abend des 14. März hier hättest mit erleben können! Wie alle die vielen tausend Menschen in Einigkeit und jubelnder Begeisterung stundenlang singend durch die Straßen zogen, während aus allen, mehrfach illuminierten Fenstern ein Fahnen- und Tücherschwenken sie grüßte, wie dann die ersten Wahlergebnisse von dem glänzenden Stand der deutschen Sache berichteten und der Jubel immer größer wurde, bis schließlich das herrliche Endergebnis verkündet wurde. Auf dem Südermarkt hoch oben auf dem Bismarckdenkmal stand N. N. und verkündete mit der letzten Kraft seiner heiser gesungenen Stimme das Endresultat, und wie dann in den brausenden Jubel der Menge die Glocken aller Kirchen einfielen: die Schauer, die einen da durchbebten, die lassen sich nicht beschreiben, und ich bedaure Jeden, besonders dich,

Soldaten der Internationalen Kommission vor dem Polizeigebäude

Postkarte mit CIS-Briefmarken

der das nicht mit erlebte... Und dann verschwanden noch in derselben Nacht ein Danebrog nach dem andern, an nächsten Morgen waren sie alle wie weggeblasen, und im deutschen Flaggenschmuck prangte unser Flensburg..."

Und im Tagebuch des dänischen Redakteurs Ernst Christiansen findet sich: „...Ein Pastor spricht fanatisch drohend vom Rand des Brunnens auf dem Nordermarkt, die Glocken läuten den deutschen Sieg hin über unsere alte Stadt: den bittersten aller preußischen Siege in unserm Land. Peinlich, jetzt nicht allein sein zu können... Werde im Innern immer kälter, gefühlloser. Bitter ist es, als dänischer Flensburger dieses erleben zu müssen, ein armseliger Trost, dass wir unsere Kräfte bis zum äußersten eingesetzt haben, treu von Freunden unterstützt. Eine Demütigung für unser Volk und eine grenzenlose Sorge. Dunkle Stimmung unter allen.. Ich reise sofort nach Kopenhagen. Es ist nun Dänemarks Wille, der gilt."

Die dänische Minderheit

Eine besondere politische und kulturelle Erscheinung in der Grenzstadt Flensburg war nach der Abstimmung die dänische Minderheit. Ausgangspunkt für ihren Status war die Erklärung des sozialdemokratischen Stadtverordneten Waldemar Sörensen vom 26. Mai 1919: „Ich werde zukünftig für die Wiedervereinigung Flensburgs bzw. Mittelschleswigs mit Dänemark in Wort und Schrift eintreten." 1920 wurde der „Schleswigsche Verein" gegründet, der sich ab 1924 an den Kommunalwahlen beteiligte: Er begann mit 14,8 %, erreichte fünf Jahre später aber lediglich 9 % und konnte schließlich 1933 mit 9,67 % eine leichte Steigerung aufweisen. Somit gab es ab 1924 sieben dänische Stadtverordnete im 48-köpfigen Stadtparlament, ab 1929 waren es vier.

Das angespannte Nationalitätenverhältnis entkrampfte sich langsam. Ab 1926 wurden dänische Aufführungen im Stadttheater

Dänisches Plakat zur Abstimmung

zugelassen, und ab 1928 galt die Aussage des preußischen Schulerlasses: „Das Bekenntnis zum dänischen Volkstum ist frei und darf von Amts wegen weder geprüft noch bestritten werden." Grundlage für diese Haltung war das Stauning-Wels-Abkommen vom 25. November 1923, das deutsche und dänische Sozialdemokraten vereinbart hatten.

Flensburg in den Jahren der Weimarer Republik (1919–1933)

Mit einem schweren Zwischenfall begann für Flensburg die Nachkriegszeit. Im Winter 1920/21 wurden vor allem ärmere Bevölkerungskreise von Arbeitslosigkeit, Teuerung, Lebensmittel- und Brennstoffknappheit betroffen, Demonstrationen und eine explosive Stimmung waren die Folge. In dieser Lage ereignete sich am 28. Dezember 1920 ein schwerer Zwischenfall. Ein Kommando der neu gebildeten Sicherheitspolizei unternahm eine widerrechtliche Nacht- und Nebelaktion, bei der der allgemein als friedlich bekannte Kommunist Paul Hoffmann „auf der Flucht" erschossen wurde. An seiner Beerdigung nahmen über 15 000 Personen teil, danach kam es vor der Kaserne auf Duburg zu Ausschreitungen, bei denen die Polizei zur Waffe greifen musste. Es gab elf Tote und mehrere Verletzte. Diese Vorkommnisse lösten bei vielen Flensburgern einen Schock aus, und viele Bürger wurden in ihrer Einstellung zum neuen Staat verunsichert.

Als Grenzstadt und unter internationaler Beobachtung, begann Flensburg den Start in die Weimarer Republik mit drei großen Hypotheken belastet: den Auswirkungen des Krieges, den Folgen der Reparationsbedingungen von Versailles und (durch die Abstimmung) dem Verlust großer Teile des wirtschaftlichen Hinterlandes. Dies wurde außerhalb der Stadt, in Preußen und auf Reichsebene erkannt und anerkannt. Verschiedene Hilfen wurden gegeben:

Deutsches Plakat zur Abstimmung

– Beiträge zu Infrastrukturmaßnahmen;
– Bau der Eisenbahnlinie Flensburg-Löwenstedt-Husum zur Unterstützung des Regionalhandels;
– Subventionen für die FSG (Flensburger Schiffbau Gesellschaft);
– Bau eines Freihafens;
– Anlage des Stadions auf dem Kielsenger Feld 1927 – nach zeitgenössischer Äußerung „die schönste Sportanlage Norddeutschlands";
– Errichtung des neuen Staatsbahnhofes im Süden der Stadt – (aus der früheren Anlage wurde der ZOB: Zentraler Omni-

bus-Bahnhof, der erste seiner Art in Deutschland);
– Bau des Deutschen Hauses.

Ein durchschlagender wirtschaftlicher Erfolg dieser Maßnahmen blieb jedoch aus. Vielmehr wurden positive Ansätze durch die Auswirkungen der Weltwirtschaftskrise auch in Flensburg zunichte gemacht. Viele Betriebe mussten schließen, darunter die größten: die Brauereien, die Papiermühle und die Werft. Die Weltwirtschaftskrise führte in der Fördestadt zu außergewöhnlich hoher Arbeitslosigkeit. So kam es im Dezember 1929 zu mehreren Demonstrationen von Erwerbslosen, die ein entsprechendes Echo in der Lokalpresse fanden. Die Stimmung ist wiedergegeben in einem Artikel der „Volks-Zeitung", dem damaligen SPD-Organ. Am 14. Dezember 1929 heißt es: „Wie ein dunkler Schatten liegt der Bericht vom Arbeitsamt über dem silbernen Sonntag. Beinahe 3000 arbeitsfähige Personen sind zum Faulenzen verurteilt. Sie und ihre Familien sollen nicht teilhaben an Weihnachtsfreude, an Kinderglück und ihren Märchenträumen. Der Blick in die strahlenden Schaufenster lässt das Gefühl des Verlassenseins, der Ohnmacht aufkommen. Bitterkeit steigt auf gegen unsichtbare Mächte, die den Arbeitsmarkt verschließen. Man hat demonstriert. Es waren nicht nur Kommunisten, die durch die Stadt zogen, als die Kollegien tagten, gute, alte Gewerkschaftskollegen hatten sich angeschlossen, für ihre Bitterkeit sich einen stimmungsmäßigen Ausweg suchend, sie gehen mit, sie rechnen mit unbekannten Größen. Man kann das begreifen und verstehen und muss sie anhören und mit ihnen beraten." Die Arbeitslosenzahl stieg bis Ende 1932 auf 8000, damit war jeder vierte Erwerbstätige ohne Arbeit.

Wie im Reich, so wurde auch in Flensburg der Zusammenhang zwischen wirtschaftlicher Entwicklung und politischer Radikalisierung deutlich. Dies zeigen die Ergebnisse für die NSDAP bei den Reichstagswahlen:

1928:	2,8 %	(2,6 % im Reich),
1930:	16,5 %	(18,3),
1932:	45,6 %	(37,4),
	38,7 %	(33,1).

Zu einer Wahlveranstaltung am 23. April 1932 im Stadion kamen über 40 000 Zuhörer, um Hitler zu erleben. Unter großem Beifall verkündete der Kandidat seine allgemein bekannten, nichtssagenden Platitüden, und die Lokalpresse berichtete ausführlich. Einige Kostproben: „Meine deutschen Volksgenossen: Dass Sie alle hierher gekommen sind, ist das erste Zeichen für die Genesung des deutschen Volkes. Glauben Sie mir, nur Selbstvertrauen, Hoffnung, Kraft und Leistung führen uns zum Ziel! Das ist das erste Zeichen für die Genesung Deutschland, dass es eine Bewegung gibt in Deutschland, die eine lebendige Menschenmenge hinter sich hat aus allen Ständen!

Jetzt in dreizehn Jahren haben wir eine Bewegung von dreizehn Millionen. Ich bin jetzt dreiundvierzig Jahre alt, wenn ich fünfundachtzig Jahre alt bin – bis dahin ist noch Zeit (lebhafte Zustimmung). Keine Macht, keine Notverordnung, kein Verbot kann uns auflösen. Einmal kommt auch für uns der Tag, wo wir Rechenschaft ablegen dürfen vor dem deutschen Volke.

Der Weg vor uns, als der Kampf begann, war schwer! Er war schwerer als der Kampf, der noch jetzt vor uns liegt. Morgen ist Wahl!

…Ich verspreche nichts anderes als das, wofür ich mich bisher eingesetzt habe. Ich verspreche meinem Volke, dass ich mich auch weiterhin mit derselben Kraft einsetzen werde für Deutschland, mein Vaterland, mein Volk! Heil!…"

Am Ende der Weimarer Republik sprachen sich die Flensburger Wähler deutlich gegen die staatstragenden Parteien (SPD, DDP, WP, DVP) aus. Die Demokratiegegner KPD und NSDAP erhielten zusammen 55,6 % (im Reich 50 %), die sogenannte nationale Opposition der Harzburger Front aus NSDAP und DNVP gemeinsam 54,2 % (42 % im Reich), die drei Anti-Weimar-Parteien KPD, NSDAP und DNVP brachten es insgesamt auf 64,1 % (58,9 %). Damit wurde auch in Flensburg deutlich, was schließlich überall galt: Weimar war eine „Demokratie ohne Demokraten".

„Kladderadatsch", 1920

Die Gründung der WOBAU 1922

Für die Wohnungsnot in Flensburg nach dem Ersten Weltkrieg gab es verschiedene Gründe: das völlige Daniederliegen des Wohnungsbaus während der Kriegsjahre und die geringe Bautätigkeit in den ersten Nachkriegsjahren; die zahlreichen Kriegsehen und den natürlichen Nachwuchs; die Unterbringung der aus den abgetretenen Gebieten Nordschleswigs versetzten deutschen Beamten und die Beschaffung von Wohnungen für die nach Flensburg versetzten Offiziere und verheirateten Mannschaften der Schutzpolizei, der Reichswehr und der Marine und die Räumung der Kasernenwohnungen der ehemaligen Angehörigen des Heeres und der Marine für die Mannschaften der Schutzpolizei, der Reichswehr und der Marine. Zunächst wurde der vorhandene Wohnraum rationiert und alle irgendwie brauchbaren Räume für Wohnzwecke genutzt. Im August 1919 wurde damit begonnen, in Wohnungen mit mehr als fünf Wohnräumen eine zweite Wohnung (Notwohnung) einzurichten. Diese Teilung übergroßer Wohnungen und die Beschlagnahme leer stehender anderweitiger Räume brachte jedoch keine fühlbare Entlastung der Wohnungsnot. Auch die Errichtung von Wohnbaracken (je eine Holzbaracke an der Heinrichstraße, der Stiftstraße und am Munketoftweg mit insgesamt 18 Ein- und fünf Zweizimmerwohnungen; auf dem Gelände Ludwigstal an der Glücksburgerstraße entstanden in zwei massiven Wohnbaracken eine Ein- und 14 Zweizimmerwohnungen) blieb nur eine Notlösung.

Es mussten also Neubauten errichtet werden. In der Fördestadt existierten dafür im Jahre 1922 folgende Baugesellschaften:
– der Flensburger Arbeiter-Bauverein von 1878,
– die Beamtenheimstättengenossenschaft,
– die Spar- und Baugenossenschaft e.G.m.b.H.,

Schusterkate

Der ZOB

– die Siedlungsgenossenschaft Friedheim,
– die Kleinsiedlung Flensburg e.G.m.b.H.

Die Stadt Flensburg beabsichtigte im Jahre 1922, Hypotheken für städtische Wohnungsbauten aufzunehmen. Dies konnte aufgrund damaligen Steuerrechts aber nur über eine G.m.b.H. erfolgen, und so wurde die Gründung der „WOBAU Flensburg G.m.b.H." nach Antrag des Magistrats am 23. November 1922 in nichtöffentlicher Sitzung von den städtischen Kollegien beschlossen. Da zur Gründung der Gesellschaft mindestens drei Gesellschafter erforderlich waren, traten neben der Stadt Flensburg die Stadträte Johann Holm und Christian Böhm, je mit 2 500 Mark Anteilen auf; nach ihrem Ausscheiden am 26. Februar 1924 blieb die Stadt alleinige Gesellschafterin mit einem Stammkapital von 100 000 Mark.

Der am 23. November 1922 vor dem preußischen Notar Dr. Wilhelm Löhmann, Justizrat und Stadtverordneter, unterzeichnete Gesellschaftsvertrag bestimmte als Aufgabe der WOBAU:

„Zweck des Unternehmens ist ausschließlich, minderbemittelten Familien und Personen gesunde und zweckmäßig eingerichtete Kleinwohnungen in eigens erbauten oder angekauften Häusern zu billigen Preisen zu verschaffen." Die WOBAU konnte in eigener Bautätigkeit von 1926 bis 1930 insgesamt 471 Wohnungen erstellen entsprechend dem angegebenen Ziel.

Flugplatz Schäferhaus

Auf Antrag des Nordmarkvereins für Motor-Luftschiffahrt (gegründet 1910) wurden 1912 von der Militärverwaltung zwei Flugschuppen auf dem großen Exerzierplatz am Schäferhaus zur Verfügung gestellt. Nach dem Ersten Weltkrieg mussten diese Schuppen abgebrochen werden. Mit Schaffung der Fluglinie Hamburg-Kiel im Sommer 1925 gelang der Anschluss Flensburgs ans Liniennetz: Die Fluglinie wurde am 10. August 1925 in Betrieb genommen und bis zum 30. September durchgeführt. Beflogen wurde die Strecke von einem Dornier-„Komet"-Flugzeug, das vier Passagiere befördern konnte. Zwecks Unterbringung des Flugzeuges wurde ein Zelt angemietet, eine feste Halle wurde im Sommer 1926 fertiggestellt. Bedarfsweise wurde auch eine Flugverbindung nach Westerland eingerichtet mit einer Focker-Wulf-Maschine für drei Personen. Fast 14 Jahre lang gab es den Lufthansa-Dienst. Pünktlich und ohne Unfall verkehrten die Junkers F 13-Maschinen. Der Ausbruch des Zweiten Weltkriegs unterbrach den friedlichen Betrieb, die Anlage fungierte nun als Militärflugplatz. Der dort ansässige „Luftfahrtverein" war schon einige Jahre vorher verboten worden.

Dr. Hugo Eckener (1868–1954)

Der Flensburger Hugo Eckener, seit 1907 mit der Zeppelinfahrt verbunden, wurde nach dem Erste Weltkrieg weltberühmt durch seinen Flug nach Amerika mit dem Luftschiff ZR III. Gemäß dem Versailler Vertrag musste Deutschland ein Luftschiff an Amerika abliefern, auf Verlangen der USA musste es einsatzfähig sein. Um aber den Atlantik überqueren zu können, war eine Größe nötig, die nach den Friedensbestimmungen in Deutschland nicht gebaut werden durfte. Es war also eine besondere Erlaubnis der Siegermächte erforderlich. Die Reichsregierung war zwar mit der Ablieferung einverstanden, lehnte aber jede Bürgschaft ab und verlangte sogar für einen möglichen Unglücksfall die finanzielle Absicherung durch die Firma Luftschiffbau. Vom Gelingen der Fahrt hing daher das Schicksal aller Beteiligten ab, auch das Hugo Eckeners. Der Zeppelin war für die Fahrt gut durchkonstruiert. Es konnte jedoch nur begrenzt Treibstoff mitgenommen werden, und da ein Luftschiff wegen der Winde mit der Geschwindigkeit zwischen 30 und 130 km/h schwanken kann, war das größte Problem ein navigatorisches.

Die Altantiküberquerung glückte und wurde als technische Sensation gewertet. Die Besatzung wurde in Amerika begeistert empfangen. Sie freute sich über die Anerkennung ihrer Leistung, weil diese auch der Wiederherstellung des deutschen Ansehens und dem Abbau der Feindschaft zwischen Deutschland und Amerika diente.

Nach seiner Rückkehr verlieh die Heimatstadt ihrem großen Sohn das Ehrenbürgerrecht. In seiner Dankesrede führte Eckener unter anderem aus: „...Dann sprach ich vor der Handelskammer in Detroit und sagte, dass die Eisbarriere, die zwischen den beiden Völkern gelegen habe, scheinbar im Schmelzen begriffen sei und es schön wäre, wenn die Reste weggeschmolzen wären... Es ist wertvoll, dass das große Werk gelungen ist. Es hat die öffentliche Meinung in Amerika so sehr beeinflusst, dass ihm Rechnung getragen werden muss..."

Nach einer Umfrage der großen Mailänder Zeitung „Corriere della Sera" ergab sich 1932, dass „der Name Dr. Eckener der populärste auf Erden sei". Dies trug wohl dazu bei, dass im selben Jahr eine Kandidatur Eckeners für die Reichspräsidentenwahl erwogen wurde. Eckener war aber nicht bereit, gegen Hindenburg zu kandidieren. Der 1932 wiedergewählte Reichspräsident Hindenburg hat Eckener dann nach 1933 vor dem Zugriff Hitlers geschützt.

Kulturelles Leben

Die Jahre der Weimarer Republik brachten Flensburg einen Höhepunkt des geistigen Lebens. Die Gründe dafür waren vielfältig. Der Verlust Nordschleswigs und die Verlegung der Grenze in die unmittelbare Nachbarschaft der Stadt führten zu einer Verstärkung des geistigen Selbstbehauptungswillens der Flensburger, die in der großen Mehrheit deutsch waren. Ein besonderer Akzent wurde durch die städtischen Kultureinrichtungen gesetzt: das Stadttheater, das Orchester, die Bücherei, das Volkshochschulwesen. Das Theater hatte unter Bornstedt als Intendant seine Glanzzeit. Eine Reihe von Vereinigungen prägte das kulturelle Leben: die Universitätsgesellschaft unter Dr. F. Graef, der plattdeutsche Verein, die Speeldeel (später Niederdeutsche Bühne), die Gesangvereine, das Kulturkartell unter N. Reiser, die Bildungsvereine u.s.w. Die Vielfalt korrespondierte mit der allgemeinen

Hitler am Flugplatz Schäferhaus, 1932

geistigen Entwicklung im deutschen Reich. Neue Impulse des kulturellen Lebens wurden auch in Flensburg rasch aufgenommen und umgesetzt.

Flensburg als Stadt der Kirchenmusik

Hauptträger dieser Tradition waren die beiden großen Stadtkirchen St. Nikolai und vor allem St. Marien, das bis zum Ersten Weltkrieg durch die Aktivitäten des königlichen Musikdirektors Emil Magnus im wahrsten Sinne des Wortes den Ton angab. Mit dem Bachverein gestaltete Magnus bis 1914 jährlich mindestens eine Oratorium-Aufführung, die größten Ansprüchen genügte. Anlässlich seines 25-jährigen Organistenjubiläums erhielt er folgende Würdigung: „…ein unermüdlicher Kündiger der höchsten kirchenmusikalischen Offenbarungen…"

Nach dem Weltkrieg vereinigten sich Bachverein und „Euterpe" (e.V., 12. 10. 1918), und mit der Gesellschaft der Musikfreunde e.V. bildeten sie „Die Vereinigten Chöre", die am 11. Februar 1919 „Die Glocke" von Max Bruch aufführten. „Euterpe" dominierte aber offensichtlich so sehr, dass bereits 1923 wiederum ein selbstständiger Bach-Chor entstand, der bis 1930 eigene Oratorien-Aufführungen gestaltete.

Die Trennung von der „Euterpe" hängt vielleicht auch mit dem neuen Organisten von St. Nikolai zusammen, denn ab 1918 bekleidete der Straube-Schüler Richard Liesche dieses Amt. Er war nicht nur Chorleiter der „Euterpe", sondern gründete einen Kantatenchor und aktivierte den Nikolai-Kirchenchor. Mit diesen drei Chören gestaltete Liesche die großen kirchenmusikalischen Ereignisse in der Fördestadt, z.B. die Bachfeste 1925 und 1929. Dies blieb auch ab 1930 unter dem Nachfolger Johannes Röder so, der den Oratorienverein (bis 1929 „Euterpe"), den Kantatenchor und den Nikolai-Kirchen-

Flugplatz Schäferhaus

chor zu neuen Ufern führte. So kam es am 1. März 1931 zur Aufführung von Arnold Mendelssohns „Das Gebet des Herrn".

Heinrich Schütz

Mit dem Organisten Richard Liesche und seinen Nachfolgern (sämtliche Schüler des berühmten Thomaskantors Karl Straube) begann 1918 ein Zeitabschnitt, der die St. Nikolai-Kirche für mehrere Jahrzehnte zum unbestrittenen Mittelpunkt der Flensburger Kirchenmusik machte. Als Liesche 1930 nach Bremen berufen wurde, trat ein weiterer Straube-Schüler seine Nachfolge an: Johannes Röder. Dessen größte und zugleich einmalige Leistung war die Durchführung des 2. Heinrich-Schütz-Festes, an dem fast alle musikalischen Kräfte der Stadt in irgendeiner Form beteiligt waren und das Flensburgs Namen weit über die Grenzen des Landes hinaus bekannt machte. Es war die Zeit der Wiederentdeckung der barocken a-capella-Musik, allen voran der Werke des großen Heinrich Schütz (1585–1672). Im Jahre 1929 war die „Neue Schütz-Gesellschaft" gegründet worden, das erste Heinrich-Schütz-Fest hatte 1930 in Berlin stattgefunden. Nun war es Röders unermüdlichem Einsatz gelungen, das zweite Fest nach Flensburg zu holen. Enorme Vorbereitungen waren dafür notwendig: Berge von Noten mussten mit der Hand abgeschrieben werden, denn gedruckte Ausgaben gab es damals noch nicht; zahlreiche Proben waren erforderlich, sämtliche Chöre der Stadt (auch die Schulchöre) wirkten mit; Klavierlehrer waren als Continuo-Spieler beschäftigt… Eine gewaltige Organisationsarbeit war vonnöten, um die Gäste aus nah und fern unterzubringen. Die Veranstaltung wurde insgesamt ein großer Erfolg, und das 2. Heinrich-Schütz-Fest darf zu den bedeutendsten Ereignissen des Flensburger Musiklebens gerechnet werden.

Röder fügte 1933/34, dem Schütz-Fest noch ein Schütz-Jahr an, in dem in zahlreichen Konzerten vorwiegend Werke dieses

Barockkomponisten aufgeführt wurden. Die Nikolai-Orgel erhielt den Namen „Heinrich-Schütz-Orgel". 1933 wurde Röder zum Städtischen Musikdirektor ernannt und damit zum Dirigenten des Städtischen Orchesters, damals noch als „Grenzlandorchester" bezeichnet. 1937 wurde er als 1. Dirigent an den damaligen Reichssender Hamburg berufen; 1942 erhielt er den Auftrag zum Aufbau einer Landesmusikschule in Hannover, doch die Kriegsereignisse verhinderten das Projekt. Röder wurde noch zum Kriegsdienst einberufen und ist am ersten Weihnachtstag 1944 im Rheinland gefallen.

Dr. Hermann Todsen, der „Roland des Nordens"

Als Dr. Bendix Hermann Todsen (5. 7. 1864 bis 7. 1. 1946) im Jahre 1893 von der Bürgerschaft zum Zweiten Bürgermeister gewählt wurde, musste sein Vater, der Landwirt Thomas Todsen, nach sechzehnjähriger Tätigkeit als ehrenamtlicher Stadtrat aus dem Magistrat ausscheiden. Dr. Todsen ist dann quasi von OB Toosbüy eingearbeitet worden, denn nach fünf Jahren wurde er 1898 von den Bürgern in das höchste Stadtamt gewählt. Nach zwei Wiederwahlen 1910 und 1922 ist dieser OB bis 1930 im Amt geblieben, war also 37 Jahre Bürgermeister für Flensburg!

Dr. Todsen war weit über die Grenzen der Fördestadt hinaus bekannt. Im königlich-preußisch bestimmten Kaiserreich wirkte er als Mitglied des Herrenhauses in Berlin, dem Kaiser persönlich bekannt; in den Jahren der Weimarer Republik agierte er im preußischen Staatsrat, unter anderen mit Konrad Adenauer zusammen.

Ein ganz besonderen Verdienst erwarb sich Dr. Todsen mit der Errichtung des Deutschen Hauses. „In diesem Bauwerk wird sein Gedächtnis allen späteren Generationen anschaulich erhalten bleiben als eines Mannes, der in seiner überragenden Persönlichkeit arbeitsfreudige Pflichttreue mit gründlicher Sachkenntnis und politischem Weitblick zum Heile der Stadt verband", urteilte 1934 ein Zeitgenosse.

Hugo Eckener vor der „Germania", Bismarck-Brunnen

Architektur der Zwanziger Jahre: Zwischen Heimatschutz und Moderne

Die Zeit vor dem Ersten Weltkrieg war auch in Flensburg eine Phase der baukulturellen Erneuerung nach dem Stilpluralismus der Gründerzeit. Magistratsbaurat

Paul Ziegler verstand sich als Förderer der Backsteinarchitektur, der so genannten Heimatschutzbewegung. Das Lyzeum am Südergraben (Auguste-Viktoria-Schule) wurde zum Aushängeschild der Flensburger Bauausstellung von 1912, in der sich die neue Bewegung einem breiten Fachpublikum zeigte. In den Folgejahren entstanden auf den Höhen um die Flensburger Altstadt mehrere öffentliche Großbauten in der vom Barock inspirierten Heimatschutzarchitektur und schufen damit die Flensburger „Stadtkrone" (Altes Gymnasium, Bauten am Schlosswall, Goetheschule).

Roter Ziegel und hohes Walmdach, klassische Kennzeichen der Heimatschutzarchitektur, finden sich auch weiterhin: Sogar in dem monumentalen Freihafensilo von Ziegler und Rieve aus dem Jahre 1922 sind sie vorhanden. Bei diesem Bau zeigt sich jedoch bereits das klassische Leitmotiv der Architektur der Zwanziger Jahre in Flensburg: Wie ein riesiges Schmuckband umzieht der Rautenfries das Gebäude unterhalb der Dachtraufe. Als expressionistisches Formengut drängte sich das Rauten- und Dreieckmotiv so in die Heimatschutzarchitektur.

Während überall sonst im Reichsgebiet in jenen Jahren die weiße Flachdach-Moderne des Bauhauses propagiert wurde, blieb Flensburg konservativ dem Ideal des Heimatschutzes verpflichtet. Das Ergebnis des 1928 bis 1930 durch Ziegler und Rieve errichteten Deutschen Hauses ist eine einzigartige Synthese zwischen dem im Material Ziegel fortwirkenden Heimatschutzgedanken und den modernen kubistischen Formen der Zwanziger Jahre.

1930 baute der Architekt Anton Meyer an der Bahnhofstraße für die städtische WOBAU eine Mehrfamilienhausgruppe in Backstein und mit Flachdach. In Hamburg wäre sie damals eine Standardlösung gewesen, in Flensburg blieb sie der Ausnahmefall. Sogar im Wettstreit der beiden Nationalitäten Dänisch und Deutsch blieben beide Seiten dem Ziegel und dem Walmdach treu: Am Schlosswall steht neben der dänischen Duborg – Skolen (1923/1925) des Architekten Andreas Dall die Städtische Handelslehranstalt, die 1928/29 von Ziegler und Rieve errichtet wurde. In seiner Monumentalität, aber auch in der expressiven Kraft der Einzelformen ist dieser Bau zusammen mit dem Deutschen Haus ein Höhepunkt der Zwanziger-Jahre-Architektur in der Fördestadt (Eiko Wenzel). Ein „Peter Schlemihl" dichtete 1930:

Heinrich-Schütz-Fest, Chor im „Deutschen Haus"

Schleswig-Holstein Kunstkalender

Dr. Todsen

Sören Sörensen: Original und Liebling der Flensburger

Der Fischer und alte Seebär war jener Mann, bei dem Eckener das Segeln lernte. Als Liebling der Flensburger erschienen über ihn 1929 drei Artikel in den „Illustrierten Nachrichten", die ihn beim Fischfang und beim Freundschaftsverhältnis mit den scheuen, aber hungrigen Möwen porträtieren. Allgemein bekannt war die folgende Anekdote:

„As nu de Gemütlichkeit anfung, geiht Prinz Heinrich, de ok vun Sören höört harr, up em los. Allens is still un denkt: ‚Wat passeert nuu?' – De Prinz gifft Sören de Hand un seggt: ‚Guten Abend, Sörensen! Ich freue mich, Sie auch mal kennenzulernen. Sie sind ja ein glänzender Segler. Aber sagen Sie mal, stimmt es, dass Sie zu jedem „Du" sagen?' Sören bedenk sick nich lang. He schüfft sien Schraa vun de rechte Back naa de linke, kiekt Prinz Heinrich plietsch an un seggt denn luut, dat se em all hören könen, wodennich sick'n echte Flensburger ut de Klemm ritt: ‚Jo, Königliche Hoheit, dat stimmt chanz chenau! Aaber mi smeerst Du nich an! To Di segg ick nich „Du"! To Di segg ick „Königliche Hoheit"!'"

Prominente in Flensburg

1919: Reichskanzler Bauer, Außenminister A. Köster, Schriftsteller Thomas Mann, Verleger S. Fischer; 1920: Generalsekretär J. K. Brudenell Bruce, Kultusminister Haenisch, Oberpräsident Kürbis, Dichter Hugo Ball und Emmy Ball-Hennings, Dichter Paul Claudel, Thomaskantor Prof. Straube; 1921: Reichsbankpräsident Havenstein; 1922: Reichspräsident Friedrich Ebert, Kultusminister Dr. Boelitz, Schriftsteller Rudolf Kinau; 1923: Reichsinnenminister Dr. Oeser, Politiker Otto Wels, Polarforscher Fridtjof Nansen; 1924 ff.: Luftschiffer Hugo Eckener; 1926: Reichspräsident Paul von Hindenburg, Schriftsteller Hermann Claudius; 1927: Schriftsteller Eugen Roth; 1932: Adolf Hitler.

Herr Ziegler baut' das „Deutsche Haus".
Man sprach sich sehr verschieden aus;
Es wurde viel und sehr „gemeckert",
Auch einzelne dabei bekleckert.

Doch wo Siegeswillen Gutes schafft,
Da wirkt des Werkes eigne Kraft.
Es beschwichtigte die Nörglersleut'
Des Hauses schlichte Vornehmheit.

Wenn Alltags Not Dich überbürdet,
Wird deine Seele leicht entwürdet,
Sie verliert dann jene Gotteskraft,
Die Freuden dir im Leben schafft.

Dann steig' aus deinen Sorgengrüften!
Schreit' in Elyseums Lüften!
Bei Liedersang und Geigenklang
Jauchzt auf das Herz in Überschwang.

Am andern Tag singst selber Lieder,
Sagst zu allen Menschen „Brüder"!
Drum denke klug, geh' ein und aus,
Hol' frischen Mut im „Deutschen Haus"!

Villa Marienhölzungsweg

Wichtige Daten

1918: 7. November – Der Arbeiter- und Soldatenrat übernimmt die Macht

1919: 16. Februar – Massenkundgebung gegen die Friedensbedingungen von Versailles

1920: 10. Januar – Die Internationale Kommission (CIS) übernimmt die Verwaltung in der 2. Zone

10. Februar – Abtretung Nordschleswigs an Dänemark, Flensburg verliert ein Drittel des wirtschaftlichen Hinterlandes

14. März – Volksabstimmung, Stimmen in Flensburg: 27 081 deutsch; 8 944 dänisch

16. Juni – CIS legt ihr Amt nieder

20. August – Das neue Staatliche Gymnasium, während des Krieges Kaserne, wird eröffnet

1. Oktober – Die dänische Volksschule wird eröffnet

1922: 7. September – Reichspräsident Friedrich Ebert in Flensburg

1923: 17. Juli – Der Freihafen wird eröffnet

25. November – Stauning-Wels-Abkommen: Deutsche und dänische Sozialdemokraten verständigen sich über die Grenzfrage

1925: 10. August – Die Fluglinie Hamburg-Kiel-Westerland wird eröffnet

1926: Der Seegrenzschlachthof wird eingerichtet

1927: 31. Mai – Reichspräsident von Hindenburg besucht die Stadt gelegentlich der Eröffnung des Hindenburgdammes nach Sylt

1. Dezember – Eröffnung des neuen Bahnhofs

1928: 1. Oktober – Der Rundfunksender in Betrieb auf östlicher Höhe

1930: 27. September – Einweihung des „Deutschen Hauses"

30. Dezember – FSG schließt (wieder in Betrieb ab Juni 1934)

1931: 31. Dezember – ZOB dem Verkehr übergeben, Deutschlands erster Autobahnhof

Herbert Marxen: „Der Rest ist Schweigen"

9. Kapitel
Die Diktatur des Nationalsozialismus (1933 bis 1945)

Die Gleichschaltung

Die Erscheinungen der zentralistischen Hitlerdiktatur waren überall gleich, so auch in Flensburg. Hier gelang es den Nationalsozialisten nicht, bei den letzten, schon nicht mehr freien Wahlen im März 1933 die absolute Mehrheit zu erreichen. Bei den Reichstagswahlen am 5. März erhielt die NSDAP 42,9 % (im Reichsdurchschnitt 43,9 %), bei den Kommunalwahlen am 12. März 45 %. Doch mit den staatlichen Machtmitteln gelang es dem „Neuen" Reich, seine Herrschaft zu etablieren. Unter dem Motto der „Gleichschaltung" wurden alle Bereiche auf das Einparteiensystem ausgerichtet.

Das betraf zunächst die Stadtführung selbst. Der erst 1930 von der Stadtbürgerschaft gewählte OB Dr. Fritz von Hansemann wurde bereits 1933 aus dem Amt entfernt und durch den nationalsozialistischen OB Dr. Sievers ersetzt. Dieser hatte dafür zu sorgen, dass das „Führerprinzip" (absolute Befehlsgewalt nach unten, absoluter Gehorsam nach oben) auch in der Stadtverwaltung durchgesetzt wurde. Den gewählten Stadtvertretern, soweit sie überhaupt im Amte blieben, wurde lediglich die Funktion akklamierender Beiräte zugewiesen. Es klingt wie Hohn und Spott, dass in der so genannten DGO (Deutschen Gemeinde-Ordnung) von 1935 Bezug genommen wird auf den Freiherrn vom Stein, da sie doch die Sterbeurkunde für die kommunale Selbstverwaltung bedeutete.

Die Gleichschaltung betraf die gesamte Gesellschaft. Dafür nur einige Beispiele. Bereits im Mai 1933 waren die Gewerkschaften betroffen, und die DAF (Deutsche Arbeits-Front) trat an ihre Stelle. Rosenbergs „Kampfbund für deutsche Kultur" führte Ende Mai das „Fegefeuer undeutscher Literatur" durch, ab September 1933 übernahm dann die Goebbelssche Reichskulturkammer auch in der Fördestadt die Lenkung und die Kontrolle des gesamten kulturellen Lebens. Im Juni 1933 wurden 60 nichtsozialistische Jugendverbände im so genannten HJ-Ring zusammengeschlossen; Zugehörigkeit zu kirchlichen Gruppen oder Sportvereinen wurde von der Mitgliedschaft in einer nationalsozialistischen Organisation abhängig gemacht.

Im kirchlichen Bereich übernahmen die „Deutschen Christen" die Führung. Anlässlich der 450. Wiederkehr von Luthers Geburtstag (allerdings verschoben auf den 19. November 1933) wurde als Vertreter der Deutschen Christen der neue Propst Hasselmann in sein Amt eingeführt und diese Zeremonie im Beisein von Landesbischof Paulsen und der örtlichen Repräsentanten aus

Große Straße in Hakenkreuz-Beflaggung

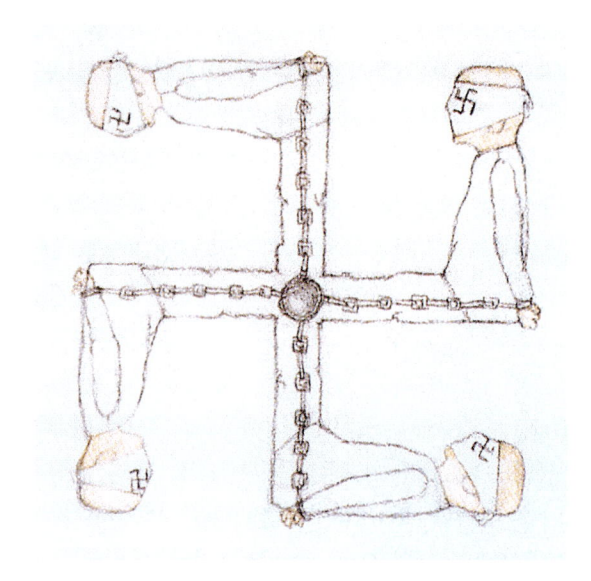

Herbert Marxen: „Die Mühle der Knechtschaft"

der Partei und den nationalen Kampfverbänden zu einer Feier der „zweiten deutschen Reformation" hochstilisiert. In diesem Rahmen pflanzte der Landesbischof die Luthereiche am Lutherhaus im Südergraben. Doch bereits im Sommer 1933 entstand in Flensburg eine Ortsgruppe der „Bekennenden Kirche", die trotz Überwachung durch die Gestapo kleine Freiräume für selbstständige kirchliche Arbeit bewahren konnte.

Die dänische Minderheit

Aus ideologischen Gründen (NS-Chefideologe Rosenberg sprach 1933 von Dänemark als „rasse- und blutsverwandtem Volk") wurde der dänischen Minderheit eine Sonderstellung zugestanden. Sie behielt ihre Schulen, ihre Presse und ihre Mitglieder in der Stadtvertretung.

Einzelheiten ergeben sich aus einer Darstellung des dänischen Grenzvereins von 1936: „Die Minderheit hat – mit gewissen Einschränkungen, die an die entsprechenden dänischen erinnern – das Recht, Minderheitsschulen zu errichten. Das Recht hierzu beruht auf den [preußischen] Regierungsverordnungen von 1926 und 1928... Die Minderheit hat das Recht, dänische Gottesdienste abzuhalten... Den deutschen Gruß [Handerheben und „Heil Hitler"], der verpflichtend ist für alle, die im öffentlichen Dienst tätig sind, muss die Minderheit nicht anwenden. Durch Schreiben vom 7.10.1933 wurden Lehrer und Schüler der Flensburger dänischsprachigen Kommunalschule hiervon befreit, und durch Schreiben vom 13.12.1935 wurde diese Befreiung auch auf die Schüler von Fach- und Handelsschulen ausgedehnt...

Ernste Schwierigkeiten wegen des Zuganges der Minderheit zur öffentlichen Winterhilfe wurden nach vielen Protesten und folgenden Verhandlungen durch kurzfristige Absprachen zwischen den Behörden und der Leitung der Minderheit beseitigt. Die letzte, vom 1. Oktober 1934, gültig für Flensburg und Umgebung, lief darauf hinaus, dass die Minderheit mit der deutschen Bevölkerung zu den Ausgaben der Winterhilfe beitrug und entsprechend den allgemeinen Grundsätzen versorgt wurde; aber dass die Minderheit folgende Sonderaufgaben wahrnehmen durfte: 1) Bespeisung der Kinder in dänischen Schulen und Kindergärten, wenn der Schularzt das für wünschenswert erklärte, 2) dänische Krankenpflege, 3) die Freiwohnungen der dänischen (kirchlichen) Gemeinde, 4) Verteilung der gebrauchten Kleidungsstücke, die der Minderheit aus Dänemark geschickt wurden.

Die Pflichten der Minderheit haben in den letzten Jahren stark zugenommen. Am 16. März 1935 wurde die Wehrpflicht trotz des Versailler Vertrages eingeführt, in dem Deutschland sich verpflichtet hatte, die Wehrpflicht abzuschaffen. Nun ist die Dienstpflicht durch Verordnung vom 24.8.1936 auf 2 Jahre verlängert. Hinzu kommt der erzwungene Arbeitsdienst von einem Jahr. Dieser Arbeitsdienst war ursprünglich freiwillig... Unter dem Hinweis auf das Wort Hitlers, dass der Nationalsozialismus die Verdeutschung anderer Nationen ablehnt, protestierte die Minderheit gegen die Verpflichtung zum Arbeitsdienst als einer Vergewaltigung der Minderheit. (Der Innenminister lehnte eine besondere Ordnung des Arbeitsdienstes für Angehörige der dänischen Minderheit durch Schreiben vom 18.10.1935 ab.) Es wurde den eingezogenen Arbeitsdienstsoldaten gestattet, ihre dänische Muttersprache außerhalb des Dienstes zu gebrauchen, hingegen wurde ihnen verboten, dänische Zeitungen zu lesen, sogar „Flensborg Avis", das eigene Blatt der dänischen Minderheit, ebensowenig durften sie die beiden großen dänischen Versammlungshäuser (Borgerforeningen und Flensborghus) besuchen. Diese beiden Verbote wurden im Frühjahr 1936 aufgehoben, aber besonders verletzend war es, dass die beiden dänischen Treffpunkte auf die schwarze Liste gesetzt waren zusammen mit zweifelhaften Lokalen, die Arbeitssoldaten nicht besuchen durften."

Die Verfolgung der Juden

Die Judenverfolgung konnte in Flensburg keine große Rolle spielen, da hier – bedingt durch die Entwicklung bis ins 19. Jahrhundert – nur wenige jüdische Familien ansässig waren. Dennoch bedeuten die bekannt gewordenen Ereignisse Schandflecke in unserer Vergangenheit und fordern Wiedergutmachung (soweit überhaupt möglich) als ständige Aufgabe.

Bereits am 1. April 1933 marschierten SA und SS vor Geschäften von Juden auf dem Holm sowie in der Großen Straße auf und schikanierten Besitzer, Personal und Kunden. In der Nacht vom 9. zum 10. November 1938, der so genannten Reichskristallnacht, kam es auch in Flensburg zu Pogromen gegen die Juden. Ein SA-Trupp misshandelte den jüdischen Besitzer des Hofes „Jägerslust" im Nordwesten der Stadt und jagte ihn über die Grenze – es war seine Rettung. Alexander Wolff gelangte später in die USA. Für seine Frau, seine Schwester und seine Mutter begann jedoch ein Leidensweg, der in einem Vernichtungslager endete. Eine andere Flensburger SA-Gruppe beteiligte sich in derselben Nacht an der Zerstörung der Synagoge in Friedrichstadt.

Zeugnisse jüdischen Lebens in der Fördestadt haben die NS-Zeit nicht überdauert, es bleiben daher nur Erinnerungen. Eine solche hat der Journalist Bernd Philipsen mühevoll zusammengetragen: das jüdische Emigrantenschicksal von Schimon Monin, 1922 in Flensburg geboren, hier aufgewachsen und in einer Septembernacht 1934 über die Grenze nach Dänemark gebracht. Seit einigen Jahren gibt es auch in dieser Stadt eine „Gesellschaft der Freunde Israels", die sich um weitere Zeugnisse der Erinnerung bemüht.

Auf der FSG wurden 1941/44 28 U-Boote: vom Typ VII C gebaut (elektrische Schweißung)

Aufrüstung zum Krieg

Militär und Krieg spielten in Hitlers Ideologie durchgehend eine zentrale Rolle, und alle nach 1933 durchgeführten Maßnahmen sind auch unter diesem Aspekt zu sehen (augenfälligstes Beispiel: die Auto-

Partei-Soldaten-Formation

bahnen) Aufrüstung und Kriegsvorbereitung waren eins im nationalsozialistischen Staat.

Offiziell begann die Aufrüstung unter Bruch des Versailler Vertrages mit der Wiedereinführung der allgemeinen Wehrpflicht am 16. März 1935. Eine Serie neuer militärischer Verbände erschien. In Flensburg erweiterte sich das Reichswehrbataillon zu einem Regiment. Stab und Nachrichtenzug des Infanterieregimentes 26 zogen in die bisherige Polizeiunterkunft, dem alten Garnisonlazarett in der Waldstraße. Die neu aufgestellte Panzerabwehrkompanie erhielt im Anschluss an die Junkerhohlwegkaserne in der Meiereistraße eine neue Kaserne und bezog sie 1935. 1938 erwarb man einen neuen Geländeübungsplatz bei Gottrupel-Ellund. Scharfschießen gab es jeden Winter an der Ostküste Angelns in Richtung See.

Im Oktober 1937 wurden die neu verliehenen Bataillonsfahnen in die Standorte eingeholt. Anlässlich der Sudetenkrise im September 1938 verlegte man das Flensburger Regiment nach Schlesien in die Grafschaft Graz. Gleichzeitig wurde das aufgestellte Ergänzungsbataillon 26 ständiger Bestandteil des Regiments und wurde in Steinbaracken des „Scharnhorstlagers" untergebracht. Im Oktober 1938 erhielt Flensburg erstmals eine Artillerieeinheit, nämlich die I. Abteilung des Ari-Regiments 30 aus Rendsburg. Als Unterkunft diente die neu erbaute Grenzlandkaserne. Die Aufrüstung betraf auch die Marine: In Mürwik erfolgte die Einrichtung der Marine-Fernmeldeschule und der Unteroffizierssschule.

Der Militarismus des NS-Systems wurde dadurch besonders augenfällig, dass die Uniformen in zunehmendem Maße das Bild der Öffentlichkeit bestimmten Parteiuniformen in verschiedensten Erscheinungen. Alle Bereiche der Gesellschaft waren uniformiert, äußerlich und ideologisch.

Der 1. Mai als „Feiertag der nationalen Arbeit"

Seit 1889 war der 1. Mai von den Sozialisten als Tag der „internationalen Demonstration des Proletariats für Arbeiterschutz und Weltfrieden" begangen worden. In Deutschland hatte seit 1919 gesetzlich gegolten, dass der 1. Mai als „allgemeiner Feiertag" dem Gedanken des Weltfriedens, des Völkerbundes und des internationalen Arbeiterschutzes geweiht sein sollte, und man wollte für ihn den Charakter eines Weltfeiertages anstreben. Die Maifeiern blieben jedoch nach dieser gesetzlichen Regelung im Wesentlichen weiterhin eine Angelegenheit der Sozialisten. Auch in Flensburg kam es zu den üblichen Festumzügen, Versammlungen, Kundgebungen, Tanzveranstaltungen, wobei Sozialdemokraten und Kommunisten getrennte Aktionen durchführten.

Die Nationalsozialisten beanspruchten schon vor 1933 eine andere Sinngebung für den 1.Mai. Er sollte nicht mehr ein Appell an die „Klassengesinnung" sein, sondern an die „Volksgesinnung." Durch Gesetz vom 10. April 1933 wurde der 1. Mai zum „Feiertag der nationalen Arbeit" bestimmt. Die Bedeutung dieser Titulierung formulierte der Reichsminister für Volksaufklärung und Propaganda, Dr. Joseph Goebbels, in einem Zeitungsaufruf u.a.: „...Wo ehedem marxistische Hassgesänge ertönten, da werden wir uns zum Volk bekennen. Wo einst die Maschinengewehre der roten Weltbeglücker knatterten, da wollen wir dem nationalen Frieden der Stände die Bresche schlagen. Wo früher der Geist eines öden Materialismus triumphierte, da wollen wir, fußend auf das ewige Recht unseres Volkes auf Freiheit, Arbeit und Brot, in einem neuen glühenden Idealismus die nationale Verbundenheit aller Stände, Stämme und Berufe zu einem einigen Deutschland vor unserem Volk und vor der ganzen Welt bekunden..."

Im Sinne dieser Ausführungen gestaltete man nunmehr den Ablauf des „Festtages der Arbeit" auch in Flensburg. Den Auftakt bildete die Maifeier 1933. Am Sonnabend und Sonntag wurden die Häuser in den Straßen der Innenstadt mit Buchengrün und Tannengirlanden geschmückt, Schmuckkränze, mit kleinen Papierflaggen (schwarz-weiß-rot und Hakenkreuz) versehen, wurden aufgehängt. Am Sonnabend, Sonntag und am Montag, dem 1. Mai, war allgemein geflaggt, es entstand eine „fieberhafte Feststimmung". Um sechs Uhr morgens marschierten Stahlhelm und SA mit Musikkapellen durch die Stadt. Die Jugendgruppen – soweit noch vorhanden – einschließlich der HJ marschierten zum Jugendgottesdienst in der St. Nikolai Kirche. In der St. Johannis- und der St. Marienkirche gab es „Feldgottesdienste" unter Beteiligung der Kriegervereine, des Stahlhelms und der NS-Betriebszellen-Organisation (NSBO). Am Nachmittag fand dann der große „Umzug der 10 000" statt, an dem sich die verschiedensten Gruppierungen beteiligten, zum Teil mit Festwagen, Uniformen, Trachten, Berufskleidung, Kapellen usw. Der Festumzug, der unter großer Beteiligung der Bevölkerung stattfand, endete um 19 Uhr auf der Exe, wo mit großen Lautsprechern die „Reichsfeier" aus Berlin übertragen wurde. Die Ansprache in Flensburg hielt Pastor Meyer von St. Marien. Seine Ausführungen wie auch der gesamte Verlauf des 1. Mai gipfelten in der „Heiligkeit des Begriffs Arbeit".

Im Laufe der folgenden Jahre wurde aus der Maifeier eine reine Parteiveranstaltung. Der Ablauf blieb im Prinzip erhalten: Abschluss durch Ansprache des Kreisleiters und „Gemeinschaftsempfang" gehörten immer dazu. Damit war gewährleistet, dass die Parteigrößen überall „ankamen". Hermann Göring 1938 über „Großdeutschlands nationalen Feiertag": „In anderen Ländern und Na-

SA marschiert

Jugend, gleichgeschaltet

tionen ruht am 1. Mai auch die Arbeit. Aber in anderem Sinne als bei uns! Nicht im Zeichen der Einheit, nicht im Zeichen der Volksgemeinschaft, sondern im Zeichen des Klassenkampfes, des Bruderhasses. Um uns herum Elend, Streik, Arbeitslosigkeit, Klassenkampf und Klassenhass...

So ist dieser Tag zum Tag der Volksgemeinschaft geworden! Es gibt nichts Größeres und Herrlicheres, über das man sich mehr freuen könnte, als das höchste Glück der Volksgemeinschaft."

Der „Dienst" als Routine

Alles, was mit „Dienst" zu tun hatte, war von der NSDAP direkt gestaltet, die Teilnahme war befohlen. Bei halbparteiamtlichen Organisationen wie z.B. den Betriebsgruppen sprach man von „Appell".

Der „Dienst" beanspruchte viel Zeit fast aller Bürger. Er begann mit dem 10. Lebensjahr – bis zum 14. Lebensjahr dauerte die Mitgliedschaft als „Pimpf" in der „Deutschen Jungenschaft" (DJ) oder als „Jungmädel." Es folgte die „Hitlerjugend" (HJ), gegliedert in die allgemeine HJ oder in zahlreiche interessantere Spezialeinheiten: Marine-, Reiter-, Musik-, Nachrichten-, Feuerwehr-HJ oder HJ-Streifendienst, eine Art HJ-Polizeieinheit. Nach der HJ-Zeit konnte man die Aufnahme in die Partei beantragen. Der weitere „Dienst" war abzuleisten bei den verschiedenen Einheiten der NSDAP einschließlich der „Reichsfrauenschaft".

Der Dienst in den Partei-Einheiten lag normalerweise bei zwei Abenden oder Nachmittagen pro Woche. Oft kam auch Dienst am Sonntag hinzu, eine Verpflichtung, die ganz bewusst eine Teilnahme am Gottesdienst ausschloss. Die nationalsozialistische Ideologie wurde am schärfsten von der SS (Schutz-Staffel) vertreten, die ja Eliteeinheit sein wollte. Sie rückte die Ideologie an die Stelle einer Ersatzreligion. Der „Dienst" prägte das Leben von allen. In welchem Ausmaße aber Schule, berufliche Umwelt und Familie ihre jeweilige Bedeutung erlangten, hing von der Einstellung der maßgebenden Personen ab: von Lehrern, Vorgesetzten und Arbeitskollegen, vor allem von den Eltern.

Das Kulturwesen

Der Film als Erziehungsinstrument des Volkes

Der Film diente neben Presse und Rundfunk der Erziehung und Lenkung der Bürger durch den Staat. Das Filmprogramm der Flensburger Kinos in den Jahren 1933 und

1934 war annähernd ein getreues Spiegelbild der Berliner Filmpolitik. Im „Colosseum", „Central", den „Kammerlichtspielen" und dem „UT" (Ufa-Theater) dominierten jedoch auch in den Jahren der Gleichschaltung des Films die Unterhaltungsfilme. Etwa 90 Prozent der 1933 im „Colosseum" vorgeführten Streifen hatten vorwiegend unterhaltenden Charakter. Für 0,30 RM auf den „Rasiersitzen" und 0,50 RM auf den besseren Plätzen konnten die damaligen Filmgrößen, insbesondere die der Ufa, bestaunt werden. Kino gehörte zu den beliebtesten Freizeitvergnügungen und war finanziell erschwinglich. Ein Facharbeiter etwa benötigte einen halben Stundenlohn für den Auftritt. Die Nachfrage stieg daher stark an. Im „Colosseum" konnten 1933 über 100 Filme gezeigt werden. Ausländische Produktionen hatten Seltenheitswert, über 90 Prozent des Angebotes waren deutscher Provenienz, z. B. die Kassenschlagern „Menschen im Hotel" mit Greta Garbo, „Ich und die Kaiserin" mit Lilian Harvey und Conrad Veidt, „Mein Herz ruft nach Dir" mit Marta Eggert und Jan Kiepura, „Die große Zarin" mit Marlene Dietrich und „Eine Frau, die weiß, was sie will" mit Lil Dagover.

Demgegenüber versuchte die NSDAP, den Propagandafilmen größeres Gewicht zu geben. Gezeigt wurden: „Der SA-Mann Brand", der erste Spielfilm über die SA; „Morgenrot", ein Streifen über den heldenhaften Kampf deutscher U-Bootfahrer; „Der Hitlerjunge Quex", der schließlich für seinen „Führer" den „Heldentod" stirbt; „Der Sieg des Glaubens", Leni Riefenstahls Film vom Reichsparteitag 1933, „Hans Westmar", Horst Wessel als nationalsozialistischer Märtyrer. Doch gelang es nicht, den Geschmack des Publikums grundlegend zu ändern, die „leichten" Spielfilme blieben vorn in seiner Gunst.

Exodus des deutschen Geistes

Neben vielen Wissenschaftlern, bildenden Künstlern, Theater- und Filmschaffenden verließen vor allem zahlreiche Schriftsteller Deutschland, im Lauf der Dreißiger Jahre fast 2000. Um nur einige zu nennen: Brecht, Broch, Döblin, Hermlin, Heym, Horvath, Jahnn, E. Lasker-Schüler, H. und Th. Mann, Musil, Roth, N. Sachs, Schwitters, A. Seghers, Tucholsky, Wassermann, Werfel, Zuckmayer, A. und St. Zweig. Die Werke der Geflüchteten wurden geächtet. Stattdessen wurden die „nationalen Dichter Deutschlands" propagiert. Die Berliner „Gesellschaft für Volksbildung" empfahl dem Flensburger Professor F. Graef für seine Vortragsreihen folgende Namen: Beumelburg, Blunck, Dwinger,

---

Aus dem Tagebuch eines „Pimpfen", Februar 1939

Mi. 1.:	17.00 – Turnen
Sb. 4.:	15.00 – Deutsches Haus; Marsch nach Flensburg-Weiche zum Mückenteich; kleines Geländespiel
Mi. 8.:	15.00 – Heim, Heimspiele
Sb. 11.:	17.00 – Heim, Pimpf E. hält einen Heimatabend über: Schützengräben im Weltkrieg
So. 12.:	9.30 – Waldlauf; Jungenschaftsführer A. wird 2. Sieger
	13.00 – Die Schießgruppe tritt an
Mi. 15.:	17.00 – Bann-Turnen
Sb. 18.:	16.00 – Kleine Exe, Fähnleindienst; Vorbereitung auf den Appell des Gebietsführers am Mi.
Mi. 22.:	16.30 – Kleine Exe, Appell auf dem Bann, Antreten zur Flaggenparade; Jungbannriege turnte am Hochpferd; Rede des Prüfenden
Sb. 25.:	15.00 – Altmaterialsammlung
Mi. 28.:	17.00 – Turnen
Sb. 4. März:	17.00 – Deutsches Haus, Fähnleindienst; Geländespiel
So. 5. März:	9.00 – Deutsches Haus, Fähnleindienst; gemütlicher Marsch über Flensburg-Weiche, Schäferhaus, durch die Marienhölzung. Anschließend Marsch zur Großkundgebung des Jungvolks auf

Jugend marschiert

Grimm, Johst, Kolbenheyer und Vesper. Für diese Richtung warb auch der „Kampfbund für deutsche Kultur", der bereits für die Flensburger Bücherverbrennung verantwortlich gezeichnet hatte. Doch er fand nicht das gewünschte Echo.

Durch das „Gesetz über die Bildung der Reichskulturkammer" vom 22. September 1933 gewann Goebbels den zentralen Einfluss im kulturellen Bereich, doch der Aktivismus erschöpfte sich. Aus der Kampfbundzeit blieben jedoch die Verbote und Reglementierungen, der Anspruch auf Totalität in Weltanschauung und Denken, die Absage an jegliche gegenwartsbezogene geistige Pluralität. All dies lähmte das kulturelle Leben der Stadt.

Musik

Schon vor 1933 hatte Johannes Röder seine absolute musikalische Führungsrolle in der Fördestadt begründet (siehe 7. Kapitel). „Das 2. Deutsche Heinrich-Schütz-Fest in Flensburg ist das bedeutungsvollste musikalische Ereignis des 20. Jahrhunderts, es wird dieselbe Wirkung ausüben wie seit 103 Jahren die Wiederentdeckung der Bachschen Matthäuspassion durch den jungen Felix Mendelssohn" (Karl Straube, 1932).

Den Oratorienverein, den Kantatenchor, den Nikolai-Kirchenchor, einen Kammerchor und ein Collegium musicale bezeichnete Röder fortan als „Heinrich-Schütz-Chöre" und brachte mit ihnen 1933 zur Aufführung: die h-moll-Messe (Bach), David (Händel), Matthäus-Passion (Schütz), Stabat mater (Pergolesi), die IX. Sinfonie (Beethoven) und das Brahms-Fest. Schließlich wurde 1934 zum Heinrich-Schütz-Jahr ausgerufen im Laufe des Jahres das Gesamtwerk gebracht mit entsprechender Resonanz im Rundfunk.

Die nationalsozialistische Gleichschaltung hatte somit auch in diesem Bereich stattgefunden. Am 31. August 1933 verkündeten die „Flensburger Nachrichten": „Flensburger Musikleben unter einheitlicher Führung". Röder wurde zum „Musikführer" der Fördestadt proklamiert, Leitung des städtischen Orchesters und Chorleitung lagen in einer Hand. Damit sollte erreicht werden, „dass die volle Erfassung und Nutzung aller vorhandenen musikalischen Kräfte seines Arbeitsbereiches gewährleistet war".

Die Kirchenchöre blieben zwar bestehen (in St. Marien übernahm Grete Stoehr ab 1934 die Leitung), und der Kantatenchor brachte 1934 noch die Bachsche Matthäus-Passion zur Aufführung, aber das Musikgeschehen wurde durch die zentrale Musikführung bestimmt.

Die Flensburger Chöre (ab 1933 kam ein „Kampfbund-Chor" [O. Nissen] dazu, der Oratorienverein wurde 1936 zum Städtischen Oratorienchor umgebildet) und die deutschen Chöre aus Nordschleswig wurden in den Konzertplan „stark eingespannt". Es gab jährlich zentral herausgestellte „Feste":

1935, 6./7. März: Bach-Händel-Fest,
1936, 13./15. März: Mozart-Fest,
1937, 28.Febr./7. März: Franz-Schubert-Woche,
1938, 23./25. April: Grenzlandtreffen der gemischten Chöre der Chorkreise aus Schleswig-Holstein und Lübeck, Abschluss: Beethoven, Missa solemnis,
1938/39: Städtischer Oratorienchor: Die Jahreszeiten (Haydn), Ein deutsches Requiem (Brahms).

Nach dem städtischen Verwaltungsbericht fanden in den Kriegsjahren 1939 bis 1944 insgesamt 188 Konzerte des städtischen Orchesters statt – allerdings: kein Kirchenkonzert und keine Aufführung von Beethovens IX. Symphonie...

Auswirkungen des Zweiten Weltkriegs

Die Grauen des von Hitler entfesselten Kriegs waren in der Fördestadt nicht so groß wie in vielen anderen Gegenden Deutschlands. Dennoch waren schreckliche Verluste zu beklagen: insgesamt sind 2710 Flensburger gefallen oder vermisst, 176 Einwohner fanden bei den 41 Bombenwürfen im Luftkrieg den Tod. Der schwerste Luftangriff auf die Stadt erfolgte am 19. Mai 1943. Etwa 80 amerikanische Bomber (vier wurden abgeschossen) hatten es auf militärische Ziele im Norden der Stadt und auf Duburg abgesehen: auf Kraft-, Gas- und Wasserwerk, Kasernen, Betriebe, Baracken. 83 Tote waren zu beklagen, darunter 17 Kinder, sieben Jugendliche und 23 Frauen. Es gab 111 Verletzte. Eine besondere Trauerfeier wurde von der dänischen Minderheit für 20 Opfer des dänischen Kindergartens abgehalten. Die offizielle „Totenfeier am Friedenshügel" vom 24. Mai 1943 wurde zu einem Aufruf umfunktioniert, „treu zum Führer zu stehen, bis der Sieg errungen ist". Diese nach außen hin proklamierte Zuversicht erwies sich jedoch rasch als leeres Pathos.

Einen weiteren großen Verlust erlitt Flensburg, nachdem die kriegerischen Handlungen bereits eingestellt waren: Am 14. Juni 1945 flog bei Kielseng ein Munitionslager in die Luft. Große Schäden entstanden an Häusern in der ganzen Stadt, und es gab 50 Tote, 21 Vermisste, 131 Schwer- und zahlreiche Leichtverletzte.

Nach Hitlers Selbstmord übernahm Großadmiral Karl Dönitz am 30. April 1945 das Amt des „Führers". Flensburg geriet punktuell in den weltgeschichtlichen Blickpunkt, denn es wurde für wenige Tage Hauptstadt des zerstörten Reichs. Dönitz hatte sich nämlich vom 2./3. bis zum 23. Mai 1945 mit der letzten Reichsregierung in Flensburg-Mürwik niedergelassen, um zwei Ziele zu erreichen: Beendigung der kriegerischen Handlungen der deutschen Soldaten und Rettung möglichst vieler Deutscher vor sowjetischem Zugriff.

Die bemerkenswerteste Sendung des „Reichssenders Flensburg" fand am 7. Mai 1945 statt: Reichsminister Graf Schwerin von Krosigk gab die bedingungslose Kapitulation der deutschen Wehrmacht bekannt. Er wies auf die Opfer des Krieges hin und beschwor das deutsche Volk, sich in der Zukunft durch drei Sterne leiten zu lassen: Einigkeit und Recht und Freiheit.

Herbert Marxen: „NS-Reklamechef" [Goebbels]

Himmler in Flensburg

Außer der „Regierung Dönitz" war auch Himmler mit seinem Stab auf dem Wege oder besser gesagt auf der Flucht nach Flensburg, weil von dort aus noch die Möglichkeit zum Überschreiten der dänischen Grenze bestand. Beim Wettlauf nach Flensburg traf Himmler als erster am 2. Mai 1945 mit sei-

Brennendes Flensburg

nem Stab hier ein. Ein Teil seiner Leute wurde im Museum untergebracht, welches durch die Einquartierung sehr demoliert wurde. Himmler selbst wohnte einige Tage lang im Zimmer 69 des Polizeipräsidiums. Während des Tages hielt er sich zumeist in der Feuerwehrschule in Harrisleefeld im Norden Flensburgs auf, wo ein Teil seines mitgeführten Fuhrparks stand, darunter ein Lastauto, auf dem ein Kuhstall aufgebaut war. Darin wurde zum persönlichen Bedarf Himmlers eine Milchkuh mitgeführt. In Harrislee fanden noch wüste SS-Gelage statt. Es war noch alles reichlich vorhanden an den erlesensten Lebens- und Genussmitteln: Schinken in Dosen, Wurst, Schokolade, Zigarren und Zigaretten, kurz alles, was das Volk schon seit Jahren nicht mehr bekommen hatte.

Himmlers Flucht nach Flensburg war recht abenteuerlich, weil er sich der Verhaftung durch die im Eilmarsch vorrückenden englischen Truppen entziehen wollte. In Hohenlychen und Lübeck hatte er noch kurz zuvor mit dem Grafen Folke Bernadotte, dem Präsidenten des schwedischen Roten Kreuzes, verhandeln wollen, um für sich persönlich Vorteile zu erreichen, als ihm endlich einleuchtete, dass der Krieg verloren war. Es gab nichts mehr zu verhandeln. Hals über Kopf musste der einst so allgewaltige ‚Reichs-Heinrich' seinen Wagenpark nördlich Lübeck im Stich lassen, wo ich auf dem Wege vom Dorf Techau nach Timmendorfer Strand die verlassenen Autos stehen oder umgekippt liegen sah.

Von den Bauern unterwegs erfuhr ich, dass die britische Militärregierung Himmler suche und daher neben den Verhören der Einwohner auch Durchsuchungen der Gehöfte vornahm. Zwischen Eutin und Plön war die Spur verloren gegangen; es erwies sich, dass Himmler beim Eintreffen der Besatzungs-Vortruppen schon nach dem Norden Schleswig-Holsteins entkommen war...

Die Flensburger Gestapo hatte das Polizeipräsidium geräumt und war mit einigen Wagen voll Akten die Friesische Straße bis zur Boreasmühle hinausgefahren, wo vor allem die sie belastenden Akten der „Politischen" verbrannt wurden. In den von der Flensburger Gestapo verlassenen Räumen des Polizeipräsidiums machte sich die „getürmte" Berliner Gestapo breit und plünderte alles gründlich aus. Nicht eine Schreibmaschine ließen sie bei ihrem Abzug zurück.

Nicht nur die Gestapo hatte Himmler mitgebracht, nein, er rettete auch noch das Reichskriegsgericht nach Flensburg und quartierte es in die Volksschule (Jugendherberge, Apenrader Straße) ein. Auf dem Hofe der Reichspost repräsentierte ein Nachrichtenwagen den ‚Reichssender Flensburg', obwohl der Flensburger Sender auf Jürgensby noch in Gebrauch war.

Diesen Nachrichtenwagen hatte Himmler vorsorglich für sich reserviert, weil er mit Recht vermuten durfte, dass der offizielle Reichssender Flensburg auf Jürgensby von Dönitz in Benutzung genommen würde.

Auf eine Kraftprobe konnte es der ‚Reichs-Heinrich' nicht ankommen lassen, weil er keinen einzigen Gestapomann noch SS-Leute zur Verfügung hatte; Dönitz konnte den einst so gewaltigen Reichsführer SS kurzerhand verhaften lassen. Mit dieser Möglichkeit rechnend, mied Himmler auch die Nähe des Kommandogebäudes in Mürwik.

Am 5. Mai 1945 ordnete Himmler eine Dienstbesprechung im Polizeipräsidium an, in welcher er ein ‚Unantastbares Deutschland von Flensburg bis zur Eider' ausrief.

Zuvor hatte er sich – auf seine eigene Sicherheit bedacht – einen Flensburger Gastwirt engagiert, der ihm alle möglichen Schlupfwinkel zeigen musste. Offensichtlich hatte er zu diesem unantastbaren Deutschland selbst kein Vertrauen mehr. Mit seinem Mut war es auch nicht weit her; denn als am 3. Mai die Sirenen heulten, flüchtete er in einen Luftschutzkeller eines in der Nähe der Reichsbank gelegenen Wohnhauses, wo er durch sein ratloses Getue, Jammern und Flehen den dort versammelten Bewohnern des Hauses den Beweis lieferte, welch eine erbärmliche Figur dieser einst so mächtige und gefürchtete Gebieter über Millionen Menschenleben war.

Während der ersten Tage seines Flensburger Aufenthalts zeigte sich Himmler noch mit voller Kriegsbemalung in den Straßen der Stadt und im ‚Bahnhofs-Hotel'. Als ihm die Situation zu ungemütlich wurde, verzog er sich wieder nach dem Grenzort Harrislee, wo er in der Feuerwehrschule zunächst eine äußerliche Veränderung vornahm – der ‚Reichs-Heinrich' verpasste sich eine Feuerwehr-Uniform, die er dann später gegen einen Zivilanzug auswechselte.

Als Zivilist hielt sich Himmler dann wieder einige Tage in Flensburg auf, wo er im ‚Schwarzen Walfisch' sein Standquartier aufschlug. Im ‚Schwarzen Walfisch' zu Askalon konnte sich ein Gast noch erlauben, drei Tage zu kneipen, bis er steif wie'n Besenstiel am Marmortische lag. Das konnte sich Himmler nicht mehr leisten, denn die Zeit drängte, von diesem ungemütlichen Fleck fortzukommen. Ein Entkommen über die Grenze nach Dänemark war ausgeschlossen, und deshalb nahm er zuerst bei einem Bauern in dem Dorf Ausacker Wohnung, von wo er dann wie ein gehetztes Reh seinen Weg südwärts über den Kanal nahm. In der Nähe von Bremen hat er bald darauf Selbstmord durch Gift verübt.

Das unter Ausschluss der Öffentlichkeit von Himmler ausgerufene ‚Unantastbare Deutschland von Flensburg bis zur Eider' hatte offenbar auch Hitler schon vorgeschwebt, als er einsah, dass der nördliche Teil Deutschlands abgeschnürt wurde. Wenn ihm bekannt gewesen wäre, dass in der Nähe der Stadt Glückstadt vor einigen hundert Jahren noch ein befestigter Wall unter dem Namen ‚Hitler-Schanze' existierte, dann wäre bestimmt dieses altertümliche Bollwerk in Verteidigungszustand gesetzt worden.

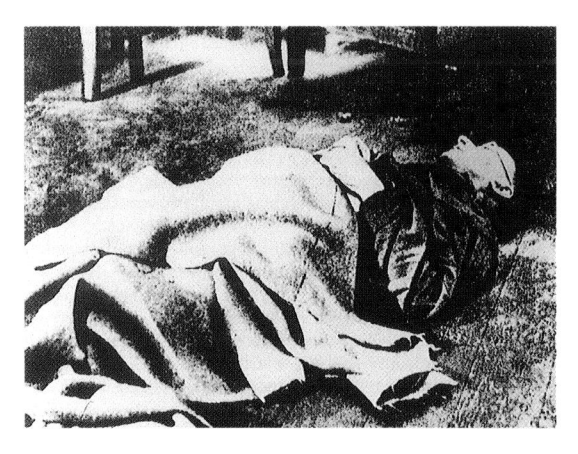

Himmler nach dem Selbstmord am 23. Mai 1945

SS-Werbung

Die ‚Hitler-Schanze' diente damals nur den Holzdieben und Karrengefangenen als ‚Straflager'. Nachdem Hitler sich als größter und einmaliger aller Verbrecher der Welt offenbart hatte, hätte sein Name dieser alten Schanze neuen traurigen Ruhm verleihen können.

Dönitz hatte in der Nacht vom 30. April zum 1. Mai noch mit Himmler in Lübeck auf der Flucht gesprochen. Den Kieler Kanal passierte Dönitz bald darauf in Holtenau, wo er mit Admiral von Friedeburg noch eine Unterredung hatte, deren Gegenstand die unabwendbare Kapitulation Deutschlands war. Nach der Ankunft in Flensburg nahm Dönitz am 2. Mai auf der ‚Patria', welche an der Landungsbrücke vor dem Marine-Kommandanturgebäude festgemacht hatte, Wohnung. Der Stab war in einem der nahegelegenen Lager untergebracht.

Die Beratungen des ‚Kabinetts Dönitz' begannen am 3. Mai 1945, vormittags 10 Uhr, im Kommandogebäude. Teilnehmer waren außer Dönitz noch Außenminister Schwerin von Krosigk, Minister Seldte und – last not least – als Geduldeter: Himmler. Sie beschäftigte die Frage: ‚Wird es noch einen Kampf geben?' Die nun zu fallenden Entscheidungen dürften dem Rest-Kabinett schwer zu schaffen gemacht haben, denn von Zeit zu Zeit vertraten sich die Herren vor dem Gebäude die Beine und holten Atem in freier Seeluft. Die Marionetten-Regierung in der neu etablierten ‚Wilhelmstraße' bekam zu den bisherigen Sorgen noch weitere. Die Parlamentäre der Alliierten trafen am 5. Mai in Mürwik ein und isolierten die ‚Regierung Dönitz' in einer Enclave, die sie nicht verlassen durfte."

(Heinrich Lienau: „12 Jahre Nacht", Flensburg 1949, Seite 233 ff.)

Die Verhaftung von Rudolf Höss

Über den Verbleib des millionenfachen Mörders und Auschwitz-Kommandanten Rudolf Höss gibt es zwei authentische Berichte: einen von Höss selbst und den zweiten vom Flensburger Kaufmann und Schriftsteller Heinrich Lienau (1883–1968), sechs Jahre Häftling im KZ Sachsenhausen.

Lienau schrieb in seinem Buch „12 Jahre Nacht" (1949) u.a.: „Höss, getarnt als harm-

"Patria" – Sitz der Alliierten Kontrollkommission

loser Bauernknecht, wurde im März 1946 von mir im Dorfe Gottrupel bei Flensburg aufgespürt und der Military Police zur Festnahme übergeben... Unter dem Namen Lang hatte er durch das Arbeitsamt beim Bauern P. Hansen in Gottrupel Arbeit erhalten. Nicht einen Augenblick hatte Höss die Arbeitsstelle verlassen, immer aus Furcht, anderweitig Bekannten zu begegnen."

Höss hat selbst dargestellt, wie er in der Wehrmacht untertauchte, und zwar nach Himmlers Hinweis bei der letzten Besprechung am 3. Mai 1945 in Flensburg. Als „Bootsmaat Franz Lang" (alle SS-Leute hatten gefälschte Papiere und eine Zyankalikapsel bei sich!) reiste Höss mit Marschbefehl zur Marine-Nachrichten-Schule nach Sylt. „Meinen Jungen schickte ich mit meinem Fahrer und seinem Wagen zu meiner Frau (bei Heide) zurück. Da ich im Marineleben mich einigermaßen auskannte, fiel ich nicht auf... Als Berufslandwirt wurde ich vorzeitig entlassen, passierte anstandslos alle englischen Kontrollen und wurde durch das Arbeitsamt auf einen Bauernhof bei Flensburg als Arbeitskraft vermittelt. Die Arbeit gefiel mir, ich war ganz selbständig, da der Bauer noch in amerikanischer Gefangenschaft war. Ich war dort acht Monate. Durch den Bruder meiner Frau, der in Flensburg arbeitete, hatte ich Verbindung mit meiner Frau... Am 11. März 23 Uhr wurde ich verhaftet. Meine Giftphiole war zwei Tage vorher zerbrochen.

Da ich beim ersten Aufschrecken aus dem Schlaf auch noch annahm, es handle sich um einen der dort häufig vorkommenden Raubüberfälle, gelang die Verhaftung. Es wurde mir übel zugesetzt durch die Field-Security-Police. Ich wurde nach Heide geschleift, ausgerechnet in die Kaserne, in der ich von den Engländern acht Monate vorher entlassen worden war..."

Über Minden und Nürnberg wurde Höss am 25. Mai 1946 nach Warschau gebracht und am 30. Juli nach Krakau, wo der Prozess gegen ihn stattfand. Die Hinrichtung erfolgte am 16. April 1947 in Auschwitz.

„Der Massenmord war die mit unheimlicher Konsequenz in die Praxis umgesetzte nationalsozialistische Theorie des biologischen Materialismus", resümierte der Historiker Karl Dietrich Erdmann. Über den Aufenthalt von Höss in Gottrupel gibt es weitere Zeugnisse. Lienau veröffentlichte eine Zeichnung von der Knechtkammer, in der Höss hauste. Der heutige Hofbesitzer Carsten Hansen als Zeitzeuge bestätigt, dass es damals so aussah. Der links an der Wand hängende Mantel von Höss existiert noch heute, denn er blieb nach der Verhaftung zurück, wie auch eine lederne Aktentasche und eine Armbanduhr. Hansen weiß zu berichten, dass der Ledermantel (gefärbt) in der Nachkriegszeit getragen wurde, selbst bei Malarbeiten, wie Farbspritzer noch zeigen. Und die Aktentasche wurde in den ersten Jahren nach Kriegsende von den Hansen-Kindern als Schultasche benutzt.

Der Vater, Bauer Peter Hansen (1908–1987), befand sich zum Zeitpunkt der Höss-Verhaftung in englischer Gefangenschaft. Er wurde plötzlich im März 1946 isoliert und pausenlos verhört. Später erst wurde ihm klar, dass vermutet wurde, auch er hätte mit dem Untertauchen von Höss etwas zu tun. Als er 1948 aus zweijähriger amerikanischer Gefangenschaft zurückkam, hörte er über die Ereignisse auf seinem Hofe außer von seiner Familie auch von Dorfbewohnern. Er hat als Mitarbeiter der Dorfchronik Handewitt (1990) auch einen Beitrag über Höss in Gottrupel verfasst, der aber nicht in die Chronik aufgenommen worden ist.

Für den Bereich der SS hatte Himmler die Parole zum Untertauchen ausgegeben. Dadurch wurde das Aufspüren entsprechend schwierig, doch dank der Kenntnis vieler ehemaliger KZ-Häftlinge gelang es dennoch, wie Lienau darlegt, Mitglieder dieser „SS-Gangster-Elite" festzunehmen.

Außer Höss nennt Lienau u.a. folgende Namen: Loritz, Kommandant Sachsenhausen; Fritz Suhren, Kommandant Ravensbrück; Lagerführer Höpkens, Kommandant Sachsenhausen; Kaindl, als „Forstaufseher Tiemann"; Lagerführer Körner; Lagerarzt Baumkötter usw. usw.. Der NS-Propagandist William Joy wurde in Wassersleben verhaftet; Lienau war beteiligt beim Verfahren gegen den Reichsbevollmächtigten Dr. Best; Gauleiter Koch ging hoch als „Major Berger"...

Höss half mit, den Inspekteur der Konzentrationslager, Generalleutnant der SS Richard Glücks (geb. 22. 4. 1888) unter falschem Namen im Marine-Lazarett untertauchen zu lassen. Offenbar wurde er im Mai 1945 enttarnt und starb in Flensburg-Mürwik am 10. Mai in SS-Manier: „Freitod durch Vergiftung", umgebettet auf dem Friedenshügel am 9. Okt. 1945. Damit ist sein Schicksal jetzt geklärt, denn Glücks galt bisher als „seit April 45 verschollen" bzw. „blieb unauffindbar."

Als Vermächtnis hat H. Lienau folgenden Aufruf hinterlassen: *„Nie wieder Konzentrationslager, nie wieder Krieg, wir haben genug von beiden. Freiheit wollen wir und Frieden!"*

Befreite KZ-Häftlinge in Flensburg 1945

Heinrich Lienau hat geschildert, welche Aufgaben die Stadt Schwerin zu lösen hatte: Unterbringung der ungeheuren Flüchtlingsmassen und ihre Verpflegung, Ausstellung vorläufiger Personalpapiere und Bereitstellung eines Überbrückungsgeldes von 100 Mark für jeden Häftling.

Ähnlich werden die Soforthilfen für befreite KZ-Häftlinge in Flensburg ausgesehen haben, wenn auch in viel geringerer Dimension, denn von ca. 3000 KZ-Häftlingen wurden mit Hilfe des Schwedischen Roten Kreuzes bereits im ersten Drittel des Mai 1945 die meisten nach Malmö weitertransportiert, und zwar mit den Schiffen „Homberg" und „Duisburg". Von den übrigen haben sich alle, die es konnten, sicherlich so bald wie möglich nach Hause durchgeschlagen.

Schließlich sorgte die Stadtverwaltung, Abt. KZ-Betreuung unter Arbeitsrichter Dr. Kurt Richter (selbst ehem. KZ-Häftling), „nur" noch für 370 „Konzentrationäre".

Für die erste Versorgung, vor allem auch medizinisch, wurden Gemeinschaftslager eingerichtet. Hauptstelle für befreite KZ-Häftlinge war die Stormschule (St. Jürgen-Mädchenschule) mit etwa 100 bis 120 Plätzen; daneben existierten die Duburg-Schule mit etwa 60 und das Lager Stuhrsallee 16 mit ca. 20 Plätzen. Einzelne Personen waren in Flüchtlingslagern untergebracht, so z.B. in

Heinrich Lienau 1945: Zivil und in KZ-Häftlingsjacke

Verhaftete Regierung Dönitz, Schäferhaus

der ehemaligen Junkerhohlwegkaserne, in den Lagern in Weiche, Munketoft und Trollsee, in der Voßschule (Petri I), in der Panzerkaserne und im Hotel „Sanssouci". Fast die Hälfte (148) der 370 Versorgten befand sich in Privatquartieren; knapp ein Zehntel (33) musste in Krankenhäusern behandelt werden, nämlich 18 im städtischen Krankenhaus / Pflegeheim, elf in der Diako(nissenanstalt) und vier im St. Franziskus-Hospital. Es wird berichtet, daß durch ehemalige KZ-Häftlinge im Sommer 1945 ein gehäuftes Auftreten von Fleckfieber festgestellt wurde, über 70 Fälle wurden registriert.

An Sterbefällen sind im Mai und Juni 1945 außer 68 unbekannten KZ-Häftlingen namentlich genannt: drei vom „KZ-Schiff", einer aus Dachau, einer aus Stutthof und fünf aus dem KZ-Lager (Stormschule). Durch drei Zeitungsanzeigen in „Flensborg Avis" wurde die Stadtöffentlichkeit auf diese KZ-Schicksale hingewiesen.

Die St. Jürgen-Mädchenschule, seit April 1939 in „Theodor-Storm-Schule" umbenannt, war offenbar die Zentrale für die Versorgung der befreiten KZ-Häftlinge. Aus vorhandenen Namenslisten ist zu entnehmen, dass in dieser Schule (erbaut 1901) sieben Stuben eingerichtet waren mit unterschiedlicher Belegung.

Am 23. Mai 1945 rief der OB in einer Bekanntmachung der Militärregierung die Bevölkerung auf, „freiwillig und schnell" folgende Sachen abzugeben: tragbare Herrenanzüge, Herrenmäntel, Herrenhüte und Krawatten... Für die individuelle Verteilung wurden die persönlichen Maße festgestellt: für jeden Lagereinwohner die Größen von Anzug, Socken und Schuhen, die Körpergröße, die Mantellänge, die Weite von Hemd und Hut, die gewünschten Farben für Krawatten, Unterhemden und Unterhosen. Jeder der 370 Beteiligten hatte eine eidesstattliche „Erklärung über den Bestand von Spinnstoffen" abzugeben; in einer Spalte wurde der Verlust aufgelistet, gegenüber notierte die Bezugscheinstelle die bewilligten Sachen. Beispielsweise vermerkte Heinrich Lienau (vom 23.12.1939 bis zum 3. Mai 1945 inhaftiert im KZ Sachsenhausen) in seiner Spinnstofferklärung vom 5. Juni 1945, dass die KZ-Lagerleitung ihm Folgendes gestohlen habe: 210 RM Bargeld, eine lederne Geldbörse, einen Füllhalter mit Goldfeder, eine Armbanduhr, ein Taschenmesser, Brillen, einen Briefblock, einen Rasierapparat mit Lederetui, einen Lederkoffer, ein Paar Stiefel und eine Leibbinde.

Das offiziell verkündete Ziel, mit den Soforthilfen für die befreiten KZ-Häftlinge dazu beizutragen, „die auf uns lastende Schmach einer grausamen Vergangenheit vergessen zu helfen," war missverständlich formuliert. Nicht um Vergessen konnte es sich handeln, sondern um Hilfe, Hilfe für diejenigen, „die mutig ihre politische Einstellung gegen den Nazismus offen bekundeten und Grausames unschuldig dafür erlitten haben. Wer von ihnen mittellos dasteht, soll sich von Leiden und Qualen, seelischen und körperlichen, erholen können. Das Hilfswerk für die KZ-Häftlinge wird zu seinem Teil dazu beitragen, das geschändete Mitteleuropa einst wieder in die große, freie Völkerfamilie aufzunehmen." Mit den Soforthilfen für befreite KZ-Häftlinge haben Flensburger Bürger unmittelbar nach Kriegsende dabei geholfen, den in den Konzentrationslagern geschändeten Bürgern die Rückkehr in ein freies Leben zu erleichtern.

Kommmunalpolitiker Wilhelm Clausen: Abrechnung mit dem Nationalsozialismus

„Ist eine Änderung einer politischen Anschauung statthaft, ohne dass dem betreffenden Menschen der Vorwurf der Charakterlosigkeit gemacht werden muss? Wie steht es um eine Änderung der Nationalität? Muss jemand, der eine deutsche Erziehung erhielt, sich zur deutschen Nation bekennen bis an sein Lebensende? Muss ein Mensch, der seine nationale Zugehörigkeit ändert, den Vorwurf hinnehmen, ein Abtrünniger, ein Vaterlandsverräter zu sein?

Kann einer überhaupt die nationale Zugehörigkeit wechseln, freiwillig wechseln? (Auswanderer) (Die Nation der USA hat sich aus lauter Auswanderern aufgebaut.)

Wie kommen die Südschleswiger dazu, die Abtrennung von Deutschland zu wollen und zu betreiben? Sie wollen los von Deutschland. Zu Grunde liegt die Abneigung gegen das frühere Preußen mit seinem Militarismus, seinem Kadavergehorsam, seinem Beamtengeist. Preußen war in Deutschland aufgegangen. Große Teile des ehem. Preußen sind an Polen und Russland gefallen. Was mit der russischen Zone (Gebiet zwischen Elbe und Oder) wird, weiß man heute noch nicht. Wenn auch der Russe heute noch so redet, als ob er für ein einheitliches Deutschland wäre, so deuten die Taten doch auf etwas anderes hin: Wenn der Russe auf einen Sowjetstaat abzielt, was dann? Dann würde das zukünftige Deutschland ein sonderbares Gebilde sein.

Nun könnte man sagen: Wenn Preußen nicht mehr vorhanden ist – und es existiert tatsächlich nicht mehr –, ist die Abneigung gegen Deutschland unberechtigt. Um in dieser Frage klar zu sehen, müssen einige Feststellungen getroffen werden: 1. Preußen ist nicht mehr, aber der Preußengeist ist noch vorhanden. Er hat sich auf Deutschland übertragen, auf ganz Deutschland, das bekanntlich von Hitler geschaffen wurde als Einheitsstaat, worauf die Nazis sich sehr viel eingebildet haben. Was aber war das Hitlertum? Es war Preußentum in seiner höchsten Steigerung. Überheblichkeit bei den Regierenden und Kadavergehorsam bei den Untergebenen. Ohne diesen Kadavergehorsam wären die furchtbaren Verbrechen und Scheußlichkeiten der Nazis nicht möglich gewesen. ‚Räsonnier er nicht', sagte Friedrich der Große (oder war es sein Vater), „gemeckert wird nicht", sagten die Nazis.

Bei den Hohenzollern aber war immer noch eine Kritik möglich, ja, sie wurde von dem alten Fritz niedriger gehängt. Die Hohenzollern standen auf einer hohen moralischen Stufe, Gerechtigkeit im Staat verlangten sie. Die Nazis dagegen haben die Kritik totgeschlagen. Und wenn eine untere Instanz mit schlechten Meldungen oder gar Beschwerden kam, wurde er entfernt, wenn nicht gar eingesteckt oder um die Ecke gebracht. Das Hitlertum war Preußentum in höchster Potenz, verbunden mit Unfähigkeit, Dummheit, Ungerechtigkeit und moralischer Verworfenheit. Wenn also auch ein himmelbreiter Unterschied besteht zwischen dem Regiment der Hohenzollern und dem der Nazis, so bleibt doch die Feststellung zu Recht bestehen, dass das Hitlertum sich aus dem Preußentum entwickelt hat.

Bismarck war entschieden ein großer Staatsmann, überlegen den Politikern seiner Zeit, den Inländern sowohl wie den Ausländern. Er war zugleich, zeitweilig wenigstens, der bestgehasste Mann. Wenn er mit seinen Kürassierstiefeln auftrat, verschaffte er sich Respekt. War es aber nötig, in Kürassierstiefeln aufzutreten? Man kann darüber verschiedener Meinung sein. Der Engländer z.B., auch der Franzose, tritt leise auf, wohin er kommt. Das ist klüger. Bismarck war ein echt preußischer Junker. Sein Auftreten preußische Rücksichtslosigkeit, die bisweilen zur Brutalität gesteigert werden konnte. Seine großen Stiefel waren ein Symbol der preußischen <u>schlechten</u> Eigenschaften. Was sind die großen Stiefel der Nazis anders gewesen? Nicht nur Hitler, sondern jeder Amtswalter, jeder SA-Mann musste doch in langen Stiefeln auftreten. Wer Nazi war, musste in langen Stiefeln auftreten. Es musste doch Geräusch geben, wo die Nazis auftraten. Es musste krachen und rasseln, wenn ein Nazi sich bewegte. Preußentum gepaart mit Überheblichkeit, Anmaßung. Dazu kamen noch Lüge und Verdrehung und Ungerechtigkeit. Wer das Hitlertum hasst, muss auch das Preußentum hassen." (Undatiert – wohl Anfang 1947)

Aufmarsch auf der Exe

Prominente in Flensburg

1934: Reichs- und Gauleitertagung, u. a. Reichsminister Heß, Dr. J. Goebbels, Ritter von Epp; 1935: Dänische Handball-Nationalmannschaft; 1936: Adolf Hitler, däni-

Soldaten ziehen durchs Nordertor ein

scher Gymnastikpädagoge Niels (Ebbesen Mortensen) Bukh († 1950), Tropen-, Kriegsmaler sowie „der Maler der Arbeitsschlacht des III. Reiches" Ernst Vollbehr; Reichsfinanzminister Graf Schwerin-Krosigk (1939, 1945), Maler Otto H. Engel, Präsident Reichsmusikkammer Prof. Raabe; 1937: Reichsinnenminister Dr. Frick, ernannt zum Ehrenbürger der Stadt Flensburg; 1938: Staatsrat und Dirigent Dr. W. Furtwängler, Schauspieler G. Gründgens und M. Hoppe, B. Minetti; 1938: ein (mutiger) Bürger „x x x" mit Eintragung ins Gästebuch des Alt-Flensburger-Hauses: *„Der größte Bandit aller Zeit / ist Hitler mit seiner Grausamkeit!"*; 1945: Großadmiral Dönitz und die letzte Reichsregierung; im Gefolge die „Goldfasane", (NS-Größen aller Richtungen), u. a. H. Himmler, Auschwitz-

Wichtige Daten

1933: 12. März – Kommunalwahlen, NSDAP: 44,9 %
1. April – Boykottmaßnahmen gegen jüdische Geschäfte
4. April – Wahl der neuen Stadträte
30. Mai – Bücherverbrennungen auf der Exe
17. August – OB Dr. Fritz von Hansemann wird suspendiert
19. September – Dr. Sievers wird zum OB ernannt
30. Oktober – Propst Simonsen wird entlassen
9./10. Dezember – Reichsführer SS Himmler in Flensburg, Einweihung „Karl-Radtke-Haus" als SS-Haus

1934: 6. Februar – Landesbischof Paulsen auf Kundgebung Deutscher Christen

1934: 4. Juli – Reichs- und Gauleitertagung in Flensburg, Heß, Goebbels und Gauleiter Lohse sprechen

1936: 19. Mai – Panzerkaserne in Betrieb genommen

1938: 5. Januar – Zollschule in alter OR I eröffnet durch Staatssekretär Reinhard

1938: 4. April – Richtfest der Grenzlandkaserne

1939: 28. August – Einführung der Zwangsbewirtschaftung

1940: 9. April – Einmarsch deutscher Truppen in Dänemark

kommandant R. Höss, SS-General Rich. Glücks († 1. 5. 1945 durch Selbstmord, Flensburg), Prof. Dr. K. Gebhardt († 1947, hingerichtet), oberster Kliniker beim Reichsarzt SS, engl. Nazi-Radiosprecher („Lord Haw-Haw") William Joyce († 1946, hingerichtet); Reichskommissar und SS-Obergruppenführer K. O. K. Kaufmann († 1969), Reichskommissar, Gauleiter E. Koch († n. 1983), stv. Inspekteur der KZ G. Maurer († 1947, hingerichtet), SS-Brigadeführer, Leiter des SD und mil. Abschirmdienstes W. Schellenberg († 1952), 23. 4. Unterredung mit Graf Bernadotte in Flensburg (wg. Frieden); usw.; Prof. der Charité Berlin und Radiologe Henri Chaoul (1887–1964), Gutachter über die Hygiene in den Lagern.

Aus der Stadtchronik

6. 9.1944
Das städtische Theater schließt mit einer Abschiedsvorstellung „Don Carlos" seine Pforten. Das Personal geht zur Wehrmacht und in die Rüstungsindustrie. 50 Jahre früher, am 23. 9. 1894, hatte das „Flensburger Stadttheater" zum ersten Male seine Tore geöffnet.

19. 9.1944
Die Schanzarbeiten (Panzersperrgräben) in der Umgebung Flensburgs beginnen.

19. 10.1944
Der „Volkssturm" wird aufgerufen.

24. 1.1945
Aus dem Warthegau treffen Flüchtlinge in Flensburg ein.

31. 1. 1945
Flüchtlinge aus dem Osten (aus Pommern und Mecklenburg) treffen zu Schiff und zu Lande ein.

3. 2.1945
Weitere Flüchtlingstransporte aus den Nordostgebieten des Reiches und aus Litauen, Estland und Lettland.

17. 2.1945
Standgerichte werden errichtet.

1. 3.1945
Starke Kürzung der Lebensmittelrationen.

22. 3. 1945
Flensburg wird in Verteidigungszustand gesetzt; Panzersperren, Drahtverhaue.

27. 4.1945
Die Mädchen im Alter von 15 Jahren werden zu Schanzarbeiten für die Verteidigung der Stadt herangezogen.

4. 5.1945
Flensburg wird zur „offenen Stadt" erklärt und soll nicht verteidigt werden. Fortgesetzt kommen noch Schiffe mit Flüchtlingen und Verwundeten aus dem Osten an. Die Lazarette sind überfüllt.

6. 5.1945
Die Einwohner beseitigen von sich aus die Panzersperren. Die Reichsregierung, darunter Himmler und Rosenberg, in Mürwik. Der Flugplatz wird von amerikanischen Truppen besetzt.

7. 5. 1945
Von Flensburg aus erklärt Großadmiral Dönitz die bedingungslose Kapitulation der Wehrmacht.

13. 5.1945
Besetzung der Stadt durch britische Truppen, Festsetzung der beiden Bürgermeister, Ernennung des langjährigen Stadtverordneten und Ratsherrn I. C. Möller zum Oberbürgermeister, der Herren C. C. Christiansen und Drews zu Bürgermeistern.

14.6.1945
Ein Munitionslager bei Kielseng fliegt in die Luft. Große Schäden an Häusern in der ganzen Stadt. 50 Tote, 21 Vermisste, 131 Schwer- und viele Leichtverletzte.

24.9.1945
Der große Kahlschlag in den Flensburger Waldungen beginnt und vernichtet das schöne Landschaftsbild.

Luftbild Hafen

10. Kapitel
Flensburg seit 1949

Vertriebene und Flüchtlinge

Da Flensburg weitgehend von Kampfhandlungen verschont blieb, kamen bereits im Sommer 1943 die ersten Evakuierten und Hamburger Ausgebombten in die Fördestadt. 1945 spitzte sich die Situation zu: Am 24. Januar trafen die ersten Flüchtlinge aus dem Posener Raum in Flensburg ein. Bis Ende Januar war die Zahl so angestiegen, dass Schulen für die Unterbringung beschlagnahmt werden mussten. Die Einwohnerzahl stieg äußerst schnell: von 68 000 im Jahre 1944 auf 110 000 ein Jahr später. Neben den deutschen Flüchtlingen lebten im Sommer 1945 7500 Ausländer in der Stadt, darunter 3800 Polen und 1250 Letten, meist in Baracken untergebracht. Hinzukamen im Mai bis zu 3000 befreite KZ-Häftlinge. Das Elend, im Materiellen geprägt durch Wohnungsnot, Nahrungs-, Kleider- und Brennstoffmangel, wurde unerträglich, als 1946 zeitweise täglich bis zu 2500 meist aus Polen Vertriebene in Flensburg eintrafen. Die „Aktion Schwalbe" brachte von Februar bis Juli 1946 insgesamt 215 000 Vertriebene aus den Ostgebieten nach Schleswig-Holstein.

„…Der körperliche Zustand war bejammernswert. Trotz schwerster von ihnen geforderter Arbeit erhielten sie nicht die zur Aufrechterhaltung ihrer Kräfte notwendigen Lebensmittel. Gesunde Männer wurden meist von den Polen zurückbehalten, dagegen wurden kranke, schwache Greise und Kinder rücksichtslos ausgetrieben. (Ältester erfasster Ausgewiesener = 94 Jahre alt, Geburten und Todesfälle während der Eisenbahntransporte waren nicht selten.) Bis zu 25 % unterernährt und bis zu 12 % verlaust… 22,1 % aller Flüchtlinge bedurften ärztlicher Hilfe… Das Fehlen der einfachsten Lebensnotwendigkeiten: Nicht einmal ein jeder der Flüchtlinge hat ein Bett oder einen einfachen Strohsack für sich als Lagerstätte, nennt eine einzige Wolldecke sein eigen, um sich vor der Kälte während des Ruhens zu schützen. So fehlt es landauf landab an hunderttausenden von Betten, an Strohsäcken und Wolldecken, an Wäsche und Unter- und Überkleidung, an Schuhen und Strümpfen, an Seife und Handtüchern, an Essbestecken und Geschirr, an Kochtöpfen und Medikamenten. Dies gilt besonders für die ‚Schwalbe-Flüchtlinge'." (Dokumentation der Landesregierung Schleswig-Holstein, 1947)

Lager Kielseng

Erst nach der Währungsreform besserten sich die Verhältnisse grundlegend. Im Sommer 1948 waren von den 106 000 Einwohnern Flensburgs fast 36 % Vertriebene und Flüchtlinge. Jeder fünfte Ostdeutsche in der Stadt, insgesamt 8000 Menschen, lebte in Lagern.

Die Lösung der Probleme (Schaffung neuen Wohnraums durch die Baracken-

Britische Militärregierung und neuer Magistrat mit I. C. Möller

räumprogramme und weitgehende Integration der von auswärts Gekommenen) bedeutet eine nicht hoch genug einzuschätzende Leistung aller Beteiligten: der städtischen Verwaltung, der Einheimischen wie auch der Vertriebenen und Flüchtlinge.

Die britische Besatzung

Am 13. Mai 1945 besetzten britische Truppen Flensburg. Die Militärregierung begann mit gesellschaftlichen Veränderungen nach Grundsätzen der englischen Demokratie. Dies betraf zunächst und vor allem die Kommunalverfassung. Damals wurde die bis heute grundlegend wichtige Zweiteilung eingeführt von Stadtvertretung und Stadtverwaltung. Auf der einen Seite also gab es nun die Ratsversammlung, bestehend aus den gewählten Bürgerrepräsentanten und befugt, die Stadtenwicklung durch grundlegende Beschlüsse zu bestimmen. Auf der anderen Seite stand die Stadtverwaltung mit dem Magistrat als leitendem Organ, befugt und verpflichtet, die Beschlüsse der Ratsversammlung durchzuführen und alle Verwaltungsmaßnahmen festzulegen. Die Vorsitzenden beider städtischen Organe, Stadtpräsident und Oberbürgermeister, repräsentieren seitdem die Stadt nach außen, jeweils miteinander abgestimmt.

Die erste Stadtvertretung nach dem Zweiten Weltkrieg wurde von der britischen Militärregierung am 16. Mai 1945 ernannt, und zwar in Rückgriff auf die Wahlergebnisse vor 1933. Als höchster Repräsentant der Stadt wurde der Vertreter der dänischen Minderheit berufen, nämlich der Großkaufmann I. C. Möller. Als sein Stellvertreter wurde der deutsche Fabrikant C. C. Christiansen eingesetzt.

Für die Unterbringung der englischen Offiziere und Dienststellen wurden zahlreiche Privathäuser beschlagnahmt, für die Truppenbetreuung waren es Filmtheater und Gaststätten. In der sowie schon überfüllten Stadt wurden diese Maßnahmen als überaus hart empfunden. Die englischen Truppen selbst waren in der Grenzlandkaserne und zum Teil in der Marineschule Mürwik einquartiert. Das Hauptquartier befand sich im Polizeipräsidium an den Norderhofenden. Abgesehen von diesem direkten Eingriff in das Leben vieler Bewohner der Stadt brachte die Besetzung durch die Engländer jedoch weit weniger Beschwernisse als vielleicht befürchtet.

Die englischen Besatzungstruppen wurden später von norwegischen abgelöst, die im April 1953 die Stadt verließen. Damit war Flensburg einige Jahre soldatenfrei, denn erst im August 1956 zog die Bundeswehr ein: Die Marineschule Mürwik übernahm wieder die Ausbildung der Marineoffiziere, der erste schwimmende Verband wurde im Marinestützpunkt stationiert, und Heeresverbände zogen in die Grenzlandkaserne und in die neue Kasernenanlage in Flensburg-Weiche.

Evangelische Wochen

Nach dem chaotischen Zusammenbruch des Deutschen Reiches zeigte sich das Hohle und Fragwürdige der zwölf Jahre lang als absolut gesetzten Ideale. Das Erschrecken über das Grauen der Vergangenheit und die persönliche Not zwangen die Menschen zur Besinnung. Man erhoffte Hilfe von anderen, beständigeren Werten, fühlte sich befreit nach öden Jahren geistiger Bevormundung und nahm dankbar Anregungen von allen Seiten auf, da man nun nicht mehr vom geistigen Leben außerhalb des nationalsozialistischen Herrschaftsbereichs abgeschnitten war. Die Menschen suchten das Gespräch und das künstlerische Erlebnis, und daher war das geistige Leben in der Stadt in diesen an sich so schweren Jahren reger als je zuvor und nachher.

Die Gottesdienste waren gut besucht. In den „Evangelischen Wochen", die im Oktober 1947, im September 1948 und im Oktober 1951 in der Marienkirche veranstaltet wurden, fand sich eine große Gemeinde zu zum Teil leidenschaftlichen Diskussionen zusammen und hörte die Vorträge bedeutender deutscher Kanzelredner.

Neudänische Bewegung und Sozialdemokratische Partei Flensburg (SPF)

Der Gegensatz der Nationalitäten in Flensburg beherrschte die ersten Nachkriegsjahre und bestimmte damit auch die Kommunalpolitik. Zunächst erhielt die dänische Minderheit einen explosionsartigen Zulauf. Man sah Dänemark als friedliche Idylle, und sicherlich gab es auch vielerlei

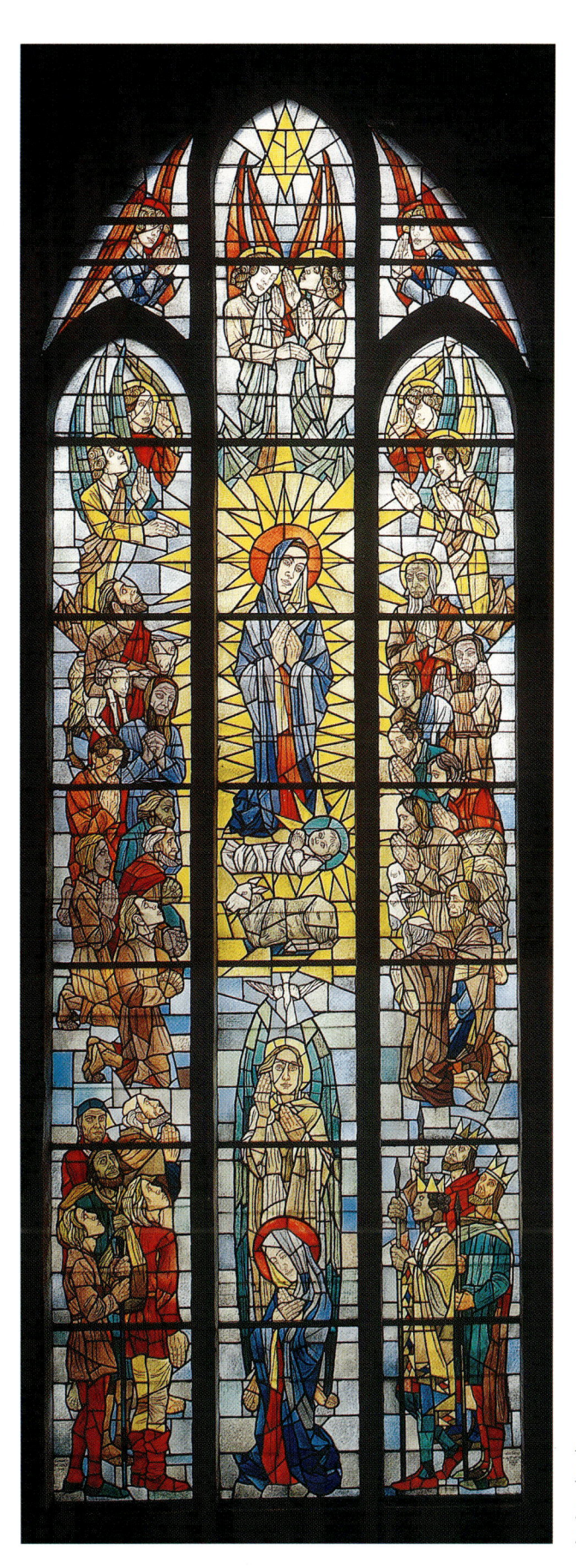

Käte Lassen, Kirchenfenster in St. Marien

andere Gründe. Der „Schleswigsche Verein" zählte Ende 1945 11 800, Ende 1946 dagegen 66 000 Mitglieder. Viele ehemalige Nationalsozialisten waren darunter, bis der SSV ein Aufnahmeverbot erließ.

Diese Ausgangslage macht erklärlich, in welchem Ausmaß die dänische Minderheit in den ersten Nachkriegsjahren die politischen Repräsentanten stellte:

– *im kommunalen Bereich:*
    1946 – 33 von 39 Mitgliedern;
    1948 – 21 von 40 Mitgliedern;
    1951 – 18 von 39 Mitgliedern;

– *im Landtag:*
    1947 – 6 von 71 Mitgliedern;
    1950 – 4 von 69 Mitgliedern;
    1954 – 0 (wegen 5 %-Klausel)

– *im Bundestag:*
    1949 – 1 von 402 Mitgliedern.

Im kommunalen Bereich wurde die dänische Partei bis 1951 von den mit einem Anschluss an Dänemark sympathisierenden Sozialdemokraten unterstützt; 1946 schloss der Vorsitzende Dr. Kurt Schumacher sie deswegen aus der SPD aus. Daraufhin kam es zu einer Besonderheit in der Grenzstadt: Es konstituierte sich die SPF, die Sozialdemokratische Partei Flensburg. Sie erhielt 1946 12 Mandate von insgesamt 33 dänischen, 1948 waren es 8 von 21. Die „deutsche" SPD in Flensburg begann 1946 mit 2 Mandaten, erreichte 1948 9 Sitze und war 1951 überhaupt nicht vertreten, bedingt durch die polarisierte Auseinandersetzung zwischen Deutsch und Dänisch. Die „Wählergemeinschaft Deutsches Flensburg" (WDF), ein Bündnis aus den Parteien CDU, FDP, GB/BHE, DP, SHB und DRP, beendete 1951 die dänische Mehrheit, indem sie 21 von 39 Mandaten errang. Neuer Stadtpräsident wurde Thomas Andresen (CDU), ab 1955 OB.

Die Lösung der Minderheitenfrage

Die entscheidenden Grundsätze über das Zusammenleben mit den nationalen Minderheiten wurden außerhalb Flensburgs formuliert. Ausgangspunkt war die Kieler Erklärung von 1949. Es folgten 1955 die Bonn-Kopenhagener Erklärungen, die seitdem die kulturelle Autonomie der nationalen Minderheiten südlich und nördlich der deutsch-dänischen Grenze garantieren. Das Zusammenleben hat sich inzwischen so gestaltet, dass von einem „Modellfall Europa" gesprochen werden kann. Vertreter aller europäischen Grenzregionen haben dies bisher bei Besuchen oft zum Ausdruck gebracht. Es wird auch dadurch dokumentiert, dass sich der Sitz der „Föderalistischen Union Europäischer Volksgruppen" (FUEV) in Flensburg befindet.

Die neudänische Bewegung nach 1945 mit dem Ziel einer Veränderung der Grenze war eine vorübergehende Erscheinung der unmittelbaren Nachkriegszeit, des nationalen und wirtschaftlichen Zusammenbruchs Deutschlands. Dass keine Grenzänderung stattfand, lag besonders an der hier zuständigen britischen Besatzungsmacht.

Nach Ende des Krieges schuf sich die dänische Minderheit mit Genehmigung der britischen Militärregierung eine neue Dachorganisation für ihre Arbeit: Am 31. Januar 1946 wurde die „Südschleswigsche Vereinigung" (SSV) gegründet. Für die parteipolitischen Aktivitäten, vor allem auf Landesebene und im kommunalen Bereich, entstand 1948 der SSW („Südschleswigscher Wählerverband").

Die Kieler Erklärung vom 26. September 1949, unter britischem Einfluss und mit dänischer Beteiligung zustandegekommen, formulierte die Garantie für die Minderheit: „Das Bekenntnis zum dänischen Volkstum und zur dänischen Kultur ist frei." Dieser Grundsatzbeschluss wurde Fundament für die Abmachungen von 1955.

Die Bonn-Kopenhagener Erklärungen vom 29. März 1955: In der deutschen Erklärung werden die allgemeinen, verfassungsmäßig gesicherten Rechte der dänischen Minderheit in Südschleswig aufgezählt, in der dänischen Erklärung werden die Rechte der deutschen Minderheit in Nordschleswig in gleicher Weise erwähnt. „Die Erklärungen enthalten soweit eine Bestätigung bestehender Rechte, sie haben aber ihre Bedeutung darin, dass man sie als Ausdruck der Absicht der beiden Regierungen nehmen darf, je in

Wahlplakat SSW (Südschleswigscher Wählerverband)

ihrem Gebiet eine rücksichtsvolle und demokratische Minderheitenpolitik zu führen." (Troels Fink)

Ausgehend von diesen Erklärungen ist nach jahrelanger Diskussion unter aktiver Teilnahme des SSW, die Landessatzung am 13. Juni 1990 folgendermaßen geändert worden:

Art. 5 „(1) Das Bekenntnis zu einer nationalen Minderheit ist frei; es entbindet nicht von den allgemeinen staatsbürgerlichen Pflichten.

(2) Die kulturelle Eigenständigkeit und die politische Mitwirkung nationaler Minderheiten und Volksgruppen stehen unter dem Schutze des Landes, der Gemeinden und Gemeindeverbände. Die nationale dänische Minderheit und die friesische Volksgruppe haben Anspruch auf Schutz und Förderung." Die Flensburger Erklärungen (Beschluss der Ratsversammlung vom 5. Mai 1983 und Beschluss des Schulausschusses vom Dezember 1985) bedeuteten Konkretisierungen bzw. die Übernahme weiterer Verpflichtungen gegenüber der Minderheit. Das Ziel des SSW, die Gleichstellung mit der Mehrheit zu erlangen, ist teilweise erreicht. Die weitere Entwicklung ist aber vorprogrammiert: Jede Minderheit ist auf Dauer nur überlebensfähig, wenn sie besser gestellt ist als die Mehrheit.

KBA (Kraftfahrtbundesamt)

Das „Wirtschaftswunder" in wirtschaftlicher Randlage

War nach dem Ersten Weltkrieg das nördliche Hinterland verloren gegangen, so büßte Flensburg nach dem Zweiten Weltkrieg die früher so wichtigen Handelsbeziehungen nach Osteuropa ein, insbesondere zu den Häfen der östlichen Ostsee und zu den Absatzmärkten in Mitteldeutschland. Die Flensburger Wirtschaft konnte daher nicht genügend Arbeitsplätze bereitstellen; die Arbeitslosigkeit war demzufolge überdurchschnittlich hoch (1949 z. B. ca. 30 %) und ist es seit einigen Jahren wieder (fast 20 %).

Die strukturellen Schwächen des Wirtschaftsraums Flensburg haben sich also seit 1945 bis heute erhalten. Sie waren zum Beispiel der Grund dafür, das Kraftfahrt-Bundesamt (KBA) im Jahre 1952 von Bielefeld nach Flensburg zu verlegen. Sie führten auch dazu, weitere Bundes- und Landesbehörden in der Fördestadt anzusiedeln und zu erhalten.

Die Bundeswehr war seit 1956 ein beachtlicher Wirtschaftsfaktor für die Stadt, und zwar nicht nur wegen der starken Einheiten von Heer und Marine, sondern auch wegen zusätzlicher Reparaturaufträge vorzugsweise im Werftbereich. Die globalen sicherheitspolitischen Abmachungen führten nach der Wiedervereinigung zu einer erheblichen militärischen Reduzierung. Davon war Flensburg als eine der größten deutschen Garnisonstädte besonders betroffen. Die neue Entwicklung zeigt sich am deutlichsten bei den ehemaligen Heereseinrichtungen: Die „grauen" Soldaten sind abgezogen, aus den Kasernen werden neue Wohnanlagen. Auch von den „blauen Jungs" sind nur einige geblieben. Im städtischen „Zahlenspiegel" heißt es dazu: „1993: Der Abbau von Bundeswehreinheiten im Zuge der Abrüstungsvereinbarungen beginnt und trifft Flensburg in hohem Maße." Die Bundeswehr beendete ihre Rolle als wichtiger Wirtschaftsfaktor der

Marineschule Mürwik

Region. Die Bedeutung wird erkennbar, wenn nur die militärischen Einheiten aufgezählt werden, die hier von 1956 bis 1993 stationiert waren:

Heer: Panzer-Grenadier-Brigade 16 (mit Batallionen: Pz. Gren.; Inst.; Vers.; Rak.-Art.; Pz. Jg. Komp.), Panzer-Fernmelde-Btl.

Marine: Marinestützpunktkommando Flensburg-Mürwik;
– Teile des 1. Versorgungsgeschwaders;
– Schnellbootflotille;
– 3. Schnellbootgeschwader;
– 1. Minensuchgeschwader;
– Flottendienstgeschwader;
– Marinefernmeldeschule;
– Marineschule Mürwik;
– (Glücksburg-Meierwik: Flottenkommando u. Marinefernmeldeabschnitt 1).

1984 waren in Flensburg ständig 8000 Soldaten (davon 50 % Marine) stationiert und zusätzlich 2000 zivile Mitarbeiter beschäftigt; die gesamte Einwohnerzahl betrug ca. 86 000.

Allein durch die Bundeswehr-Familien gab es zahlreiche Verbindungen zur städtischen Bevölkerung. Darüber hinaus sorgten regelmäßige Kontakte der offiziellen Stellen für ein gutes Verhältnis zum Militär. Besonders die gesellschaftlichen Veranstaltungen sind den Teilnehmern in bester Erinnerung, vom „Frühlingsball" bis zum „Oktoberfest". Was hoffentlich erhalten bleibt: das Angebot der legendären Erbsensuppe, deren Erlös sozialen Einrichtungen zugutekommt.

Die Verkehrsanbindung an das europäische Straßennetz ist durch die im Jahre 1978 von der dänischen Königin Margarethe II. und dem deutschen Bundespräsidenten Walter Scheel gemeinsam eröffnete Autobahn Hamburg-Flensburg-Apenrade erheblich verbessert worden.

Ein frühes Signal für den Aufschwung war das Einlaufen des ersten Rumschiffs aus Jamaika im Flensburger Hafen 1949. Die positive Entwicklung zeigte sich vor allem an der Werft: 1954 liefen vier Schiffe von je 10 000 BRT vom Stapel. Die Zahl der Beschäftigten stieg bis in die Sechziger Jahre auf 2 500, im folgenden Jahrzehnt waren es etwa 1500 und im Juli 1984 1157. Durch Errichtung einer großen Wetterschutzhalle konnten die Produktionsbedingungen erheblich verbessert werden. Wenn auch zwischendurch die

Auslastung durch fehlende Aufträge nicht mehr vollständig gegeben war, so hat es die Unternehmensführung mittlerweile erreicht, durch Spezialisierung auf den Bau hochwertiger Containerschiffe international konkurrenzfähig zu bleiben.

Auch das Reedereigeschäft konnte einen Aufschwung in eine neue Qualität verzeichnen. 1954 waren bereits wieder 30 Schiffe mit 28 780 BRT registriert, 1964 waren es 77 Schiffe mit 74 955 BRT und 1983 60 Schiffe mit 435 103 BRT.

In der Fördeschifffahrt boomten die „Butterfahrten", die Möglichkeit zu zollfreiem Einkauf lockte 1981 insgesamt 3,3 Millionen Fahrgäste auf 19 „Butterschiffe". Im Rahmen der EU-Wettbewerbsbestimmungen gibt es diese Einrichtung nicht mehr, was den Wegfall zahlreicher Arbeitsplätze in der Region zur Folge hatte.

Wirtschaftswunder und damit verbundener Bauboom sorgten im Jahrzehnt von 1960 bis 1970 dafür, dass die Zahl der Beschäftigten in den Mittelbetrieben stark wuchs, die Arbeitslosenquote sank 1963 unter die 2 %-Grenze. Allerdings mussten auch einige traditionsreiche Unternehmen schließen: die Kupfermühle, die Ofenfabrik, die Nährmittelfabriken und zwei Armaturenwerke.

Umso wichtiger wurde die Ansiedlung skandinavischer Betriebe, die so die damaligen Zollgrenzen umgehen wollten. Außer „Danfoss" sind zu nennen die Schurpack GmbH und die Storno-Electronic GmbH (Fabrik für Funksprechanlagen). „Die Leistung des Firmengründers von „Danfoss" wurde 1973 durch die Benennung „Mads-Clausen-Straße" gewürdigt. „Die alles überragende Leistung dieses Mannes besteht darin, dass er auf der grünen Wiese ein Unternehmen aufbaute, das auf der ganzen Welt kaum seinesgleichen hat. Nicht allein die Tatsache, dass dieses Unternehmen umweltschutzfreundlich, d. h. keine Luftverpestung noch Schmutz verursacht, sondern dass er das Unternehmen in einer Umgebung aufbaute, wo nach rein wirtschaftlicher Überlegung keine Möglichkeit zu einer größeren Entwicklung bestand. Aber nicht allein schaffte er durch sein Unternehmen Arbeitsplätze für ca. 7000 Menschen auf der Insel Alsen, sondern das Unternehmen wuchs weit über die Grenzen der Insel Alsen und über Dänemark hinaus. Es wurde zu dem bedeutendsten Unternehmen dieser Art in ganz Europa." (Danfoss-Pust, Straßennamen, S. 197, Anm. 340; Stadtarchiv, Akten Jedzini)

Firma „Beate Uhse"

> *Diese Flensburger Firmen / Institutionen kennt jeder:*
> – Beate Uhse: „Hygiene-Institut"
> – Bommerlunder: *„Der Klare aus dem Norden"*
> – Flensburger Brauereien: *„Flensburger Pilsener-Plop"*
> – KBA (Kraftfahrtbundesamt): *„Verkehrssünderkartei"*
> – MSM (Marineschule Mürwik): *mit den Schulschiffen „Deutschland" und „Gorch Fock"*
> – Robbe & Berking: *Sterling-Silber für den Kreml*

Innenstadtsanierung

Ab 1974 wurde die Innenstadtsanierung durchgeführt. Ihr Konzept setzte sich zum Ziel, die Stadtstruktur innerhalb des Gebietes wieder hervorzuheben. Besonders deutlich wird dies an der Wiederherstellung der Speicherlinie, einer Aneinanderreihung von historischen Speichern vor allem aus

Holm 17

dem 18. Jahrhundert. In diesem Zusammenhang sind jedoch ebenso die Segelmacherstraße und der Kompagniegang zu nennen, ist ferner hinzuweisen auf die Fußgängerbereiche vom Süder- bis zum Nordermarkt, von Schiffbrückstraße und Schiffbrückplatz. Eine besondere Attraktion bilden inzwischen die zahlreichen sanierten Kaufmannshöfe im zentralen Bereich der Altstadt.

Die Sanierung als qualitative Verbesserung der Wohnumwelt wurde umfassend durch das seit 1970 durchgeführte System der Fernwärmeversorgung unterstützt. Dieses als „Flensburger Modell" bundesweit bekannt gewordene Projekt der Stadtwerke hatte zum 700-jährigen Stadtjubiläum 1984 ein großes Ziel erreicht: Fast alle Haushaltungen waren angeschlossen – eine Umweltschutzmaßnahme ersten Ranges!

Kulturelles Doppel

Zur Verbesserung der Lebensqualität gehören auch die kulturellen Bemühungen. Als Grenzstadt zeichnet sich Flensburg seit Jahrzehnten durch kulturelle Dualität aus, die kulturelle Autonomie der Minderheit führte zum deutsch-dänischen Doppel: Schulen, Bücherei, Theater, Musik …

Eine Besonderheit hat sich inzwischen überaus bewährt: die Schleswig-Holsteinische Landestheater- und Sinfonieorchester GmbH. Geboren aus der finanziellen Notlage der jeweils eigenen Stadttheater, schlossen sich im Jahre 1974 in einem GmbH-Vertrag zusammen: die Städte Flensburg, Rendsburg, Schleswig, Heide, Husum, Itzehoe, Bad Segeberg, Meldorf, Friedrichstadt und Wyk auf Föhr, die Kreise Rendsburg-Eckernförde, Schleswig, Flensburg-Land, Dithmarschen, Nordfriesland und Steinburg sowie die Gemeinden Leck und St. Peter-Ording. Die Bilanz der Spielzeit 1999/2000 dieses „Landestheaters" lautete: 335 Mitarbeiter, 797 Vorstellungen, 213091 Zuschauer. Es ist die größte Landesbühne in der Bundesrepublik geworden.

Grenzüberschreitende „Flensburger Tage"

Die ersten „Flensburger Tage" fanden im Herbst 1954 statt. Sie hatten das Ziel, „vom Brennpunkt der Spannung her (zu) versu-

Disco

chen, die Hypotheken der Geschichte abzutragen, was nichts anderes bedeutete als den Versuch, mit intellektueller Redlichkeit geschichtliche und aktuelle politische Positionen mit den Mitteln der kommunalen Kulturarbeit neu zu werten. Dabei hoffte man, inspirierende Informationen geben zu können, mit Hilfe derer es möglich würde, bessere Maßstäbe für das Zusammenleben an der Grenze zu setzen." (Hans Peter Johannsen)

Das Programm von 1954 enthielt kulturelle und wirtschaftliche Informationen, Höhepunkte waren ein Symphoniekonzert mit Beethovens IX. im „Deutschen Haus" und ein Gastspiel des Königlichen Balletts Kopenhagen. Ab 1971 wurden die „Flensburger Tage" für weitere Bevölkerungskreise geöffnet, neu im Programm der deutsch-dänischen Begegnungen erschienen: Musik und Tanz für junge Leute, Hallensportschau in der Idraetshalle, Sport im Stadion, internationales Tanzturnier, Ausstellungen usw.

Der grenzüberschreitende Dialog der „Deutsch-Dänischen Tage", wie die Bezeichnung seit Ende der Siebziger Jahre lautet, hat im Laufe der Jahrzehnte große Erfolge erzielt und wesentlich zur Förderung des Verständnisses der beiderseitigen Probleme beigetragen.

Die deutsch-dänische kommunalpolitische Zusammenarbeit fand im Laufe der Jahre auch auf vielen anderen Gebieten statt: in der Fördekommission, Elektrizitätswirtschaft, Auslandfleischbeschau, Katastrophenschutz, im Sozialbereich, im deutsch-dänischen Forum, in Kontakten der Ratsfraktionen… Und schließlich gab es noch ein Unikum: den Kollunder Wald. 1879 kaufte die Stadt Flensburg die Hölzung, um sie vor der Abholzung zu retten; die Hälfte der Summe wurde übrigens von einer der ersten Bürgerinitiativen aufgebracht. Nach der Volksabstimmung 1920 kam das Land zu Dänemark, doch der Wald befindet sich bis heute in städtischem Eigentum. Nach 1945 war eine Betreuung durch die Stadt nicht möglich, und so wurde bis 1952 ein Vertrag mit einem dänischen Förster abgeschlossen, der die städtischen Rechte in eigener Verantwortung wahrnahm.

Flensburg hatte jedoch auch eine kulturelle Niederlage zu erleiden, denn seine Entwicklung als Hochschulstandort wurde 1989 gestoppt: Die Aufhebung des TH-Errichtungsgesetzes von 1975 und das Aus für die „Nordische Universität" (NU) bedeuteten den Verlust des Images als Universitätsstadt mit allen negativen Folgen, auch wirtschaftlichen. Eine Kompensation wurde anvisiert: zum einen durch den Aus- und Neubau der Fachhochschule für Technik, zum anderen durch die Weiterentwicklung der Pädagogischen Hochschule zur „Bildungswissenschaftlichen Universität".

Die Partnerstädte Carlisle, Slupsk und Neubrandenburg

Nach ersten Kontakten im Jahre 1959 wurde die offizielle Partnerschaft mit der nordenglischen Stadt Carlisle am 29. Juni 1961 begründet. Seit Juli 1961 entwickelte sich neben den Besuchen der Stadtdelegationen ein regelmäßiger Jugendaustausch, insbesondere im Sportbereich – bis heute ein wichtiger Bestandteil der Partnerschaft.

Die Städtepartnerschaft mit Neubrandenburg entstand noch zu DDR-Zeiten, am 16. und 23. November 1987 kamen die Vereinbarungen zustande. Flensburg gehörte damit zu den ersten 15 westdeutschen Städten, die eine Partnerschaft mit einer DDR-Stadt abschlossen. Ziel war es, die Fortentwicklung der Beziehungen zwischen beiden deutschen Staaten durch praktische Zusammenarbeit zu gestalten und so die Spaltung zu überwinden. Im Vordergrund standen daher der kulturelle Austausch und gegenseitige Begegnungen, z. B. im sportlichen Sektor. Nach der Wiedervereinigung rückte vorübergehend die Verwaltungshilfe für die Stadtverwaltung von Neubrandenburg in den Mittelpunkt.

Eine Welturaufführung gab es durch die Drei-Städte-Partnerschaft. Am 29. Juni 1988 wurde im Flensburger Rathaus die „Vereinbarung über die Zusammenarbeit der Städte Flensburg, Carlisle und Slupsk" besiegelt. Seit dieser Zeit kommt es zu zahlreichen dreiseitigen Beziehungen. Jährlich findet ein offizielles Treffen von Delegationen der drei Städte abwechselnd in Carlisle, Slupsk und Flensburg statt, in gleicher Weise auch der Jugendaustausch.

700 Jahre Stadt Flensburg 1984

„Das hat die Stadt noch nicht erlebt: Was für ein Umzug, was für ein Fest!" So und ähnlich berichteten die Tageszeitungen über das große Ereignis, das am 27. Mai 1984 ganz Flensburg erfüllte und Gäste aus nah und fern anlockte. Über 4400 Teilnehmer (102 Gruppen, 120 Pferde und mehr als 20 Musikkapellen) und 80 000 Zuschauer am Straßenrand von der Petri-Kirche bis zum Südermarkt nahmen teil: Das ist nahezu die Einwohnerzahl der Stadt gewesen! Es war ein einmaliges Erlebnis für die gesamte Stadtgesellschaft, denn die Fülle des Programms bot vieles für viele. Offizielle

Drei-Städte-Partnerschaft Slupsk – Flensburg – Carlisle

Höhepunkte waren die Besuche der beiden Staatsoberhäupter: der dänischen Königin Margarethe II. und des deutschen Bundespräsidenten Karl Carstens.

Flensburger Sportler – weltweite Resonanz

One-Tone-Cup: Weltmeister aus Flensburg

Der traditionsreiche Flensburger Segel-Club von 1890 erlebte 1978 einen der ersten großen Höhepunkte seiner Wettfahrtgeschichte: den „One-Tone-Cup" auf der Flensburger Förde. Zu dieser Weltmeisterschaft waren 36 Eintonner-Yachten aus vier Erdteilen im Yachthafen des FSC in Glücksburg erschienen. Als Weltmeister ging die „Tilsalg" mit Klaus Lange (FSC) und seiner Crew über die Ziellinie. Damit hatte eine reine Amateurmannschaft gegen die vielen Profis gewonnen.

Nach 1978 hat das Offshore Racing Council ein weiteres Mal eine Weltmeisterschaft der Hochsee-Regattasegler an die Flensburger Förde vergeben. Zwei gekrönte Häupter, König Juan Carlos von Spanien und Ex-König Konstantin von Griechenland ließen es sich nicht nehmen, 1990 mit ihren 3/4-Tonnern „Bribon" und „Atalanti" an der Weltmeisterschaft teilzunehmen. Damit wurde diese Veranstaltung einer der Höhepunkte zum 100. Geburtstag des Flensburger Segel-Clubs. 218 Optisegler und -seglerinnen (144 Jungen und 74 Mädchen) aus 30 Nationen beteiligten sich an einer Trainingswettfahrt und an sechs Meisterschaftsläufen, die Nationalhymnen Dänemarks und Jugoslawiens erklangen zum Schluss für die Europameisterin Signe Groth und den Titelgewinner Jurica Tnjic. Es war eine großartige völkerverbindende Begegnung.

Sportschütze Rudi Bortz: Weltrekord 1959

Mit 597 von 600 möglichen Ringen stellte Rudi Bortz 1959 im Kleinkaliberschießen einen Weltrekord auf, der immerhin bis 1968 Bestand hatte. 1963 wurde Rudi in Oslo zweifacher Europameister und stellte dabei im KK-Liegendschießen einen neuen Europarekord auf. Bei den XVIII. Olympischen Spielen in Tokio 1964 gehörte er zur letzten gesamtdeutschen Mannschaft. Rudi Bortz wurde viermal Deutscher Meister (1958, 1960, 1968 und 1969), siegte viermal mit der Nationalauswahl im Weltfernwettkampf und errang 1962 bei der WM in Kairo mit der Mannschaft Bronze.

Handball-Hochburg: Europameister SG Flensburg-Handewitt

In Kasernengebäuden wurde das erste Zentrum des Sports in Schleswig-Holstein begründet: Die Sportschule Flensburg-Mürwik entstand 1947 auf Initiative von Siegfried Perrey. Alsbald galt sie auch überzonal als eine Hochburg der Ausbildung und Begegnung im Sport. 1958 wurde sie wieder an die Marine übergeben.

Unmittelbar nach Kriegsende begründete S. Perrey auch den Aufstieg des Flensburger Handballs, zunächst im Feldhandball. Der FTB (Flensburger Turner-Bund) stellte bis 1950 eine Spitzenmannschaft, die mehrfach um die deutsche Meisterschaft spielte. Herausragend war Bernd Kuchenbecker: Nationalspieler, Weltmeister im Feldhandball,

Stadtjubiläum 1984: der Magistrat an der Spitze des Umzuges

Die Yacht „Jan Pott", 1979 qualifiziert für den Admiral's Cup (inoffizielle Weltmeisterschaft), auf dem Rückweg vom Fastnetrock von einer Monstersee erfasst und durchgekentert

Flensburg-Handewitt, 28. April 2001: Europa-Pokal der Pokalsieger

Länderspiele in der Hallenhandball-Nationalmannschaft von 1951 bis 1954. Im Hallenhandball wurde die FTB-Oberligamannschaft in der Serie 1949/50 deutscher Meister. Seit 1967 fand jährlich (bis 1994) ein internationales Städteturnier statt, bei dem die Flensburger Auswahl oft eine führende Position einnahm.

In der 1. Handball-Bundesliga spielt die Flensburger Mannschaft SG Flensburg-Handewitt seit vielen Jahren auf den ersten Plätzen mit. Dies führte auch zur Teilnahme auf europäischer Ebene, bisheriger Höhepunkt: Gewinn des EHF-Pokals 1997.

DSB-Präsident Hans Hansen

Schließlich spielte der Flensburger Sport auch auf der Ebene der Funktionäre eine beachtenswerte Rolle. Hervorragendes Beispiel war Hans Hansen. Seit 1947 ehrenamtlich im Sport engagiert, fungierte er ab 1974 als Präsident des Landessportverbandes Schleswig-Holstein und wurde 1986 zum Präsidenten des Deutschen Sportbundes gewählt, welches Amt er bis 1994 innehatte.

„Geistige Getränke": Pharisäer und Grog

Seit gut einem Jahrhundert ist der „Pharisäer" Getränk in Schleswig-Holstein, entstanden bei einer Kindtaufe im Beisein eines sittenstrengen Pastors. In der Küche ließ der Gastgeber die Kaffeetassen nur zu drei Vierteln füllen, gab in jede Zucker sowie einen ordentlichen Schuss Rum und verdeckte bzw. versteckte den Alkohol unter einer dicken Sahnehaube. Die Gäste wurden immer fröhlicher und gesprächiger, bis der Pastor wohl aus Versehen ebenfalls an dieses Getränk geriet und ausrief: „Oh, ihr Pharisäer!" Ein bis heute beliebter Kaffeepunsch war erfunden, und ein origineller Name

> *Aussicht, oder:*
> *Ein Sommertag in Flensburg*
>
> *Regentropfen en gros*
> *Regentropfen en detail*
> *Regenschauer heftig*
> *Regenschuhe nass*
> *Regenpfützen schmutzig*
> *Regenrinnen voll*
> *Regenmäntel bunt*
> *Regenwolken dunkel*
> *Regenschirme rund*
> *Regen – Regen – Regen*
> *„An Frau Sonne"*
> *geht ein Brief nach oben.*
> *Er kommt zurück*
> *mit dem Vermerk*
> *– Empfänger unbekannt verzogen …*
> (Jane Kizinna)

noch dazu! Inzwischen ist das Rezept gerichtlich bestätigt: Der Flensburger Richter Peter Jacobsen legte in einem bundesweit beachteten Urteil von 1981 die Mindestanteile des Rums fest!…

Wesentlich älter ist das Rezept für einen „steifen" Grog: Zucker in ein Grogglas geben, mit kochendem Wasser auffüllen, hochprozentigen Rum (Menge nach Geschmack) dazugeben und heiß trinken. In Flensburg gilt dafür die Regel: Rum mutt, Szucker kann, Water bruukt nich.

Ausblick: Ernst von Salomon über Flensburg

Ernst von Salomon (1902–1972) lebte als schleswig-holsteinischer Literat nach dem Ende des II. Weltkrieges auf der Insel Sylt. Er kannte die Städte des Landes, so auch Flensburg, von zahlreichen Aufenthalten. Seine Bücher spiegeln die Welt des militanten Rechtsradikalismus zur Zeit der Weimarer Republik plastisch, nachdenklich und selbstkritisch wider. Durch die alliierte Besatzung wurde Salomon 1945 „aus Versehen" interniert – daraus entstand 1951 sein umstrittenes Buch „Der Fragebogen". Sein letztes Werk „Deutschland, deine Schleswig-Holsteiner" von 1971 erzählt die Geschichte Schleswig-Holsteins – der Autor ging von dem Standpunkt aus, „sich sinngebend in die Lüfte zu schwingen." (Zitat über Flensburg: „Deutschland, deine Schleswig-Holsteiner", S. 163 ff.)

„Diese schöne, diese festliche Stadt ist weder deutsch noch dänisch, sie ist flensburgisch. Gerade in Flensburg hat sich gezeigt, wie sehr sich und auf glückliche Art Deutsches und Dänisches unterirdisch vermählen kann. In dieser Stadt wohnen Dänen und Deutsche nicht nebeneinander, sondern durcheinander, in einer bekömmlichen Enge, in der dänischer Frohsinn sich mit deutschem Tätigkeitsdrang vermengen, der Rum, der dort verschnitten und vertrieben wird, macht offenbar lustig, und Flensburg spricht eine eigene Sprache, in der sich die dänische Satzbildung und die deutschen Worte zu einem amüsanten Sprachgemisch vereinen. ‚Das is kein Wetter und jagen ein Hund aus in!' und: ‚Das is einen bösen Kommzurecht un finden durch!' oder: ‚Das is chanz chuut un haben ein Stück Speck ins Haus un sneiden ab vun, wenn da kummt ein.' Die Flensburgerin Gerty Molzen hat viele ‚Döntjes' gesammelt und die ‚Petuh-Tanten' verherrlicht…

Bundespräsident Theodor Heuss in Flensburg, 1950

Hafen mit Altem Gymnasium und St. Marien

Jedesmal, wenn ich nach Flensburg komme, erscheint mir die Stadt in strahlendem Sonnenschein, komme ich mit fröhlichen Menschen zusammen, esse in Lokalen mit ausgezeichneter Küche – ob deutsch oder dänisch –, lese in vorzüglich geleiteten Buchhandlungen und fühle mich in einer Einheit der Mentalität geborgen wie kaum in einer anderen Stadt…"

Prominente in Flensburg

1950: Prof. Theodor Heuss; 1960, 1963, 1966: Heinrich Lübke; 1970: Dr. Gustav Heinemann; 1978: Walter Scheel; 1984: Prof. Karl Carstens; 1988: Richard von Weizsäcker (sämtlich deutsche Bundespräsidenten); 1996: Roman Herzog; 2002: Johannes Rau.

1978, 1984: Königin Margarethe II. von Dänemark; Königin Ingrid von Dänemark.

1945 ff.: Maler Ernst Günter Hansing; 1949: Bischof Dibelius; 1950: modernstes Studio des NWDR eingeweiht durch Generaldirektor Dr. Grimme; 1951:deutsche Kultusministerkonferenz in Flensburg; 1952: neuer Resident Officer, Mr. E. B. Daneill (1954 nach Lübeck); Bundespostkonferenz mit Bundespostminister Dr. Schuberth; 1952, 1954; Albert Schweitzer; 1953: norwegischer Truppentransporter „Svalbard", Abzug der letzten norwegischen Truppen; 1955: Dichter Gottfried Benn; 1956: Bundesverteidigungsminister Blank; 1957 Bundesverteidigungsminister Strauß; 1958: Konrad Adenauer; General Murray, Chef des NATO-Nordkommandos; 1959: Flucht Nervenarzt Dr. Sawade, als Prof. Heyde verantwortlich für die NS-Euthanasiepolitik; 1960: Premierminister von Kamerun, Charles Assale; 1964: Pastor Niemöller, Predigt in St. Marien, Bundesminister Dr. E. Mende und Bundesminister Dr. Seebohm; 1965: Bundeskanzler Prof. L. Erhard; der dänische Ministerpräsident Jens Otto Krag; 1965 ff.: Prof. Dr. Küntscher, Gastarzt am St. Franziskus-Hospital, Knochenmarknagelung; 1966: dänischer Kultusminister Sölvhoj, Schriftsteller Siegfried Lenz; 1971: Bundesbauminister Lauritz Lauritzen, Schauspielerin Heidi Kabel; 1985: dänischer Staatsminister Poul Schlüter und Bundeskanzler Helmut Kohl; 1986 ff.: Schleswig-Holstein-Musik-Festival, weltberühmte Dirigenten wie Celebidache, Sir E. Heath, Bernstein, Sinopoli, Abado, Mazel und Menuhin.

Wichtige Daten

1945: 13. Mai – Britische Truppen besetzen die Stadt. Neue Bürgermeister: I. C. Möller, C. C. Christiansen und F. Drews
23. Mai – Reichsregierung Dönitz in Mürwik verhaftet
Juni – Petition mit ca. 10 000 Unterschriften fordert die Abtretung Südschleswigs an Dänemark

1946: 7. Juli – SPD-Vorsitzender K. Schumacher löst die Flensburger Ortsgruppe auf, Bildung der dänisch orientierten SPF

1947: Juni – Städtische Sportschule Flensburg-Mürwik eröffnet, ab 1948 Landessportschule

1949: 10. November – Das erste Rumschiff läuft die Stadt nach 15 Jahren an

1950: 18. Januar – Besuch von Bundespräsident Prof. Theodor Heuss
14. März – Die neue Gemeindeordnung für Schleswig-Holstein tritt in Kraft

1952: 6. Mai – KBA von Bielefeld nach Flensburg verlegt

1953: 29. April – Die letzten norwegischen Besatzungstruppen verlassen die Stadt

1954: 24. Juni – Flensburg übernimmt die Patenschaft für Swinemünde
17.–19. September – Die ersten „Flensburger Tage"

1956: 1. April – Zollschule nach Bonn verlegt
24. Oktober – Metallarbeiterstreik in Schleswig-Holstein beendet am 14. Februar 1957

1957: 10. Mai – Die Marine zieht wieder in Mürwik ein
24. Oktober – Danfoss errichtet eine Niederlassung im Kluesrieser Wald

1958: 17. Februar – Beginn Lebensmitteleinkauf nördlich der Grenze – „Buttersturm"

1959: 19. September – Eröffnung der dänischen Zentralbibliothek
10. November – Nervenarzt Dr. Sawade (Prof. Heyde) flüchtet aus Flensburg, er war Leiter der Euthanasiepolitik im 3. Reich

1965: 10. April – Neues Rathaus eingeweiht

1966: 21. Oktober – Die letzte Flüchtlingsbaracke wird geräumt

1967: 21. März – Die Pädagogische Hochschule wird „Wissenschaftliche Hochschule"

1968: 29. Januar – Der Holm wird Fußgängerstraße

1970: 14. März – 50-Jahrfeier der Abstimmung von 1920, Teilnahme von Bundespräsident Dr. G. Heinemann

1976: Errichtung der Fußgängerzone: Holm-Große Straße-Nordermarkt (1999: Angelburger Straße)

1978: 13. Juni – Einweihung BAB 7 von Jagel bis Ellund / Dänemark, Teilnahme der beiden Staatsoberhäupter Königin Margarethe II. und Bundespräsident Walter Scheel

1984: 27. Mai – 700 Jahre Stadt Flensburg, großes Stadt- und Hafenfest

1985: „Nordische Universität" privatwirtschaftlich eingerichtet, 1989 durch Landesregierung aufgelöst

1988: Einweihung TGZ (Technologie- und Gewerbezentrum)

1989: Inbetriebnahme des neuen Sendemasts, (215 m hoch) am Fuchsberg. Inbetriebnahme der Städtischen Frauen- und Kinderklinik

1990: FSG durch Reeder Oldendorff übernommen

1993: Abbau der Bundeswehreinheiten beginnt

1996: Europäisches Minderheitenzentrum (ECMI) im Kompagnietor

1999: 13. Juni / 4. Juli – OB-Direktwahl (wie 1870 – 1930), 51,5 % für Hermann Stell

2001: Eröffnung der Campushalle, Einweihung des 2. Bauabschnittes der Osttangente

Flensburger Betriebe auf Weltausstellungen

London 1862:

Krusauer Kupferwerke: Gelbes Metall, Kupferstiche und Messingtiegel

Dittmann & Brix: Gedrechselte und polierte hartgegossene gusseiserne Walze, Teil einer kleineren

A. G. Freudenreich: Chromfarben

Groth & Söhne: Wachstuchtischdecke, Öltuch und lackierte Kalbshäute

O. Hansen: Aufrechtes Piano

H. Jensen: Glaswaren

H. C. Jensen: Kupfergenieteter Feuerlöschschlauch

D. Jürgensen: Schweinefleisch, Schmalz, Würste und Schinken

C. W. Kracke: Leinsamenkuchen und Leinöl

M. Kriegsmann: Photographien

P. J. Lorentzen: Herrenwäsche

F. Maack: Essig

C. G. Nielsen: Korn aus Schleswig

J. W. F. Partsch: Schweinefleisch, Rindfleisch, Schmalz

G. Paschkowsky: Stärke (Amidam) und Kartoffelmehl

H. A. Schröder: Ein Karren

H. B. Wilms: Essig

Paris 1867:

H. B. Wilms: Essigprobe

Wien 1873:

P. C. Christiansen: Modell zu einem Barkschiff, Riss-, Durchschnitt- und Segelzeichnung

P. N. Hansen (Inh. C. N. Hansen): Öle und Ölkuchen

Heinr. Jark: Petroleum-Kochherde, Kochapparate und Feuerfässer

N. Jepsen Sohn (Inh. H. Jepsen): Mähmaschine, Quetsch- und Buttermaschine, Pferdehacke usw.

D. Jürgensen sen. Nfg. (Inh. Consul Christian Tramsen): Seife

N. Jürgensen, Krog & Co. (Inh. N. Jürgensen, H. J. Krog & J. G. Stuhr): Palmöl

Johann Christoph Thomas Peters: Mulden und Schaufeln

C. F. Walther (H. R. Walther): Diverse Papiersorten

H. B. Wilms: Essigfabrik

Chicago 1893:

Wilhelm Dreesen: Illustrationen in künstlerischer Vollendung.

Petersen-Flensburg, Maler (Weimar): „Winterabende" (Ölgemälde)

Heinrich Sauermann, Staatlich unterstützte Lehrwerkstatt und Meisterschule für Kunsttischler und Bildschnitzer: Reich geschnitztes „Niederdeutsches Wohnzimmer" aus polychromiertem Eichenholz mit Verwertung volkstümlicher Webereien

Paris 1900:

Wilhem Dreesen, Hofphotograph: Landschaftsaufnahmen

Flensburger Eisenwerk AG, vormals Reinhardt & Meßmer: Molkereimaschinen und -geräte, Spezialität: GermaniaMilchzentrifugen, komplette Molkerei-Anlagen

Heinrich Sauermann, Direktor: Entwürfe und künstlerische Komposition Niederdeutsches Zimmer

St. Louis 1904:

Bommerlunder-Fabrik: Teil der Typographie-Ausstellung

H. M. Carstensen: dito

Landwirtschaftsschule: Sammlung von Futtermitteln in 52 Gläsern, aufgestellt auf einem Aufbau aus Eichenholz

Brüssel 1910:

H. M. Carstensen: Liebhaberphotographie

Heinrich Hinz: Hofphotograph

<u>Teile der Deutschen Unterrichtsausstellung:</u>

Königliches Gymnasium und Realgymnasium: Zeichenunterricht

Oberrealschule: Turnen, Spiel und Sport (Bild)

Städtische höhere Mädchenschule: Zeichenunterricht

Volksschule: Turnen, Spiel und Sport (Bild)

Brüssel 1958:

H. H. Pott Nfg.: Spirituosen

Hannover 2000:

Integral Energietechnik GmbH: Kälteanlage mit Wasser als Kältemittel

(Nach E. Maletzke, „Spurensuche",
FN, Itzehoer Wochenblatt, S. 128 ff.)

Literatur- und Quellenverzeichnis

Andresen, Andreas Peter, Gerhard Sleward. Feier der 300jähr. Wiederkehr der Reformation am 1. Advent 1826 in Flensburg, in: PB (Provinzial-Berichte) 1826, S. 606 ff.

Claeden, Georg, Monumenta Flensburgensia..., Bd. 1–2, Fl. 1765–1773.

Dänemark – Ein offizielles Handbuch, Kopenhagen 1971, S. 17 f.

Dammann, Adolf, Karte: Flensburg 1550, Stadtarchiv Fl. XIV K/P 368.

Darstellung derjenigen Charactere...(Schwarzbuch), Fl. 1850; („Von einem stillen Beobachter" = Maler T. B. Wilms.).

Dethleffsen, Michael/ Pust, Dieter, Flensburg in neuen Bildern, Schleswig 1982.

Flensburg – Geschichte einer Grenzstadt, Fl. 1966. [SFSt. Nr. 17]

Flensburg in der Zeit des Nationalsozialismus..., Fl. 1983. [SFSt. Nr. 32]

FGG = Flensburg in Geschichte und Gegenwart, Fl. 1972. [SFSt. Nr. 22]

Flensburg – Literarische Skizzen aus vier Jahrhunderten, Fl. 1980. [Kl. R. 4]

FSC = 100 Jahre Flensburger Segel Club, 1890–1990.

Glüsing, Jutta/ Pust, Dieter/ Schütt, Hans-Friedrich, Flensburger Bilderbogen Nr. 18: Flensburgs Nordlandfahrt, 1993.

Gregersen, Julius, Een Spazeertur dör Flensborg fröher un jetzt, 2. Aufl. 1919 (66 Strophen).

Hambach, Wilhelm, Flensburg – so wie es war, Düsseldorf 1977.

Hoyer, Jonas, Haus-Protokoll – Flensburger Tagebuchaufzeichnungen aus dem Jahrhundert der Reformation, Hg. Gerhard Kraack, Fl. 2001. [Druckmanuskript]

Jacobsen, Jens, Flensburg, München 1980.

Jürgensen, Hans Joachim, Charte von dem Flensburgischen Stadts – Felde, Nachrichten, Flensburg 1779; farbiger Stadtplan: Stadtarchiv XIV K/P 1053.

Kopisch, August, Der Hexenritt – Spukballaden und Firlefanzgedichte; Hg. Sonja Schnitzler, Berlin o. J.

Kraack, Gerhard, Flensburger Bilderbogen:
Nr. 11: Die Zeit der Reformation, 1997;
Nr. 13: Fl. im Zeichen des Frühkapitalismus, 1991;
Nr. 15: Das zünftige Handwerk bis zum Beginn des 18. Jahrhunderts, 1997;
Nr. 16: Armenwesen und Schulwesen nach der Reformation, 1999;
Nr. 17: Das Jahrhundert der Kriege, 1997;
Nr. 20: Das Flensburger Schiffergelag, 1991;
Nr. 26: Schützengilden und Bürgergarden, mit M. Risch u. D. Pust, 1988.

Kutzer, Horst, Flensburg – ein Lesebuch, Husum 1986.

Laur, Wolfgang, Historisches Ortsnamenlexikon von Schleswig-Holstein, Schleswig 1967.

Lienau, Heinrich, 12 Jahre Nacht. Mein Weg durch das Tausendjährige Reich, Fl. 1949.

Lüden, Catharina, Sklavenfahrt mit Seeleuten aus Schleswig-Holstein, Hamburg und Lübeck im 18. Jahrhundert, Heide 1983.

Maletzke, Erich, Spurensuche – Schleswig-Holstein auf den Weltausstellungen von 1851 bis 2000, Fl. 2000.

Mikkelsen, Birger, Konge til Danmark – en biografi af Frederik VII., Helsingör 1982.

Moller, Olaus, Genealogische Tabelle und Nachrichten von der Wittemackschen, Klöckerschen, Vettischen, Timmschen und verschiedenen andern alten Flensburgischen Familien..., Fl. 1774.

Philippsen, Paul, Flensburg in Gedicht und Lied, Fl. 1990. [Kl. R. 20]

Philipsen, Bernd, Zwischen Integration und Deportation. Die Lebens- und Leidensgeschichte der jüdischen Familie Eichwald in Kappeln, in: Jb.A. 1999, S. 115 ff.

Pust, Dieter,
–, Die Novemberrevolution 1918 in Flensburg, in: DH 1969, S. 273 ff.

–, Die Adolf-Hitler-Schule 1933–1945, in: Chronik der Goethe-Schule Flensburg, Fl. 1971; auch als Aufsatz in: DH (Die Heimat) 1970, S. 339 f.; 369 ff.

–, Die ersten Flensburger Kommunalwahlen auf der Grundlage des „Normativs" von 1833, in: Historisch-politische Streiflichter

–, Geschichtliche Beiträge zur Gegenwart/Festschrift für Karl Dietrich Erdmann, Neumünster 1971, S. 61 ff.

–, mehrere Abschnitte in: FGG = Flensburg in Geschichte und Gegenwart – Informationen und Materialien, Fl. 1972. [SFSt Nr. 22]

–, Gerhard Hoe (1704–1770), Bürgermeister in Flensburg, in: DH 1972, S. 33 ff.

–, Politische Sozialgeschichte der Stadt Flensburg-Untersuchungen zur politischen Führungsschicht Flensburgs im 18. u. 19. Jahrhundert, Flensburg 1975 [SFSt Nr. 23]

–, Peter Christian Hansen (12. 3. 1853 – 20. 10. 1935) – Themen eines Lebens, in: Festschrift anläßlich des 100-jährigen Bestehens des Flensburger Arbeiter-Bauvereins e. G. 1878–1978, Fl. 1978; auch in: P. C. Hansen und der FAB, Fl. 1986. [Kl. R. 1986]

–, Die ersten „demokratischen" Kommunalwahlen in Schleswig-Holstein, in: Geschichte und Gegenwart-Festschrift für Karl Dietrich Erdmann, Neumünster 1980, S. 595–605.

–, Flensburg in neuen Bildern, Schleswig 1982.

–, Flensburg in der Zeit des Nationalsozialismus – Eine Publikation zur Ausstellung im Städtischen Museum Fl. September/Oktober 1983, Fl. 1983. [SFSt. Nr. 32]

–, Die Bürgergarden im 18. u. 19. Jahrhundert, in: St. Nikolai-Schützengilde 1583 – 1983, Fl. 1983. [Kl R. 9]

–, Flensburg in der Zeit des Nationalsozialismus – Resümee einer Ausstellung, Flensburg 1984. [Kl. R. 10]

–, Die OB - Wahlen und ihre Bedeutung für die Region, in: Flensburg - 700 Jahre Stadt, Bd. 1, Fl. 1984. [SFSt. Nr. 36]

–, Die ersten OB in Schleswig-Holstein, 1867–1918, in: DH 1984, S. 307 ff.

–, Claus Hinrich Runge – ein Flensburger Lehrer der Biedermeierzeit... „und ganz für den Gemeinsinn lebte", in: DH 1986, S. 1 ff.

–, Könige, Bürgermeister und Präsidenten in Fl. – Biographische Skizzen, 1987 [Kl.R. 15]

–, Ein paar Tage Hauptstadt des zerstörten Reiches, Gastkommentar, in: 125 Jahre Flensburger Tageblatt, September 1990.

–, Flensburgs Straßennamen, Fl. 1990 [Kl. R. 19]

–, Johann Rist in den Stadtrechnungen von 1630 u. 1631 – Brief des Barockdichters im Stadtarchiv Flensburg, in: DH 1991, S. 263 f.

–, Flensburgs Nordlandfahrt, mit Glüsing u. Schütt, Bilderbogen Nr. 18, 1993;

–, Hoffmann von Fallersleben in Flensburg, in: DH 1993, S. 81 ff.

–, Johann Hinrich Voss in Neubrandenburg und Flensburg, in: DH 1993, S. 165 f.

–, Befreite KZ-Häftlinge in Flensburg. Soforthilfen im Jahre 1945, in: DH 1995, S. 125 ff.

–, Häftling hetzt Höss zum Henker. Lienau enttarnte Auschwitz-Kommandanten – Dramatische Verhaftung im Dorf Gottrupel bei Flensburg, in: DH 1995, S. 171 ff.

–, Flensburg am Kriegsende im Mai 1945, Fl. 1995. [Kl. R. 26]

–, mehrere Abschnitte in: Hospital und Kloster zum Heiligen Geist, Fl. 1995.[SFSt 48]

–, 90 Jahre Flensburger Bach-Chor St. Marien, Fl. 1996.

–, Zur Geschichte des SSW-Referat vor dem CDU-Kreisverbandsausschuß, 5. September 1996.

–, Carl von Hessen und das Militär; Carl als Gründer des Hoftheaters Schleswigund als Förderer des Theaters; C. v. H. als Initiator der „produktiven Armenfürsorge, in: Landgraf Carl von Hessen 1744–1836 – Statthalter in den Herzogtümern Schleswig und Holstein; eine Ausstellung im Landesarchiv Schleswig-Holstein, 1996, S. 66 ff.; 78 ff.; 114 ff.

–, Die Armengärten – eine Gründung Carls von Hessen, in: Landgraf C.v. H. 1744–1836 – Vorträge zu einer Ausstellung, Schleswig 1997, S. 81–95.

–, 75 Jahre WOBAU Flensburg, 1997.

–, Gründung und Vorgeschichte des Sports in Flensburg-Historischer Überblick über die ersten 50 Jahre dieses Jahrhunderts, in: 50 Jahre Sportverband Fl. e. V., 1997, S. 17–20.

–, Der St. Marien-Altar von 1598, Fl. 1998.

–, Die ersten „demokratischen" Kommunalwahlen nach der der schleswig-holsteinischen Städteordnung von 1869; Die ersten demokratischen Wahlen in Schleswig-Holstein – am 19. Januar 1919 zur Weimarer Nationalversammlung, in: Demokratie in Schleswig-Holstein – Historische Aspekte und aktuelle Fragen, Opladen 1998, S. 143 ff.; 197 ff.

–, Flucht in Pommern: Frühjahr 1945; Flucht aus Pommern: Frühjahr 1946 – Vortrag in der Akademie Sankelmark, 6/2 1999. [Druckmanuskript]

–, „Recht fidel und natürlich spielte Frl. Hennings", in: FT 11/3 1999.

–, Mitautor-Flensburg in: Emmy Ball Hennings: 1885–1948. „Ich bin so vielfach…". Texte, Bilder, Dokumente. [anläßlich der gleichnamigen Ausstellung im Museum Strauhof Zürich: März–Mai 1999] Frankfurt am Main; Basel, 1999, S. 242 ff.

–,Die (historische) Wahrheit in der Dichtung – Emmy Ball-Hennings: Eine Flensburger Jugend in der Kaiserzeit - Schauspielerin in Kappeln und Tondern, in: Jb A., 1999, S. 181 ff.

–,Wandertheater in Schleswig-Holstein vor 100 Jahren – Emmy Hennings als Schauspielerin in Schleswig-Holstein, in: SH10/1999, S. 2 ff.

–, Emmy Ball -Hennings als Schauspielerin in Tondern (1906–1908),Von der Dilettantin zum Ensemble-Mitglied, in: GF (Grenzfriedenshefte) 1999, S. 171 ff.

–, Flensburg – Eine Stadt vor 100 Jahren, Weiland 1999.

–, Emmy Hennings in Flensburg, 1885–1905 – Eine Jugend im Kaiserreich, Teil I: Hugo Ball Almanach 2000, S. 113–228; Teil II: Hugo Ball Almanach 2001, S. 93–223.

–, „Reiche" Juden im Herzogtum Schleswig, 1856 und 1861, in: FJbSH (Familienkundl. Jb. SH) 2001, S. 52 ff.

–, Die Winter-Theatersaison 1822 in Flensburg, in: Jahrbuch Angeln 2002.

–, Unbekannte Epitaphien in der Kirche St. Marien, Flensburg, in: DH 2002, Heft 9/10, S. 163 ff.

–, Das Freigut Kielseng und seine Besitzer im 17. u. 18. Jahrhundert, 2002. [Druckmanuskript]

Sass, Joh., Toosbüy, in: Deutscher Nekrolog, 1900.

Schaumann, Erna, Königin Margarethe, in: Der Schleswiger 1940 Nr. 30, S. 4.

Schlemihl, Peter, Betrachtungen zum Zeitgeschehen: Herr Ziegler…, in: Nova 1930, S. 619.

Schütt, Hans-Friedrich, Zeittafel zur Flensburger Stadtgeschichte, Fl. 1956. [SFSt. Nr. 11]

Flensburger Bilderbogen: Nr. 1: Der frühe Kaufmann, 1988:

Nr. 4: Das Herzogtum Schleswig und die Erteilung des Stadtrechts, 1991;

Nr. 5: Christlicher Glaube und Kirche;

Nr. 6: Die karitative Funktion der Kirche:

Nr. 10: Die Kirche im Spätmittelalter;

Nr. 19: Schiffahrt und Handel in ihren Verflechtungen im 18. Jahrhundert, 1996;

Nr. 22: Das Handwerk seit der Wende vom 17. zum 18. Jahrhundert, 1997;

Nr. 24: Gesellschaftliche und geistige Strukturen im 18. Jahrhundert, 1997;

Nr. 31: Das loyale Flensburg im nationalliberalen Konflikt, 1998.

Schwensen, Broder, Flensburg in der Volksabstimmung 1920, Fl. 1995.

Scocozza, Benito, Politikens Bog om danske Monarker, Köbenhavn 1997.

700 Jahre Stadt Flensburg, 1284–1984. Eine kleine Stadtgeschichte zur Ausstellung im im Städtischen Museum Herbst 1984, Fl. 1984. [Kl. R. 11]

Stadt Flensburg: Partnerstädte, http:/ www. flensburg.de/Touristik; 2002.

Statistikstelle der Stadt Flensburg, Auskunft 21/8 2002.

Verwaltungsbericht der Stadt Flensburg 1911–1926, Fl.

Wenzel, Eiko, Zwischen Heimatschutz und Moderne-Architektur der 20er Jahre in Flensburg, Manuskript 2002.

Westphalen de, Ernst Joachim, Monumenta inedita rerum Germanicorum pracipue

Cumbricarum, et Megalopolensium. E codicibus manuscriptis…, T. 1–4, Leipzig 1739–1745.

Zeitungen:
FIZ = Flensburger Illustrierte Zeitung, 1928 ff.;
FN = Flensburger Nachrichten, 1867 ff.;
FWB = Flensburgsches Wochenblatt für Jedermann, Fl. 1790 ff. Nova, Fl. 1929 ff.
PWB = Plöner Wochenblatt, 1892.

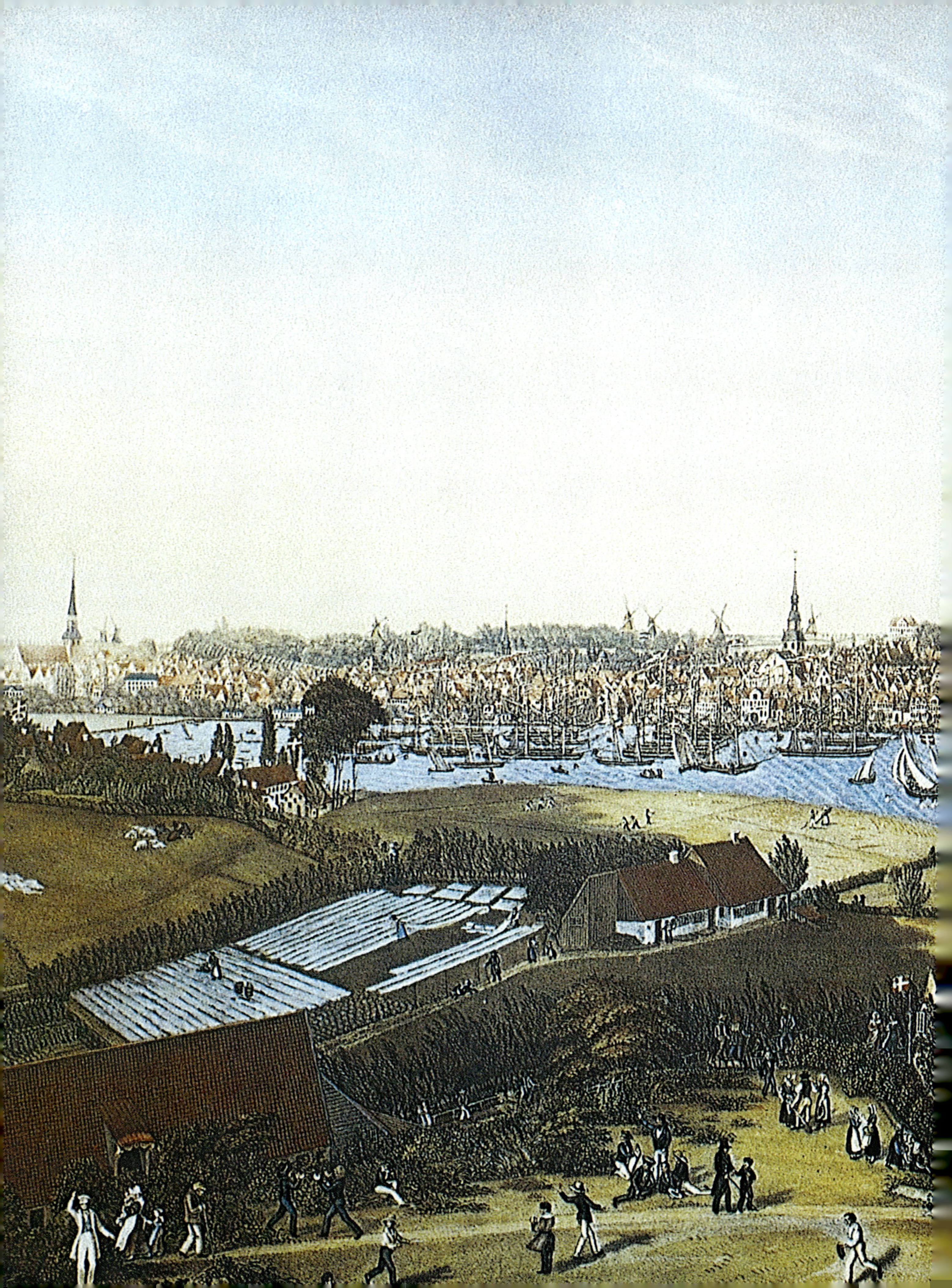